蔣介石は根本博に一対の花瓶の片方を贈った。
(左) 台北の中正紀念堂に飾られている花瓶。
(右) 根本博に贈られた花瓶。

この命、義に捧ぐ

台湾を救った陸軍中将根本博の奇跡

門田隆将

角川文庫
18190

はじめに

海峡を吹き抜ける強い風が無数の白き波濤《はとう》を形づくっていた。

波を切り裂く銛《もり》のような鋭い風に舞い上げられたしぶきが、あたかも蒼《あお》い海原を自分好みに白く染め抜こうとしているかのようだ。降りそそぐ光と海面に渦巻く白波の飛沫《ひまつ》が共鳴し、見る者にキラキラと眩《まぶ》しく迫ってくる。

今も、波音さえもここで喪《うしな》われた多くの若者の命を惜しんでいるのだろうか。

あれから六十年目のちょうどこの日、私はその海峡を見渡す地に立っていた。対岸の大陸の山河をはっきり望むことができる丘である。

二〇〇九（平成二十一）年十月二十五日、台湾・金門島《きんもんとう》。

ほんの十五年ほど前まで、外国人の訪問も許されず、台湾人でさえ自由に立ち入ることができなかった国境の島。そこは、常に世界が注目しつづけた国際対立の最前線だった。

ある時は、万単位の兵士がこの海峡を力ずくで押し渡り、またある時は、この海峡を挟んで数十万発の砲弾が飛び交う戦いがおこなわれた。

多くの若者がこの海峡を越え、そして二度と故郷に帰ることがなかった。

私は、六十年前に、この地で戦争に参加したある日本人の思いと、ここで命を散らした若者たちの無念を知るために遥《はる》か日本からやって来た。

台湾領でありながら、台湾本島からは百八十キロも離れ、一方、大陸からはわずか二キロしか離れていない金門島。大陸にへばりつくように浮かぶこの島は、なぜ今も〝台湾領〟なのだろうか。

そして、金門島と台湾本島との間に圧倒的存在感をもって横たわる台湾海峡は、なぜ今も、中国の〝内海《うちうみ》〟ではないのだろうか。

台湾と台湾海峡を守るために日本からやってきた謎の男。その日本人は、敗戦から四年が経った一九四九（昭和二十四）年、ある恩義を台湾に返すために〝命を捨てて〟この地に姿を現わしたのである。

第二次世界大戦後、自由主義陣営と共産主義陣営との剝《む》き出しの覇権争いが、世界各地でおこなわれた。その中でも、質的にも量的にも最大の熾烈《しれつ》な激突が中国大陸で繰り広げられた。

国民党の蔣介石《しょうかいせき》と共産党の毛沢東《もうたくとう》との間でおこなわれた血で血を洗う激戦——いわゆる「国共内戦」は、ここ金門島で決着がついたのである。

それは、誰にも予想しえなかった「国民党の勝利」に終わった。敗走に敗走を重ね、雪崩をうって駆逐されていた国民党軍（国民政府軍。以下、「国府軍」と略称）が、この戦いにだけ〝大勝利〟するのである。

それは、まさに「奇跡」としかいいようのないものだった。そしてその陰に、実は、その日本人の力が大きくかかわっていたことを知る人は少ない。

元日本陸軍北支那《しな》方面軍司令官・根本博《ねもとひろし》中将。

終戦後の昭和二十年八月二十日、内蒙古《もうこ》の在留邦人四万の命を助けるために敢然と武装解除を拒絶し、ソ連軍と激戦を展開、そしてその後、支那派遣軍の将兵や在留邦人を内地に帰国させるために奔走した人物である。

在留邦人や日本の将兵が国府軍の庇護《ひご》の下、無事、帰国を果たした時、根本はそのことにかぎりない「恩義」を感じながら最後の船で日本へ帰っていった。

しかし、今度は国府軍が共産軍との戦いに敗れ、絶体絶命の存亡の危機に陥った時、まさかその日本の元司令官が「自分たちを助けに来てくれる」と、台湾の誰が予想しただろうか。

「義には義をもって返す」

軍人でありながらヒューマニズムの思想に抱かれ、生涯、その生き方を貫いた戦略家。戦後、大転換を遂げた価値観によって混乱の波間を漂いつづけた日本で、なぜ彼のような軍人が存在しえたのか。

「命」を守り、「義」を守った陸軍中将。彼のしたことは、その偉業から六十年を経た今も、決して色褪《いろあ》せることはない。だが、同時にそのために多くの命が喪われたのも、また事実である。

六十年前の出来事は、現代に何を問いかけているのだろうか。

本書は、命を捨てることを恐れず、「義」のために生きた一人の日本人と、国境を越えてそれを支えた人たちの知られざる物語である。

筆　者

この命、義に捧ぐ　台湾を救った陸軍中将根本博の奇跡　目次

内蒙古
地図
※昭和20年当時

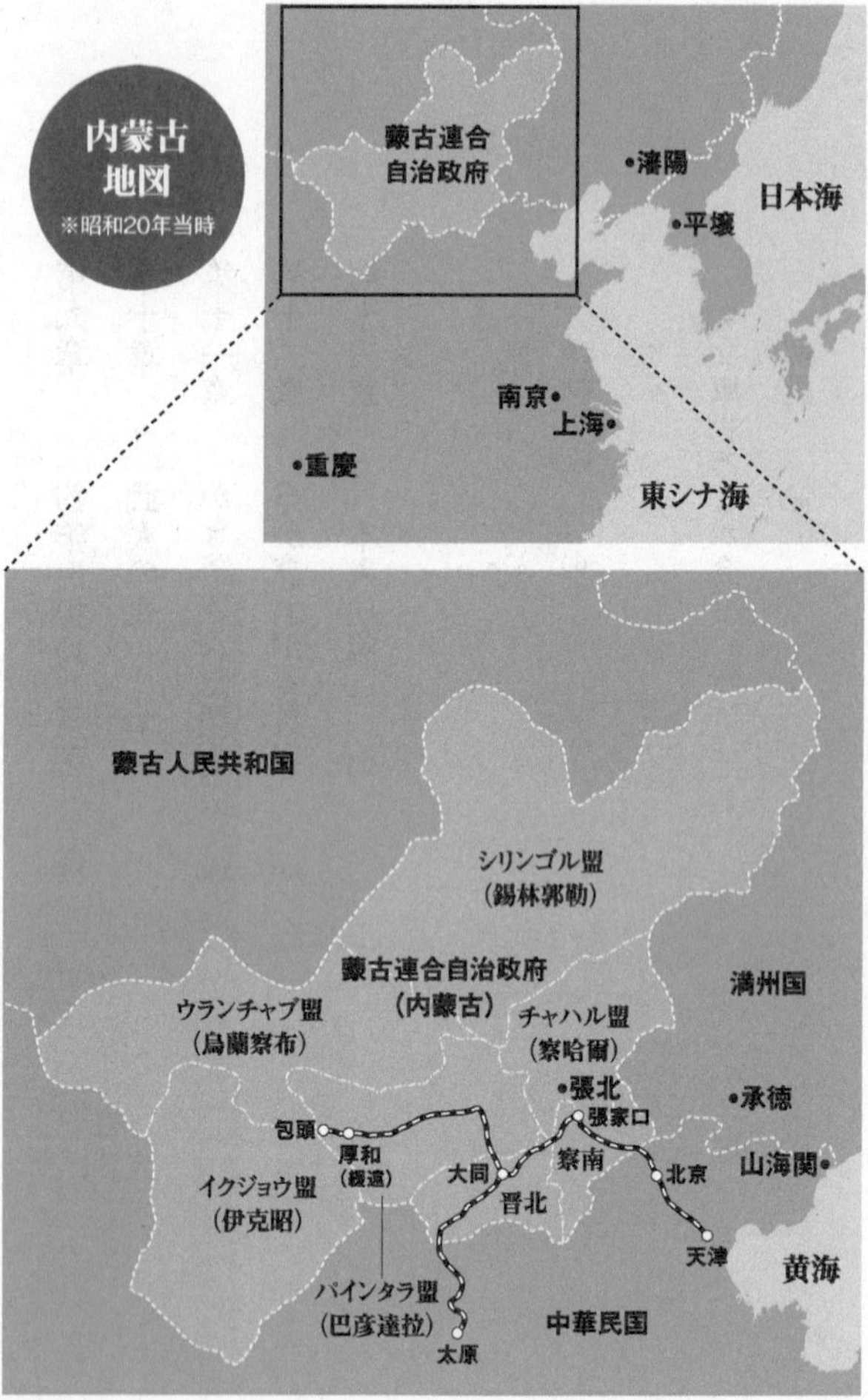

蒙古連合
自治政府
瀋陽
日本海
平壌
南京
上海
重慶
東シナ海
蒙古人民共和国
シリンゴル盟
（錫林郭勒）
蒙古連合自治政府
（内蒙古）
満州国
ウランチャブ盟
（烏蘭察布）
チャハル盟
（察哈爾）
張北
承徳
張家口
包頭
厚和
（綏遠）
察南
大同
北京
山海関
イクジョウ盟
（伊克昭）
晋北
天津
黄海
パインタラ盟
（巴彦達拉）
中華民国
太原

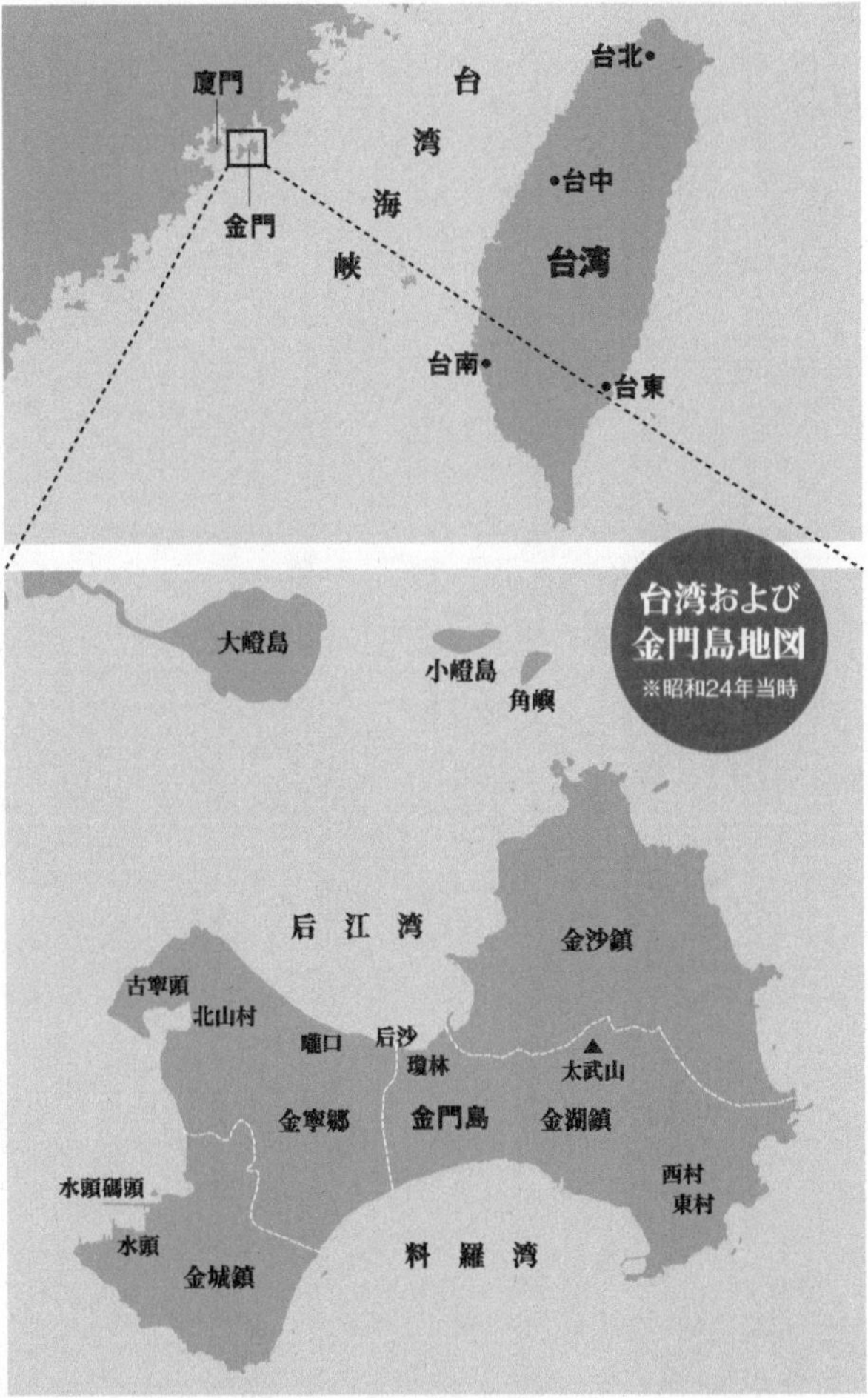
台湾および
金門島地図
※昭和24年当時
廈門
台湾海峡
台北
台中
台湾
台南
台東
金門
大嶝島
小嶝島
角嶼
后江湾
金沙鎮
古寧頭
北山村
嚨口
后沙
瓊林
太武山
金寧郷
金門島
金湖鎮
水頭碼頭
水頭
金城鎮
料羅湾
西村
東村

プロローグ

　沈黙だけが流れていた。

　重苦しく、息が詰まるような空気が部屋中に漂っていた。その男が持つ独特の雰囲気と迫力が、私たち家族を押し黙らせていた。

　昭和二十七年秋。新宿御苑《ぎょえん》の脇、内藤《ないとう》町一番地に立つ二階建て洋館。それは喘《あえ》ぐような暑さに覆われていた東京に、秋の訪れがようやく感じられるようになった頃のことである。

　仏壇に向かったその初老の男は、唐突に現れた。手に、線香だけを持っていた。

　ゴマ塩頭に、丸く黒い眼鏡、灰色っぽい背広。でっぷり、とまではいかないが、肉づきのいい身体つきは、どこか海坊主を思わせた。

母は、あるいはこの人物がやってくるのをあらかじめ知っていたのかもしれない。

しかし、自分には、突然やって来たとしか思えなかった。

母が、父の仏壇のある部屋に、その男を通した。玄関を入ってすぐ左にある和室である。大事な客であることは、母の態度でわかった。大学一年となり、いくぶん大人のつもりになっていた自分も、その男が醸し出す雰囲気に完全に圧倒されていた。

男は、茫洋《ぼうよう》とした中にも、修羅場をくぐってきた人間だけが持つ、独特の、いうればドスのきいた〝迫力〟を持っていた。

だが、目の前にいる男が、「命」のやりとりという極限の修羅場を経験した人間であったことを実際に知るのは、ずっと後年になってからだ。

持ってきた線香に火をつけた男は、ゆっくり、その線香を立てた。

静かに手を合わせた。父の位牌《いはい》に、男がなにかを語りかけているような気がした。

母と祖母、そして私と一つ違いの妹の四人は、男の一部始終をじっと見つめていた。

背中がやけに大きく見えた。

長い間、拝んでいた。四、五分だろうか。自分たちが長く感じただけで、実際には一分、いや数十秒しか経っていなかったかもしれない。

やがて、拝み終わると男は、静かに私たちの方を振り向いた。私たちは、男の言葉を待った。

「残念なことでございました……」

男は口を開くと、そう言った。野太く、しゃがれた声だった。

丸眼鏡の奥の大きな瞳《ひとみ》が、父の死を心底惜しむような光を見せた。額に皺《しわ》を刻み、他人を圧する迫力を持つその男が、人間の情というものを垣間見せた瞬間だった。

だが、彼が発した言葉は、それだけだった。

深々と私たちに向かって頭を下げた男は立ち上がり、来た時と同じように、そのままゆっくりと部屋を出て行った。

「……」

私たちは、なにも言葉を発することができなかった。男に聞きたいことは山ほどあった。

父はなぜ死んだのか。父は亡くなる前に何をしようとしていたのか。あなたは、それをすべて知っている人ではないのか。

なぜ何も教えてくれないのか。

家族の中で、残された男子は自分だけだ。たった一人、これから自分が「家を守っていく」のだ。大黒柱として、父になり代わって自分はこの家を守らなければならない。

だが、自分には父の思いが何もわかっていない。父は最後に何をやろうとしていたのか。

やはり聞いてはならないことなのか。それほど父がしたことは秘密なのか。そんな思いが頭の中を渦巻いた。

この時、学習院高等科から慶應大学経済学部に進学したばかりの十九歳の明石元紹《もとつぐ》は、その人物に質問を発せられるほどの男としての〝格〟も〝知識〟も、まだ備わっていなかったのかもしれない。元紹はこの時、あまりに若すぎたのである。

父の死後、三年を経て弔問に訪れた男の名は、根本博。この時、六十一歳。元陸軍中将で、終戦の時、支那派遣軍の北支那方面軍司令官の地位にあった人物である。

元紹は、根本を台湾に送り出すために父が奔走し、そのため精も根も尽き果て、そして死んだのではないか、と思っている。母がそう元紹に語って聞かせていた。真偽こそわからないが、少なくとも母はそう信じ、自分に教えてくれた。ほかに何も情報がない以上、元紹はそれを信じるしかなかった。

元紹は台湾総督を務めた明石元二郎《もとじろう》の孫にあたる。元二郎の長男・元長《もとなが》が元紹の父親だ。

明石家と台湾とは切っても切れない縁がある。

祖父明石元二郎は、日本の軍人の中でも、最も多くの伝説を持つ人物である。ただし、その〝軍功〟は、華々しい戦場でのそれではなく、表には出ない諜報《ちょうほう》、謀略戦におけるものだ。日露戦争時に、ヨーロッパで明石が展開した工作は、その後、長く日本陸軍の教材とされたほどだった。陸軍中野学校でも明石工作の成果や方法は、学生たちの重要な学習科目となった。

当時、ロシア国内の反政府運動には、明石の手による日本の資金援助が背後にあり、〝敵国〟において不穏な社会情勢をつくり上げる日本陸軍最大と言われる工作は、伝説ともなっていた。

その明石の生涯最後の役職が台湾総督である。大正七（一九一八）年、第七代台湾総督に就任した明石は、わずか一年半の在任期間にさまざまなことをおこなっている。台湾電力を設立して水力発電事業を積極的に推進したほか、道路建設などインフラ整備に力を注ぎ、また金融、教育、司法制度の整備など、台湾発展の基礎を整えたといっても過言ではない。

だが、体調を崩した元二郎は大正八年、日本本土への公務出張の途中、郷里福岡で急逝する。明石は生前に「自分が死んだ場合は台湾に葬るように」との遺言を残しており、遺骸《いがい》はわざわざ郷里の福岡から台湾に運ばれた。

息子の元長は、この時、まだ小学生だったが、父の死後も台湾にとどまり、ここで小学校を卒業してから日本に帰ってきている。

のちに元長は貴族院議員となった。

元紹は、その父・元長が死んだ日のことを忘れられない。

あれは、三年前、昭和二十四年の夏だった。うだるような暑さの中、高校一年の自分は、父の身に何が起こったのか、理解することができなかった。

父は、まだ満四十二歳だった。父を突然襲った苦しみと家族の狼狽《ろうばい》、主治医の蒼白《そうはく》の表情——すべてが、夢の中で起こっている出来事のような気がしてならなかった。

父は、九州から疲労困憊《こんぱい》で帰ってきた。何があったのかは知らない。しかし、高校生の自分の眼から見ても、父が大きな仕事をやり遂げて帰ってきた、ということはわかった。

それほど父は、精も根も尽き果てていた。

父に異変が起こったのは、帰ってきた翌々日のことだった。

「胃が痛い……」

父はそれだけ言うと、突然苦しみ始めた。額に脂汗が浮かび、うんうん唸《うな》り出したのである。夕方のことだった。

疲労のせいに違いない。本人も、家族もそう思った。

母の指示で、医者を呼びに走ったのは元紹である。一家は、中野にあった家が空襲で焼けて以来、もう四年以上も母の実家である内藤家に身を寄せていた。

内藤家は、信州高遠《たかとお》藩の藩主の家柄である。徳川家康の三河以来の譜代の臣下であり、今の新宿一帯に江戸の下屋敷を構えていた。内藤本家の広大な屋敷も戦災に遭ったため、本家が息子たちのために用意した二階建て洋館の一角が明石家の住まいとなっていた。元紹の母・和子は、この時、三十六歳で夫・元長とは六つ違いだ。

元紹は、歩いて数分の場所にある内藤神社の横に住む内科の森戸医師を呼びに行った。すぐに往診に来てくれた森戸医師は、父に痛み止めの注射を一本打った。

おそらくモルヒネだと思われる。効き目は抜群で、痛みが引いた父は、間もなく、すー、すーっと寝息を立て始めた。

だが、その眠りも長くは続かなかった。

数時間後、父は目を覚ましたかと思うと、再び「痛い、痛い」と呻《うめ》き、やがて大声で苦しみながら、七転八倒し始めたのだ。夜、十一時をまわっていた。

狼狽した家族は、再び森戸医師を呼んだ。

連絡を受けてやってきた森戸医師は、また注射を一本打った。

だが、今度は効果がなかった。それどころか注射を打った直後、父のようすが急変した。

「うぉーっ」

それは、のたうちまわるという表現しかできないほどの苦しみようだった。元紹はこの時、森戸医師の顔がみるみる蒼白になったことを覚えている。

まさしくそれは命を断たれる叫びだった。打つモルヒネの量を誤ったのではないか。咄嗟《とっさ》に元紹はそう思った。

父は「うっ」という呻き声を残して動かなくなった。

「お父さん！」

祖母も含めた家族四人が、父の命の灯《ともしび》がかき消えていくさまを、ただ茫然《ぼうぜん》と見た。

「……」

森戸医師は無言だった。もはや言葉を発することもできなかったのだろう。森戸の青ざめた横顔だけが元紹の瞼《まぶた》に焼きついた。家族も同じだ。眼の前の事態を理解することができなかった。いや、その現実を受け入れることを全員が拒んでいた。

あまりの衝撃に家族全員が言葉を失ったままだった。

「……」

どれほどの時間が経っただろうか。森戸医師は、父の脈をとった。

「残念ながら……」

臨終を告げる言葉だった。

昨日まで元気だった父が死んだ。今ここに横たわっているのは、父の骸《むくろ》だ。もう父はいない。父は死んでしまった。

高校一年といえば、身体こそ大人でも、内面はまだ子供である。まして学習院の女子中等科に通う中学二年の妹は、到底この現実を受け止められないだろう。

しかし、母だけは、まだあきらめていなかった。

森戸医師が家を出て行くと、夜中にもかかわらず、隣に住む産婦人科医の川添正道医師を呼んだのである。

慶應大学医学部産婦人科の初代教授を務めた川添医師は退官後、産婦人科医院を四谷で開業していた。川添医師の自宅は、明石一家が間借りしていた内藤家のすぐ北隣にあった。

夜中ではあったものの、隣組のよしみで診に来てくれた川添は、父の脈をとり、瞳《どう》孔《こう》を確認すると、振り向いてこう言った。

「残念ですが、お亡くなりになっておられます……」

川添は、申し訳なさそうにそう告げた。

「お父さん……」

誰も泣くことができなかった。衝撃が強すぎる場合、人は「泣く」という感情すら忘れる。我を失ってしまうのだ。

母は、父が九州から帰ってきて亡くなるまでの丸一日の間に、何をしてきたかを断片的ながら本人の口から聞いていた。

その中で、父がそこまで疲労困憊していた理由がおぼろげながら、わかっていた。国禁を犯して、父は、ある将軍を「台湾に送り込んだ」というのである。そのための資金づくりやルートなど、さまざまなことが父の手によっておこなわれたことを元紹は知った。

そして三年が過ぎ、自分もやっと大学生となった。受験勉強や自分たちの生活を守るのに必死で、「父の死」を振り返っている余裕はなかった。

そんな時、「その男」が現れたのである。

すべてを知る男だった。根本博・陸軍中将。あなたを送り出すために父は精も根も尽き果てて死んでしまったのではないか。

あなたは台湾で何をやって来たのか。

だが、元紹がそれ以降、根本博に会うことはなかった。直接、さまざまなことを話し合える機会は、やはり、この時をおいてほかにはなかった。あの時が、元紹にとって千載一遇のチャンスだった。

それができなかった元紹は、半世紀以上の年月が経った今も、そのことが悔やまれてならない。

父は、あなたのために「死んだ」のではないか。あなたを「送り出す」ために死んだのではないのか。そんな思いを抱きながら、解明できなかった謎が、元紹の人生に立ちはだかっていた。

父が死んだ四十二歳という年齢をいつの間にか過ぎ、二人の娘も嫁ぎ、孫もでき、齢《よわい》七十五となっても、元紹は「父がやったこと」を探し求めていた。

第一章　密航船

その日はいつもより風が強かった。頬を撫《な》でる生温かい浜風は、朝からやや湿気を帯びていた。

案の定、午後には雨が降り始めた。南国の梅雨特有の大つぶの雨が海面をたたき始めると、それに呼応するようにうねりまで大きくなってきたような気がした。

日向灘《ひゅうがなだ》に面した宮崎県の海岸は、温暖な気候と風光明媚《ふうこうめいび》な景観が特徴だ。特に日豊《にっぽう》海岸と呼ばれる大分県南部から宮崎県北部にかけての沿岸は、離島や半島、湾が複雑に入り組み、輝くような白砂青松と猛々《たけだけ》しい断崖《だんがい》が見事なコントラストを描いている。

リアス式海岸ならではの変化に富んだ風景が訪れる人々を楽しませ、サバ、アジ、フグ……など、豊富な漁業資源も、漁師のみならず多くの太公望を惹《ひ》きつけてやまない。

しかし、終戦から四年。GHQの支配下で、日本がまだ復興への足がかりも摑《つか》んでいない頃、日豊海岸にのちの観光名所としての雰囲気はまだなかった。

当時は、漁業は「生きるため」のものであり、太公望や観光客などがこの地に集まるようになったのは、それから二十年以上を経てからのことである。

昭和二十四年六月二十六日。

夕方近くになり、風雨が強まり始めた頃、小さな釣り船が延岡の港から一艘《そう》出ていった。夜釣りにはまだ時間があるものの、これ以上波が高くなると出港に支障を来たすと判断したのだろうか。

延岡から漕《こ》ぎだした船は、延岡のひとつ隣の日向市・細島《ほそしま》港の沖を目指した。

細島港は、神武《じんむ》天皇が東征の途中に立ち寄ったとされる歴史のある港で、江戸時代になってからも日向、大隅《おおすみ》、薩摩《さつま》の諸大名が参勤交代の折、ここから海路をとって大《おお》坂《ざか》へ向かったと言われる。

古くから海上交通の要衝であり、近畿や、中国、四国、北部九州と東南アジアをつなぐ航路の経由地として発展するこの港には、終戦からの復興期、すでに台湾やアジア各地と日本を行き来する船が出入りしていた。

延岡から港を出るまでその釣り船には人影は見えなかったが、外海に出ると、やがて人影が船の上に見え始めた。一人、二人、三人……ひょっとしたら、十人近くいるかもしれない。とても釣りを楽しむような風情の人たちではない。

船から釣り糸を垂れる客は一人もなく、やがてその船は細島港に近い静かな島影にエンジンを止めて停泊した。

彼らは明らかに「何か」を待っていた。

風雨は、港を出た時からはさらに強くなっている。

「大丈夫か……」

夜の帳《とばり》が完全に下りてしまうと面倒だな、と明石元長は思った。

「本当に船は来るのか……」

明石は気が気でなかった。これまで何度も〝計画〟を練り直していた。出発の場所も、時間も、資金も、ありとあらゆることが何度も変更を余儀なくされた。ひと月以上前にこの計画は実現されていてもおかしくはなかった。

「密航」という国禁を犯してまでやり遂げようというこの大プロジェクトには、さまざまな困難が立ちはだかった。

午後七時を越えた頃である。

夏至を迎えて間もないだけに、日向灘にまだ〝夜〟は訪れていなかった。だが、雨のせいで、いつもより海面が薄暗く感じられた。

その薄闇を突いて、突然、灰色のポンポン船が近づいてきた。

「来た！　来たぞっ」

誰からともなく声が上がった。

一行が待ちに待った船だった。重量二十六トン。かなり老朽化しており、お世辞にも立派な船とは言い難かったが、貿易で台湾と日本の間を行ったり来たりしている台湾船だ。

「焼き玉船」とも称される、いわゆるポンポン船である。熱く焼いた金属球をエンジンヘッドに入れて燃料を燃焼させる原始的な仕組みの船で、物資欠乏のこの時代、ポピュラーな船だった。船首の横には、「捷信號《しょうしんごう》」という名前が書かれている。

これこそ、一行を台湾に運ぶ頼みの綱だった。

釣り船を捷信號に寄せた一行は、雨と波、両方の飛沫を浴びながら一人ずつ捷信號に乗り移っていった。

「台湾を助けて下さい」

一行は七人。陸軍中将の根本博・元北支那方面軍司令官を筆頭に、根本の通訳である吉村是二《これじ》、吉川《きっかわ》源三、浅田哲、岡本秀俊、中尾一行、照屋林蔚《てるやりんい》という面々だ。吉村、照屋以外は、すべて元軍人である。それに案内役の台湾人青年、李鉎源《りしょうげん》を加えて合計八人になる。

捷信號の船主は、行動を共にしてきた台湾青年・李麒麟《りきりん》である。李鉎源と李麒麟は、台湾の同じ台北縣蘆洲郷《ろしゅうごう》の出身で、明石がつくった台湾をはじめとするアジアの青年たちを支援する「東亜修好会」のメンバーである。

大プロジェクトの中心的役割を果たしたのが、この「東亜修好会」だった。

この時、台湾の命運は、まさに尽きようとしていた。

中国の大地で第二次大戦終了直後から展開された国民党と共産党との激しい内戦。蔣介石と毛沢東という中国現代史を彩った二人の独裁者は、互いに中国の覇権を求めて一歩も譲ることはなかった。

しかし、前年の一九四八年十一月から二か月にわたって繰り広げられた「淮海《わいかい》戦役」において数十万人に及ぶ戦死者を出して大敗北を喫した国府軍は、北京を失い、中原を追われ、上海からも撤退し、台湾に向かって敗走に敗走を重ねていた。

もはや、かつて中国の盟主として君臨した蔣介石率いる国民党の大陸失陥は誰の目にも明らかだった。いや、その台湾さえも共産軍の手に落ちる日が迫っていた。

東亜修好会の主宰者であった明石元長のもとに李銈源が現われたのは、前年の暮れのことである。久しぶりに訪ねてきた李銈源は、明石に大陸での内戦の情勢を伝えた。

「共産軍の勝利は、ほぼ間違いありません。このままでは中国全土はもちろん、台湾さえ危ういです」

真剣に訴える李銈源に、「やはり国民党は共産党の軍門に降《くだ》るのか」と、明石は溜息《ためいき》をついた。

「このまま手を拱《こまね》いているわけにはまいりません。なんとか、協力して下さい」

李銈源は、自分が日本人引揚者の中にまぎれて大陸から戻ってきたことを明かすと、共産軍から中国を、いやせめて華南、台湾だけでも守りたいことを訴えた。

それには、戦術に長《た》けた日本軍人の協力が不可欠です、と李銈源は言った。

「どなたかご存じないでしょうか」

明石は、必死に訴える李銈源の顔を見ながら、〝台湾〟という言葉に衝撃を受けていた。

「台湾まで〝陥《お》ちる〟のか。まさか……」

明石は、そう反芻《はんすう》していた。

台湾への熱い思いを持つ明石にとって、国共内戦によって台湾が共産軍の手に落ちる事態は、なによりショックだった。

台湾は日清戦争で勝利した日本が清国から割譲を受け、五十年間にわたって心血を注いで発展させてきた地だ。清朝が〝化外の地〟として統治することすら敬遠した地を、必死の思いで開発し、整備し、教育も施してきた。

日本の敗戦によって中国に返還されたものの、今も明石のように台湾に深い郷愁の念を抱く日本人は少なくない。

明石は、わずか二年とはいえ、小学校時代を台北で過ごしている。父・元二郎が台湾総督として台北に赴任したのは、大正七年である。

この時、小学五年。元二郎は、妻も二人の娘も、そして母親も東京に置いたままだったのに、なぜか長男の元長だけを連れて、台湾に赴任している。

当時の台湾には、風土病も残っていたし、治安も完全に確立していたわけではなかった。日清戦争で日本に割譲されてすでに二十年余が経過していたものの、まだまだインフラ整備は「これから」という地だった。

その台湾に小学生の息子・元長だけを連れていった元二郎の思いについては、なんの記録もなく、ただ想像するしかない。

日本陸軍最大と称された謀略工作をヨーロッパの大地で展開した元二郎が、小学校の高学年となった息子を手元に置いたのは、自分が得てきた知識や経験を、息子に引き継ごうという思いがあったことは想像に難くない。あるいは、残り少なくなった自らの人生の終焉《しゅうえん》を予感し、その前に自分のすべてを息子に注ぎ込もうとしたのだろうか。

死去する前に遺言で自分の遺骸《いがい》を台湾の大地に埋めてくれ、と頼んだ元二郎が、最後の任地となった台湾を深く愛していたことは確かだ。

台湾への思いは、元長も同じだった。共産軍の手にその台湾が「落ちる」ことを、現実として受け入れることなど、とてもできなかった。李銈源が語る〝現実〟を前に、明石の頭の中にどうにかしなくては、という思いが湧き起こった。

戦術に長けた日本の軍人の協力といっても、いったい誰がいいのか、明石には見当もつかない。だが、陸軍の支那通なら、明石にも一人だけ知っている人物がいた。

支那派遣軍で総参謀副長まで務めた将官である。

その人物の名を明石が出すと、李鉄源は、わかりました、さっそくあたってみます、と行動を開始した。

李鉄源には抜群の行動力があった。その将官から、今度は、能力、識見、そして死を恐れずに海を渡るに違いない決意——すべてを持つ人物として、根本博・元北支那方面軍司令官の名が挙がったのである。

そこからこの船に乗り込むまでの苦労は、筆舌に尽くしがたいものだった。元長にとって、台湾への最後のご奉公が、この密航計画だった。

戦争が終わって四年も経ち、ＧＨＱの支配下で牙《きば》を抜かれたかのように、日本自体が闇夜を彷徨《さまよ》っていた。

その時、父の遺骸が眠る台湾の大地に「共産化の日」が迫ったのである。台湾を助けなければならない。父が眠る台湾をなんとか助けたい。

憑《つ》かれたように走り始めた明石は、あらゆる伝手《つて》を頼り、やっと日本の軍人を「台湾に送り出す」ところまで漕《こ》ぎつけたのだ。

資金集めで壁にぶち当たり、計画は何度も頓挫《とんざ》した。また、〝密航〟のために船を提供してくれる奇特な人もなかなか探し出せなかった。暗中模索の中、明石はさまざまな人の間を駆けずりまわり、やっとここまで来たのだ。

根本博・陸軍中将。この人を送り込めば、なんとかしてくれる。彼なら台湾を救ってくれる。明石を突き動かしていたのは、その強い思いだけだった。

同じ東亜修好会のメンバーである李麒麟の持ち船によって、台湾に根本将軍たちを送り込むことが決まったのは、ぎりぎりのことだった。

すでにこの時期、台湾との間で貿易を始めていた李麒麟は、自らの船で一行を台湾に送り届ける役目を買って出てくれたのである。

根本や李銓源ら八人に李麒麟を含めた船側の人間七名を加えて、この二十六トンの船に総勢十五名が乗り込んだ。

彼らが目指す地は、台湾である。

明石は、一行が捷信號に全員乗り込むのを確認すると、ほっと胸を撫《な》で下ろした。

これで行ける、私の役目は終わった――と。

「ご武運をお祈りしております」

明石元長は、万感の思いで根本たち一行に別れを告げた。

彼らが生きて日本に帰る保証はどこにもない。一行は、命を賭《か》けてこれから〝戦争〟に身を投じるのである。自ら進んで自分の命を投げ出そうとしていた旧軍人なのだ。

彼らを台湾に送り込めばなんとかなる。明石には、その思いがあった。それは悲願といっていいだろう。

船を降りる時、明石は自分が書生のように可愛がってきた李鉎源と李麒麟に「あとは頼むぞ」と言うのを忘れなかった。明石は、二人と固い握手を交わした。

その時、自分が必死になって動いたのは、亡き父の導きではなかったか、と明石は思ったに違いない。

固い握手とともに一行に別れを告げた明石は、釣り船に一人、戻った。捷信號に入る時と同じように波しぶきと雨が明石の全身をたたいた。

すっかり周囲は暗くなっていた。漆黒の海のうねりが、彼らの行く先に待ち受ける試練を暗示しているかのようだった。

船から陸に上がった明石は、うしろを振り向いた。

何も見えない。そこには、ただ真っ暗な海原が不気味な潮騒の音を低く漂わせているだけである。

延岡の街に戻ってきた明石は、それまで張りつめていた緊張感が一気に緩んでいくのを感じていた。夜十一時、明石は疲れた身体を福岡行きの列車の硬い座席に置いていた。

疲労感と共に、大仕事をやり遂げたという心地よい充実感が、明石の全身を包む。間もなく明石は、深い眠りに落ちていた。

〈6月26日（日）朝　東海造船所ニユク　12時バスニテ全部出発　ハイヤーヲヤトフ
2時　李　4時トドロニユク　6時　出帆。　7時　乗船
午後11時　延岡発〉

明石の手帳には、この日のことが、簡潔にそれだけ書かれている。明石が四十二歳の短い生涯を閉じたのは、それからわずか四日後のことである。

台湾を助けるために奔走した明石元長は、自らの〝大事業〟の結果を見ることもなく、東京に帰り着いた翌々日に急死した。

それを看取《みと》ったのは、元長の家族である。まだ高校生に過ぎない元長の長男・元紹が、父がやろうとしたことの「真の意味」を知るには、それから六十年という気の遠くなるような年月が必要だった。

危機一髪の連続

船は、風雨を突いて出航した。

しかし、風と波は次第に激しくなっていく。うねりが捷信號を木の葉のように弄《もてあそ》んだ。波が絶え間なくデッキを洗っていた。

容赦のない横波が左舷《さげん》から打ち寄せ、ついには、船室の扉の破れ目から潮がドッと入って来た。寝ている者の上に海水がかぶさって来るありさまだ。

「大丈夫か……」

「こんな船で台湾まで本当に辿《たど》りつけるのか」

口には出さずとも思いは皆同じだった。

誰も眠る者などいない。全員が、眼をつむって拳《こぶし》を顔の前で組み、何かを考えていた。

風と雨と、そして波の音だけが「時間」を運んでいた。

やがて波が多少静かになり、船が停まった。

「停まった」

「停まったぞ！」

どうやら沈没は免れたようだ。何人かが自分に言い聞かせるようにそんな言葉を発していた。

全員がデッキに駆け上がった。

暗闇の中だったが、目の前にすぐ山が迫って見えた。

眼を凝らすと真っ暗な中に十二、三戸の集落が見えた。小さい入江だ。船長は、

「嵐を避けるために一時、入江に避難しました」

という。命の危機を脱したことを全員が認識した。

安心した一行は、「これで眠れる」と、船室にふたたび戻って、朝を待つことにした。

知らない内に根本も眠りに落ちていた。

突然、カンカンカン、カンカンカンという鐘が鳴った。

全員が飛び起きた。根本がライターをつけて時計を見ると、まだ午前二時である。

根本は、火事か、とデッキに上がって陸上を見たが、それらしい火の手も見えない。

陸上に何が起こったのかさっぱりわからなかった。

ふたたび眠りについた根本が周囲の喧騒《けんそう》で目が覚めたのは、早朝のことである。

船主の李麒麟が血相を変えて、船室に入ってきた。

「李さん、ちょっと来て下さい。ほかの方は船室から出ないで下さい」

李銈源の顔色が変わった。ただならぬ雰囲気である。根本は、船室の扉から左舷側の海上を見た。そこには、漁船が一隻停まっていた。デッキには、銛《もり》や鳶口《とびぐち》を手にした男たちが十二、三人乗って捷信號を睨《にら》みつけている。

緊張感が走る。右舷《うげん》にも、一隻いた。

間もなく李麒麟と李銈源は、その漁船に乗せられ、去って行った。

「巡査が来ています。警察に連れていかれたようです」

船員の一人が根本にそう説明した。

何か問題があったのか。まだ出航して間もない。密航であることは、ばれていないはずだが……。

根本の胸に不安が広がった。一行の中に動揺が走った。

「(密航が)ばれたのかもしれない」

「泳いで逃げましょう」

そんなことまで口にする者もいた。根本が、いったん渡航を決意した以上、まだ何もわかっていない段階で軽々に決意を翻すものではない、と諭し、メンバーの動揺を鎮めた。

やがて、李麒麟と李銈源が漁船で船に戻ってきた。すでに午前十時をまわっていた。

李銈源が笑っている。

「危なかった。あやうく密輸船として抑留されるところでした。船が台湾籍だったので助かりました。嵐を避けて入江に避難し、仮停泊しているだけです、と説明してやっと納得してもらいました」

逆に、警察が誤解を詫《わ》びて、炊き出しのご飯や飲料水などを提供してくれたとのことで、二人は両手いっぱいにその〝戦利品〟を持って帰ってきたのである。

一同、それを聞いて、安堵《あんど》の笑いが広がった。

ふたたび船は南下を始めた。

天候も回復し、気温も次第に上がっていく。だが、航海はその後も順風満帆とはいかなかった。

出航から四日目、六月二十九日夕刻、船はやっと種子島《たねがしま》の西方を通過した。時速五ノット（およそ時速九キロ）しか出ない船だけに、喘《あえ》ぎ喘ぎの航行だった。

出発早々、嵐に巻き込まれた老朽船・捷信號にとって、快晴で穏やかな海原が台湾まで辿りつく必須《ひっす》条件だった。

まだまだこれからだ──一行は、緊張を解いてはいなかった。

その夜のことである。

根本は、船室の狭いベッドに身体を横たえていた。眠るとも醒《さ》めるともなく、うとうとしていた根本の耳に突然、ガリガリと何かをこする音が聞こえてきた。左舷の船腹あたりからである。直後から機関室ががやがやと騒がしくなって来た。

間もなく李鉎源が船室のドアを開けた。

「大変です」

表情が強《こわ》ばっていた。張りつめた空気が船室に走った。李鉎源は息を整えると、一気にこうまくしたてた。

「船底に穴があきました。このままでは三十分で沈みます。皆さん、艙口《そうこう》を開けて水を汲《く》みだして下さい。船は近くの島の海岸に乗り上げます！」

李鉎源の切羽詰まった声に、一同は飛び起きた。「艙口」とは、船倉に貨物を出し入れするためにデッキに設けられているハッチのことだ。

すわっと、一同はデッキに駆け上がった。沈没の危機である。順調にいきはじめたと思った途端、あっという間に命が「危ぶまれる事態」に陥ってしまったのだ。

二人は排水の手押しポンプにかかり、四人は艙口を開けてバケツや桶《おけ》を持って船倉に降りていった。すでに中には海水が相当入っていた。

乗組員も加わって総出の海水汲みだし作業が始まった。根本だけが、「将軍はお年ですから」と、作業に加わらせてもらえない。根本は、かわりに言葉で人々を激励した。入りこむ海水と排水作業とのいたちごっこが続く。

およそ二時間。一同に疲労と焦りが覆い始めた頃、船はやっと島を発見した。

「(海岸に)乗り上げます！」

船は間もなく海岸に乗り上げた。

ザザザ……浜の砂が船底を嚙《か》む音が聞こえた。一行にとって、それは〝生〟を意味する音だった。

「助かった……」

嵐の次は、座礁。台湾はまだまだ遥《はる》か先だ。

果して俺は台湾に辿りつくことができるのだろうか。俺は、あの時の恩義を返すことができるのだろうか。

根本の脳裡《のうり》に、死を決意していた四年前の「終戦の日」のことが蘇《よみがえ》っていた。

駐蒙軍司令官時代の肖像写真。昭和十九年十一月撮影。

第二章　内蒙古「奇跡の脱出」

昭和二十年八月十五日──。

まもなく正午を迎えようとしていた。

湿気というものがまるで感じられない中国・内蒙《ないもう》の夏は、ただ肌を刺し貫く強烈な日差しと、風に舞う黄色い砂と粉塵《ふんじん》だけに支配された世界だ。

首筋といわず、背中といわず、汗に砂がべっとりとくっついた気持ち悪さは、いつまで経っても日本人には慣れることができないものである。

だが、かつての察哈爾《チャハル》省の省都であり、今は察南自治政府の首都となっている張家《ちょうか》口《こう》は、駐蒙軍が支配するほかの内蒙の地とは、まるで違う気候に恵まれた街だ。標高およそ千メートルの高地に位置する張家口は、街の三方を山で囲まれた盆地の中にある。

街の中を清水河《せいすいが》という川が流れ、在留していた日本人たちは、この地を〝北支の軽井沢〟と呼ぶほどだった。

明・清の王朝の避暑地として利用された承徳《しょうとく》ほど緑は多くないものの、真夏の凌《しの》ぎやすさでは、引けをとらない。しかし、この日はいつもより蒸し暑く、珍しく街の中をモンゴル砂漠の黄塵が舞っていた。

根本陸軍中将の姿は、張家口の中心街にある張家口放送局の一室にあった。まわりには、根本が指揮する駐蒙軍司令部の幕僚たちがずらりと並んでいる。張家口には、駐蒙軍の司令部が置かれていたのだ。

「いよいよこの日が来た……」

もちろん、根本にはこれから流れる天皇陛下のラジオ放送がどんな中身であるかはわかっていた。

六日前の八月九日、日ソ中立条約を一方的に破棄し、攻め込んできたソ連軍との間で戦闘状態に入っていた駐蒙軍の司令官・根本にとって、予想される天皇の放送と、それ以後、自らとるべき行動のことで、頭の中は一杯だった。

正午の時報が終わるや、その声は根本の耳に飛び込んできた。

九年前の昭和十一年に北海道で初めておこなわれた陸軍特別大演習で、旭川《あさひかわ》第七師団歩兵第二十七連隊長だった根本は戦線巡視中の陛下に「将兵はみな元気か？」と直接、声をかけられたことがある。

その時の「陛下のお声」は、忘れることはできない。白馬にまたがった陛下の、かん高く、それでいて優しさと柔らかさを持つ独特の声は、根本にとって深い思い出として残っていた。

「間違いない。玉音だ……」

放送が流れ始めると、陛下の声が根本にだけはわかった。そして、その放送の中身は、予想通り「敗戦を告げる」ものだった。

玉音放送を聴きながら、根本の脳裡に盧溝橋《ろこうきょう》事件以来の過去八年の苦労や、これから在留邦人や部下の将兵が経験するであろう苦難についての思いがこみ上げてきた。また、陛下がこの放送をどのような思いでしているのかを思うと、根本の瞼《まぶた》の裏に自然と涙が滲《にじ》んだ。これまで死んでいった先輩や部下たちの顔も、現われては消えた。

「しっかりしろ！」

自分を叱咤《しった》しながら、根本は玉音放送を聴いていた。根本は、玉音放送のあと、この張家口放送局から蒙疆《もうきょう》全域に向かって、自ら放送をおこなうことになっていた。放送局にあらかじめその準備を命じていたのだ。

根本は、この危機に至って、自分が庇護《ひご》する人たちや、部下たちに向かって、一世一代の〝訓示〟をしなければならなかったのである。

駐蒙軍の幕僚たちの中には、玉音放送が終わった時、声こそ上げないものの、感極まって頬を涙が伝っていたものが何人もいた。根本には、その気持ちが痛いほどわかった。

次は放送局に準備させていた通り、根本の番である。

〝蒙疆〟と称される山西省の北部と察哈爾・綏遠《すいえん》の二省および外蒙を除く蒙古の大部分を警備するのが駐蒙軍であり、根本はその駐蒙軍司令官である。

しかし、日本列島の広さに匹敵する広大な担当区域を持ちながら、駐蒙軍は師団が二つと混成旅団が二つしかない小軍に過ぎない。すでに逼迫《ひっぱく》する戦況に、駐蒙軍からは戦車師団と一混成旅団が他方面の作戦に連れ出されたまま帰って来ず、兵力の不足は覆いがたいものになっていた。

だが、軍司令官たる根本が弱音を吐くわけにはいかない。

兵力こそ劣っているものの、根本の部下たちは、宣戦布告してなだれこんで来たソ連軍に立ち向かい、陣地への侵入をまだ一歩も許していなかった。それは根本司令官の叱咤に応《こた》えた部下たちの奮闘にほかならない。

しかし、いよいよ敗戦が決定し、陛下自らの「終戦の詔勅」が発せられたことによって、外地にある日本軍はただちに「武装解除」を行わなければならなくなってしまったのだ。

この時、根本には、ある覚悟がすでにできていた。


「一切の責任は私が負う」


マイクの前に立った根本は、エ、エンと、癖になっている咳払《せきばら》いをひとつすると、深く息を吸い込んでこう語り始めた。

「日本は戦争に敗れ、降伏いたしました。皆さんは今後のことを心配していると思います。しかし、わが部下将兵たちは、みな健在であります」

それは口調こそ穏やかなものの、断乎《だんこ》たる決意が漲《みなぎ》る声だった。

「わが軍は、私の命令がないかぎり、勝手に武器を捨てたり、任務を放棄したりする者は一人もおりません。心を安んじてください。疆民および邦人は、決して心配したり騒いだりする必要はありません」

噛んで含めるような言い方だった。そして、根本はこう続けた。

「私は上司の命令と国際法規によって行動します。疆民、邦人、およびわが部下等の生命は、私が身命を賭《と》して守り抜く覚悟です。皆さんには軍の指導を信頼し、その指示にしたがって行動されるよう、強く切望するものであります」

あなた方の命は私が身命を賭して守り抜く――司令官自らの声が、蒙疆地区のすみずみまで流れたのである。それは、敗戦を告げる「玉音」の次に放送されたものだっただけに、尚更《なおさら》、インパクトが強かった。

根本はまず住民の間に動揺が走り、パニックが生じるのを真っ先に防いだのである。軍司令官決意のその放送は、全蒙疆地区に散在していた日本人たちに、どのくらい頼もしく、嬉《うれ》しく響いただろうか。

放送を終えた根本は、すぐに放送局から司令部に取って返し、今度はただちに全軍に対して、司令官としての絶対命令を下した。

「全軍は、別命があるまで、依然その任務を続行すべし」

決意と威厳を漂わせて、根本はそう告げた。そして、

「もし……」

と、語を継いで、根本はこうつづけた。

「命令によらず勝手に任務を放棄したり、守備地を離れたり、あるいは武装解除の要求を承諾したものは、軍律によって厳重に処断する」

目を見開いた根本の口から発せられたその迫力に、居並ぶ幕僚たちは圧倒された。それは有無をいわせぬ絶対命令だったのである。

上層部から〝武装解除命令〟が出ているのに、駐蒙軍は司令官根本博の命令によって、それを「拒否する」というのだ。根本は、特にソ連軍主力と激突する〝丸一陣地〟の守備隊に対して、こう厳命した。丸一陣地は、張家口の北方およそ二十七キロにある東西約四キロ、南北約一・五キロの防衛陣地である。

「理由の如何《いかん》を問わず、陣地に侵入するソ連軍を断乎撃滅すべし。これに対する責任は、司令官たるこの根本が一切を負う」

これまた根本自らの覚悟の命令だった。

言うまでもなく、ポツダム宣言を受諾し、本国から「武装解除命令」が出ているにもかかわらず、それを拒否して戦闘をおこなうのは、戦勝国側から見れば、それだけで〝戦争犯罪〟である。しかし、その戦闘行為の責任はすべて、軍司令官である「根本個人にある」ことを部下たちに伝えたのである。

根本は、ソ連軍相手に絶対に武装解除しないことを決意していた。彼は、日本陸軍にあってソ連の本質を見抜いている数少ない軍人だった。

中佐時代の昭和五年、根本は陸軍参謀本部第二部の支那班の班長となっている。この時、ロシア班の班長が、根本と陸士で同期の橋本欣五郎中佐である。

支那班は第六課、ロシア班は第七課に属していたが、両課の課長が同室で仲がよく、かつ両班の班長である根本と橋本が同期ということもあり、班員同士が密接に往来し、お互いの班長を「ねもさん」「橋欣」と呼び合うほど、日常的に情報交換をおこなっていた。

それぞれが得た情報と分析は、同期の両班長によって〝共有〟され、そのため、根本は専門の支那情報だけでなく、ロシア情報にも通じ、ソ連軍の本質や危険性を知悉《ちしつ》していたのである。


六日前の八月九日から始まったソ連との戦争。総崩れとなった隣の関東軍と、満洲《まんしゆう》全域でおこなわれているソ連の蛮行は、根本の耳にも刻々と入っていた。

満洲を守っていた頼みの関東軍は、ソ連の宣戦布告からわずか三日で「総退却」の事態に陥っていた。

駐蒙軍司令部は、この時、関東軍の西正面を担当している第三方面軍司令官が、配下の部隊に対して、〝ハルピン—大連《だいれん》鉄道〟の線まで総退却の命令を下している無線を傍受したのだ。

張家口にある駐蒙軍司令部は、根本の指揮のもと無線傍受を強化していた。敵・味方の部隊の交信はもちろん、夜中の重慶《じゅうけい》政府の国際放送に至るまで、あらゆる情報を入手すべく動いていた。それは、情報、諜報《ちょうほう》活動を重視する根本司令官ならではの方針による。

そんな中で、関東軍内部の「総退却命令」を駐蒙軍司令部が傍受したのである。無線班から報告を受けた根本は仰天する。根本だけではない。すべての幕僚が啞然《あぜん》となった。

それはまさに寝耳に水だった。

「関東軍がたった二、三日の戦闘でいきなり〝ハルピン—大連鉄道〟の線まで吹き飛ばされるのか」

根本をはじめ、幕僚たちは愕然《がくぜん》としたのである。関東軍の西正面、すなわち熱河《ねっか》方面をガラ空きにされたら、支那派遣軍の背後はどうなるのか。補給線は、一体どうなるのだ。

そんなことを、関東軍がわからないはずがない。根本は、さっそく熱河方面の関東

軍の指揮官に対して、

「熱河の撤退は待たれたい」

という電報を発すると共に、北京の下村定《さだむ》・北支那方面軍司令官、さらに南京の岡村寧次《ねいじ》・支那派遣軍総司令官に対して、熱河の事態について至急、関東軍と交渉されたい旨、要請の緊急電を打った。

だが、根本はこの時、戦争の前途に、見切りをつけた。わずか三日で関東軍が、いきなり〝ハルピン―大連鉄道〟の線まで吹っ飛ばされるようでは、もはや立ち直りは不可能だろう。

満洲・朝鮮を失った日本本土は自滅のほかはなく、支那派遣軍が日乾《ひぼ》しの運命を辿《たど》ることは、火を見るより明らかだった。

しかし、邦人と部下たちの命だけはソ連軍から守り抜かなければならない。駐蒙軍の軍司令官として、それは命に代えても絶対に果たさなければならない「わが使命である」と、根本は思った。

ソ連軍の先頭部隊が張家口の北およそ四十キロにある張北《ちょうほく》の北方に姿を現していたのは終戦の二日前、八月十三日のことである。以来、戦力こそ劣るものの、攻め込んできたソ連軍と駐蒙軍は激戦を展開していた。

十三日の戦闘では、根本司令官のもとに、「ソ連軍が二百以上の屍体《したい》を残して退却した」という報告が来た。斥候が、敵の将校の金線いかめしい肩章まで剝《は》ぎ取ってきたことも報告された。

駐蒙軍の士気は、いささかも衰えていなかった。部下たちの凄《すさ》まじい闘志に、根本は心を熱くした。

八月十五日の玉音放送を、根本はそんな中で迎えたのだった。

玉音放送を聞いた夜、根本は「死」を決意している。

なかなか寝つけなかった根本は冷酒をコップで二杯あおった。しかし、頭がますます冴《さ》えてきて、とても眠れない。さまざまなことが走馬灯のごとく頭の中をぐるぐるまわっていく。

在留邦人たちは私たち軍の命令にどんな思いで従うだろうか。数年、あるいは十数年の苦労の結晶ともいうべき財産を棄《す》てて、北京や天津《てんしん》に引き揚げなければならないとなれば、その苦悩は想像に余りある。財産に対する執着、それを棄てるよう要求する私たちに対する恨みも深いだろう。

また、日本の降伏後も頑強にソ連軍に抵抗したということも、問題になるに違いない。国府軍の傅作義《ふさくぎ》は信用のできる男だが、その部下も皆その通りとは思われない。

万一、わが駐蒙軍の部下将兵が虐待されるような事態が起こったらどうするのか。次々と懸念や不安が湧き起こって来る。そんなことをあれこれと考えていたら、夜がほのぼのと明けかけてきた。

この時、枕もとの本棚にあった『生命の實相《じっそう》』という本が根本の眼に入った。宗教家の谷口雅春の手になる著作で、人生の迷いや生命の本質をわかりやすく著わした内容が、生と死の狭間《はざま》で生きる戦時中の日本人の思いにマッチして、ベストセラーとなっていたものだ。

根本も、何か迷いが生じた時にこの本を開くことがあった。いわば根本の座右の書のひとつである。この時、眠れない根本はたまたま同書の「第九巻」を手に取った。偶然開いたのは、「第六章　南泉猫《なんせん》を斬る生活」というページだった。そこには、こんな「公案」(禅宗の修行者が悟りを開くために与えられる問題のこと) が紹介されていた。

ある時、雲水たちが、一匹の猫について「猫に仏性ありや」と言い争っていた。そこに南泉という高僧が通りかかり、

「僧たちよ、禅の一語を言い得るならば、この猫を助けよう。言い得ぬならば、斬り捨てよう」

と語りかける。だが、誰も答えられる雲水はいなかった。南泉はついに猫を斬った。夕方、南泉の弟子の趙州《ちょうしゅう》が帰ってきた。南泉が猫を斬った一件を趙州に話すと、趙州はただ、履《くつ》を脱いで、それを自分の頭の上にのせて出て行った。南泉はその姿を見て、「もしお前があの時おったならば、私は、猫は斬らずにすんだのに」

と語った、というものである。

公案とは奥が深く、答えというものが「ある」ようで「ない」ものが多い。この「南泉斬猫《ざんびょう》」もそうだ。

しかも、根本は禅の修行者でもなんでもない。ただ、この公案について、『生命の實相』の著者、谷口は、こんな解釈を同書に記していた。

南泉が猫を斬ったのは「形に捉《とら》はれるな、佛性と云ふものは、形の猫にあるのではない。形の猫を斬って了《しま》つたら、其處《そこ》に佛性があらはれる」ということを、猫を斬る行為で示したのだ、というのである。そこには、何であろうと本当に生かし切るには、「形を斬って捨てる」ことが大切だとあった。

気がつくと、根本は何度も何度もその文章を追っていた。眠れない自分がたまたま開いたページにあったこの文言の意味を考えながら、根本は「これは偶然ではない」と考えていた。

そうだ。余計なことを思い悩む必要はない。ただ自分は、形や現象に捉われることなく、自分自身の使命を果たせばよい。

自らの肉体という「形」などは、どうでもいいではないか。ただ、私が守らなければならない人たちの命を、私は守ればいい。そして、すべての責任を一身に背負って「死に切る」だけでよい。それだけでいいのだ。

根本は、そう思うと、気持ちが楽になった。起き上がった根本は、さっそく筆を執り、武装解除を受けるべき相手である国府軍の傅作義将軍宛《あて》に遺書を書いた。

それは、一死を謝すると共に、自分が死んだ後、在留邦人と部下将兵たちを無事、故国日本に帰してくれるよう後事を託すものだった。

傅作義将軍は人間的にも立派な軍人だ。私のこの遺書にきっと心を留めてくれるに違いない。根本はそう思った。

書き終わると、根本は遺書を軍服の内ポケットにおさめた。そして、あとはただ「決行の機会を待てば良い」と、自分自身に言い聞かせた。

その瞬間、根本の胸に鉛のごとく沈澱《ちんでん》していたつかえが、嘘のように消えていった。ここ数日、煩悶《はんもん》していたものが「消えてなくなった」のである。不思議だった。

私だけが腹を切ればいい。それだけでいいではないか。

そう思うと、根本はむしろ晴れやかな気持ちになった。敗戦の日、根本がやっと二、三時間とはいえ深い眠りを得ることができたのは、翌十六日朝方のことだった。

「司令官を死刑に処する」

部下たちの頑張りで、なんとか在留邦人だけでも北京・天津、さらには故国日本に脱出させたい――根本の思いは、日が経つにつれ、大きくなっていった。

根本は、自分に課せられた、いや日本軍人に課せられた「邦人の命を守る」という最大使命を果たすためには、たとえ上層部からの絶対の「武装解除命令」であろうと、従うわけにはいかない、という決意を固めていた。根本に貫かれたヒューマニズムの精神がソ連に対する武装解除を許すことはできなかったのである。

十五日、十六日のソ連軍の攻撃は特に激しかったが、駐蒙軍の抵抗によって、陣地を突破できず、退却していた。両軍の損耗は大きかったが、ソ連軍が戦車十五台の残《ざん》骸《がい》を置いて退却したため、駐蒙軍の士気は高まっていた。しかし、

「日本はすでに無条件降伏している。関東軍もまた日本天皇の命令に服従して降伏した。だが、張家口方面の日本指揮官だけが天皇の命令に服従せず、戦闘を続けている

のは、まことに不思議である。直ちに降伏せよ。降伏しないならば、指揮官は戦争犯罪人として死刑に処する」

張家口と丸一陣地に飛来してきたソ連軍飛行機から、爆弾と共に、そんなビラが大量に散布されたのは、八月十七日のことである。ビラにはソ連軍の「ワシレフスキー元帥」の名が記されていた。

終戦からすでに「三日」が経っていた。このまま戦闘を継続するのかどうか、いつまでこれを行うのか、さすがに駐蒙軍の参謀たちの間でも〝今後について〟の意見が分かれていた。

ビラを散布したのち、間髪を容《い》れずにソ連の軍使が丸一陣地前まで来て、ビラと同じ内容の申し込みをしていったことが司令部に報告されてきた。

参謀たちは激論を戦わせた。

「これまでの方針通りソ連軍への武装解除は拒否すべきである」

「傅作義軍の来着は見込みがない。これ以上の戦闘は、無意味な犠牲者を出すのみならず、累は司令官の身に及ぶ。ここまで来れば、ソ連軍による武装解除を受け入れても仕方がない」

二つの意見が真っ向からぶつかり合い、両者とも一歩も引かなかった。もはや、参謀の意見を統一することは無理だった。

「司令官も顔を出していただければ……」

参謀長が根本を呼びに来たのを機に、根本はすべての参謀に集合を命じた。

全参謀が会議室に集まった。

いったい根本司令官はどういう決断をするのか。全員が、根本が部屋に入ってくるのを待った。

いよいよ駐蒙軍の今後の方針が決まるのである。ついさっきまで激論を戦わせていた参謀たちが緊張と沈黙に支配された。

根本が部屋に入って来た。

参謀全員が起立して司令官を迎えた。根本は全員が集まっていることを確認すると、ゆっくり席につき、一同を見まわした。

参謀たちは息を呑《の》んで軍司令官の言葉を待った。

「諸君」

と、根本は口を開いた。

「私を戦犯にすると言うがごときは、児戯《じぎ》に類することである」

根本はそう言った。静かな口調だった。

参謀たちの耳に根本のその言葉が響いて来た。それは口調とは正反対の、根本の厳しい決意と信念が込められたものだった。

「ソ連は、私を戦犯にするとのことだが、私が戦死したら、もはや戦犯にしようとしても不可能ではないか。もし、諸君の中に（戦闘継続に対して）躊躇《ちゅうちょ》する者があらば、私自身が、丸一陣地に赴き、ソ連軍軍使を追い返そう。もし不可能ならば、私自身が戦車に体当たりして死ぬだけのことだ」

根本は大きく眼を見開いて、そう語った。だんだん口調が強くなっていく。周囲を圧する迫力が根本司令官にはあった。ひと呼吸おいて、根本は、

「私は、今から丸一陣地に行く！」

そう言うや、席を立ちかけた。

「司令官！」

その瞬間、参謀たちは、総立ちとなった。

「司令官の決心はよくわかりました」

「承知いたしました！」

「ソ連軍軍使を拒絶帰還させるのは我々が直接やります！」

「司令官は、司令部に留《とど》まって頂きます」

中には涙を流しながら、そう叫ぶ参謀もいた。駐蒙軍の方針は決した。あくまで武装解除を拒否し、ソ連軍に徹底抗戦すべし。在留邦人の生命は何があってもわれわれ駐蒙軍が守り抜く――。

その根本の決意が、あらためて参謀全員に伝わったのである。

「私自身が戦車に体当たりして死ぬだけのことだ」

参謀たちは、胸の中で根本の言葉を反芻《はんすう》していた。軍司令官の凄《すさ》まじい闘志と使命感を彼らは目の当たりにした。ぶるぶると震えるような闘志が自分たちにも心の底から湧き起こって来るのを参謀たちは感じていた。

根本司令官の決意を受けて、駐蒙軍司令部の情報主任が丸一陣地に急行したのは、その直後のことである。

根本は、武装解除命令を拒否するにあたって、上層部とも激しいやりとりをつづけている。

南京の支那派遣軍総司令部と駐蒙軍との間の激しい電報の応酬の模様が残されている。

極限でやりとりされる密電には、それぞれの司令官の「覚悟」と「決意」、さらには「哲学」が滲《にじ》み出てくるものである。交わされる電文の中身に、在留邦人の命がかかっていた。

〈蒙疆方面に於ける「ソ」軍の不法行為に対し　貴軍の苦衷察するに余りあり〉

そんな文言から始まる八月二十日付の南京の支那派遣軍総司令部から駐蒙軍司令部への電文は壮烈だ。

支那派遣軍総司令部は、「駐蒙軍の苦衷は察するに余りがある」と理解を示しながら、「しかれども」と、こう続けている。

〈然れども　詔勅を体し　大命を奉じ　真に堪え難きを堪え　忍び難きを忍ぶの秋たるを以て　本職は大命に基き　血涙を呑んで　総作命第十二号の如く　有ゆる手段を講じ　速かに我より戦闘を停止し　局地停戦交渉　及武器引渡等を　実施すべきを厳命す〉

支那派遣軍総司令官の岡村寧次大将は、駐蒙軍司令官の根本博中将に対して、〝血涙を呑んで〝速やかに〝戦闘を停止〟し、〝武器引き渡し〟をおこなうことを厳命したのである。

だが、この厳命に対して、根本司令官はこう返電している。この日、張家口では在留邦人の北京・天津方面への後送が始まろうとしていた。同地には二万人の在留邦人が集結していたのである。

〈只今張家口には　二万余の日本人あり　外蒙「ソ」軍は延安《えんあん》と気脈を通じ　重慶軍に先立つて張家口に集結し　其の地歩を確立せんがため　相当の恐怖政策を実施せんとしあるが如し〉

ソ連軍が延安にいる共産軍と気脈を通じて、重慶軍、すなわち蒋介石の国府軍より先に集結しつつあり、まさに〝恐怖政治〟を敷こうとしている。今、彼らを相手に〝武器引き渡し〟を実施したら、在留邦人の生命を守ることができない。根本は、このことを必死で訴えている。

電文はさらにこうつづく。

〈日本人の生命財産を　保護すべきも　若し延安軍　又は外蒙「ソ」軍等に　渡すならば其の約束は　守る能はずと申しあり　攻企図を封殺す〉

そこには、ソ連軍、または共産軍相手に武装解除をおこなえば、「保護すべき日本人の生命財産を守ることができなくなる」という悲鳴にも近い根本の叫びがあった。だから、支那派遣軍総司令部の厳命といえども、それに従うわけにはいかない——それは、根本司令官覚悟の返電であった。

その上で、根本は、「自分一人にその責任はある」と部下に伝え、全軍にソ連との戦闘続行を命じたのである。

〔筆者注・戦史叢書《そうしょ》「昭和二十年の支那派遣軍〈2〉」（朝雲新聞社）より〕

〈蒙疆方面ニ於ケル「ソ」軍ノ不法行為ニ対シ　貴軍ノ苦衷察スルニ余リアリ　然レトモ　詔勅ヲ体シ　大命ヲ奉シ　真ニ堪ヘ難キヲ堪ヘ　忍ヒ難キヲ忍フノ秋タルヲ以テ　本職ハ大命ニ基キ　血涙ヲ呑ンテ　総作命第十二号ノ如ク有ユル手段ヲ講シ速カニ我ヨリ戦闘ヲ停止シ　局地停戦交渉　及武器引渡等ヲ　実施スヘキヲ厳命ス〉

（支那派遣軍総司令部より駐蒙軍司令部へ・昭和二十年八月二十日付）

〈只今張家口ニハ　二万余ノ日本人アリ　外蒙「ソ」軍ハ延安ト気脈ヲ通シ　重慶軍ニ先立ツテ張家口ニ集結シ　其ノ地歩ヲ確立センカタメ　相当ノ恐怖政策ヲ実施セントシアルカ如シ　撤退ニ関シテハ重慶側ノ傅作義ハ　張家口ノ接収ヲ提議シ来リ　日本人ノ生命財産ヲ　保護スヘキモ　若シ延安軍　又ハ外蒙「ソ」軍等ニ渡スナラハ其ノ約束ハ守ル能ハスト申シアリ　攻企図ヲ封殺ス　交渉成立セス戦闘ヲ惹起スルノ虞アルニ至ラハ　特ニ上司ニ報告シ其ノ認可ヲ受クルニアラサレハ　承認シ得ストノ態度ヲ以テ応酬シツツ　時間ノ余裕ヲ得、先ツ在留邦人就中老幼婦女子ヲ掩護シツツ後方適宜ノ要点ニ離隔ス　右ノ場合ニ於テハ　ソ蒙軍ハ山海關以南ニ　進出セサルコトヲ確約セシム〉（駐蒙軍司令部より支那派遣軍総司令部へ・同日付）

熾烈な白兵戦

終戦後の昭和二十年八月二十日に、根本の命令によってソ連軍と死闘を繰り広げた元駐蒙軍の生き残り兵士が山形県南陽《なんよう》市にいる。

渡邉義三郎《わたなべ》、八十九歳。大正九年五月生まれの渡邉は、張家口の北にある「丸一陣地」で、ソ連軍と激しい白兵戦を繰り広げた兵士の一人である。

渡邉たちは必死の抵抗を試み、ついにソ連軍の侵入を許さず、在留邦人の命を守った。

二〇〇九年十一月、紅葉狩りの時期も過ぎ、東北に厳しい寒波が訪れ始めた頃、私は農業を営む渡邉宅を訪ねた。

隠居こそしているものの、長く青少年の剣道の指導をおこなってきた渡邉は、柔和な好々爺《こうこうや》としての風情の中に、かつての勇姿を想像させる迫力を持っている。

渡邉は、六十四年も前の話を、淡々と語った。細かな私の質問に嫌がることもなく、丁寧に、そしてわかりやすく当時のようすを再現してくれた。

その日、昭和二十年八月二十日は、珍しく霧雨が降っていた。すでに敗戦から五日が経過している。

渡邉が所属していたのは、通称「響兵団《ひびき》」と呼ばれた独立混成第二旅団の第二大隊第一中隊である。中隊長は、増田利喬《としたか》中尉。渡邉の階級は曹長である。勇猛で知られる増田中隊長のもとで、渡邉は「指揮班長」をしていた。

指揮班長とは、増田中隊長の指令を伝達する役目で、十名前後の部下を抱え、彼らを使って中隊の隅々まで滞りなくこれを知らせるのが任務だ。

増田は前中隊長に代わって二か月前に来たばかりだったが、荒武者ぶりはつとに有名だった。増田中隊は本来なら約二百名を有する中隊である。だがこの時、兵員をあっちこっちに取られ、この戦闘に出たのはおよそ百名に過ぎなかった。

八月十五日朝に、張家口の北方にある張北で最初にソ連軍と戦闘状態に入った増田隊はその後、後退命令を受けて、「丸一陣地」北方の張北街道で塹壕《ざんごう》を掘り、ソ連軍を待ち受けていた。

「張北街道の両脇に一つずつ自分たちが入るタコつぼ（塹壕）を掘って、それぞれが入って敵を待ちました。第一中隊は張北街道の左、小高い丘には第二中隊が配置されていました。私たちは、このタコつぼで三日間敵を待ち、やっと敵が来たのは、十九日の早朝になってからでした」

渡邉はそう述懐する。

朝もやの向こうから、ソ連の装甲部隊が姿を現わしたのである。轟音《ごうおん》と共に駐蒙軍が布陣する「丸一陣地」に向かって進んでくる。渡邉たちは、その陣地につづく張北街道で彼らを待ち受けているのだ。

渡邉たちの前には、戦車の進撃をストップさせるための戦車壕があった。人力によってつくられた一種の空堀である。そして、そこには上を通行するための木橋がかかっていた。

「タコつぼに伏せたまま、もちろん小便もそのままで、敵を待ちつづけていました。戦車壕の深さはおよそ六メートルはありました。ソ連が中立条約を破棄して攻め入ってきた時に備えて、何年も前から準備していたものです」

圧倒的なソ連側の装甲車両の接近を見て、駐蒙軍にはただちに、

「橋梁《きょうりょう》を爆破する。工兵を援護しろ」

という命令が発せられた。張北と張家口を結ぶ重要なルートとして、ぎりぎりまで残されていた橋梁の爆破がついに決断されたのである。

渡邉たちの援護射撃でなんとか工兵は橋の爆破に成功するものの、激しい銃撃戦で

両軍とも死傷者が続出する激戦となった。

戦車壕のおかげでソ連軍の進撃はストップした。駐蒙軍は、なんとかソ連軍の力攻めを凌《しの》いだのである。

その後、増田隊は、手薄な左後方へと陣地替えになった。今度は、正面からだけでなく、さまざまな方角からの〝奇襲〟が予想されたからである。

それは、八月二十日の夜に起こった。

「夜九時頃だったでしょうか。突然、暗闇の中から入道雲のように大男がぬっと出て来たのです」

と、渡邉が言う。

「誰か？」

と誰何《すいか》した渡邉に、返事はなかった。その時、大男はもう数メートル先に迫っていた。

「敵襲だ！」

咄嗟《とっさ》に渡邉が叫んだ。ソ連軍の夜襲だった。次の瞬間、陣地は凄《すさ》まじい斬り合いの修羅場と化していた。

「いきなり乱戦になりました。敵味方、入り乱れていますから、射撃どころではありません。撃てば味方にも当たってしまいますからね。完全な肉弾戦で、軍刀や銃剣で、突き、斬りまくるのです。私は軍刀でした。激しい戦いで刀が歯こぼれしてしまいました。ソ連兵は、〝ウラー！　ウラー！〟と、叫びながら突撃してきました。どうも、その言葉は〝万歳〟という意味だったようです。凄まじい白兵戦が続きましたが、増田中隊長は前進して、敵の中に自ら斬り込んでいきました」

日ソ双方の兵士の肉弾戦はつづいた。駐蒙軍は、旺盛《おうせい》な闘志でなんとかこの敵襲を押し戻した。しかし、

「増田中隊長が急所こそ外れていたものの体のあちこちに深手を負ってしまいました。翌朝、人員点呼をすると、染川富義、鈴木康司という二人の姿がない。その時、四年兵の宮本奈良松、三年兵の山田勘蔵、上等兵の小栗邦利という三人が、（戦友の）小指を切ってくると言って、二人の遺体を捜しに出ようとしたのです。私が〝行くな〟と言ったのに、彼らは戦友愛に燃えていて、〝いや、確認してきます〟と言ってそのまま出て行ってしまいました」

しばらく経って、三人のうち二人だけが帰ってきた。

「二人は、今度は〝宮本がやられた〟という。新たな犠牲者が出てしまったのです。私は〝よし、案内しろ〟と、今度は私自身が前へ出て行きました。するとある壕《ごう》の中

で、宮本が手榴弾《しゅりゅうだん》でやられていた。すでにこと切れていました……」

その時である。渡邉の足もとに手榴弾が飛んできた。

「幸いなことに、不発でした。それは彼らが奪った日本軍の手榴弾で、咄嗟にきちんとした使い方がわからず、不発になったのでしょう。私は間髪を容《い》れずに現われた青い服のソ連兵をぶった斬りました」

敵も味方も「生きるか死ぬか」の極限状態だった。

「私は、素早く宮本の小指を切りとりました」

爪か髪を切ってくる方法もあったが、当時は、戦友愛が強く、せめて肉体の一部でも「内地に連れて帰りたい」という強い思いが兵士たちにはあったという。

「私はその宮本の小指を持って帰り、のちに別の隊にいた宮本のいとこにこれを渡しました。増田中隊長は全身傷だらけになっていましたから、自動車に乗せて、(後方に)下がってもらいました。増田隊長が勇猛な人でしたから、隊は損耗率が特に高かったのですが、ついに増田中隊長自身が離れざるを得なくなったのです。私たちは、最初に張北でソ連軍とぶつかり、次に橋梁を爆破した時も激しい銃撃戦をやり、さらに夜襲を受けた時も斬り合いになりました。戦死した戦友も出ました……」

撤退命令が下りたのは、二十一日の夕刻から夜にかけてだったと渡邉は記憶している。

「二十一日の午前中に、北京・天津の方に日本人居留民が下がったという報がきたのです。私たちはその半日後に撤退命令が下りて、ひそかに撤退を開始しました。張家口の町には入らずに、そこから左、京包線《けいほうせん》（北京―包頭《ほうとう》間を結ぶ鉄道）沿いの山を北京に向かっていきました。私たちは、京包線を確保しなければなりませんでした。万里の長城に向かって、私たちは延々と歩いていった。兵の数は、三千人ぐらいはいたでしょうか」

だが、激戦を展開してきただけに、行軍は次第に〝長く〟なっていった。疲労は極限に達していた。

「糧秣《りょうまつ》がなかったので、生のトウモロコシを食べたり、玉葱《たまねぎ》を煮て食べたりしながら進みました。先頭が万里の長城がある八達嶺《はったつれい》に出ても、後方はまだ、ずっと後ろでした。延慶《えんけい》という場所まで来た時、そこを保定《ほてい》の幹部候補生の隊が守っていました。八月二十六日あたりだったと思います。私は、保定幹部候補生隊の四期です。そこで教育を受けたのです。私たちは、彼らが守ってくれているところを無事、通過しました。北京に入る時は、軍装を整え、落伍《らくご》していた仲間も連れて入りました。北京に入った時は、〝ああ生きて辿《たど》りついた〟という思いがしました」

渡邉に初めて「生き残った」という思いが込み上げてきたのは、その時である。北京に入った渡邉は、さっそく先に運ばれていた増田中隊長の見舞いに訪れた。

「傷だらけの中隊長は北京の病院に入っていました。橋本公一准尉と二人で見舞いに行ったのです。〝隊長、具合はいかがですか〟と声をかけると、〝お前たち、生きて帰って来たのか〟と喜び、しみじみと〝大変だったなあ〟と言いました。北京に張家口から辿りつくまで六日もかかったので、増田中隊長も心配されていたのでしょう」

戦死者は続出していた。響兵団では、この〝終戦後の戦い〟でわかっているだけで八十一名の戦死者を出した。

「私は戦後、死んだ戦友のところをまわりました。あれは万博の年じゃなかったかと思いますが、宮本奈良松の叔父《おじ》さんにもやっと会うことができました。宮本は二十四歳で死んだので、結婚もしていなかった。魚屋の丁稚《でっち》をしていたので料理が早い男でした。叔父さんは〝誰も来てくれたことがない。初めてだ〟と喜んでくれました。私が山形から行ったので、〝遠くからありがとう〟としみじみ言われました」

子孫を残すこともなく、在留邦人を守り抜くための戦後の戦いで、渡邉の戦友は何人も命を落としていた。だが、

「軍隊とは国民を守るのが原点です。あの時は大変だったですが、やったことは当然

でした」

と、渡邉は今、こう語る。

「私は、あの時の根本閣下の命令は当然だったと思います。私たちの戦いは終戦になって以後のことなので、客観的にいえば、〝反乱〟ですよ。でも、戦友は犬死ではなかった。そのおかげで、四万人が引き揚げて無事日本に帰って来られたのですから。結果的に四万の居留民を助けられたことは、私たちの誇りです。隣の満洲の関東軍は、武装解除に応じて、邦人があんなひどい目に遭ったわけですから、同じ将軍でも、わが根本閣下は違う、と私たちは今も誇りに思っています」

こうして混成旅団「響兵団」は、数多くの犠牲者を出しながら、その使命を果たしたのである。

この時、駐蒙軍参謀長の任にあった松永留雄《とめお》陸軍少将は、のちに厚生省引揚援護局の要請に応じて『松永留雄少将回想録』を記し、その時の感慨を今に伝えている。

〈敵を阻止し降伏を肯ぜざりし根本《こんぽん》信条は　根本軍司令官がソ軍の不信暴虐を判断せる結果を発出点とせり〉

松永は、根本が〝ソ連の不信暴虐〟を見抜き、そこから武装解除拒否の方針が定ま

ったことをこう記し、また、

〈邦人の保護は軍の任務なるか　張家口宣化地区のみにて其数二万内外にして　之が完全撤退は容易の業にあらず〉

と、いかに邦人の保護が容易ならざることであったかを示している。国民党の傳作義軍到着の目処《めど》が立たず、一方、支那派遣軍総司令部からの武装解除命令によって、窮地に追い込まれていたさまは、こう記している。

〈支那派遣軍総司令官岡村大将は交戦を断念して　ソ軍の要求に従うべき旨　命令する処あり　頼むべき傳軍の到着は　到底胸算すべくもあらず　軍は万事休すと　長嘆息をなせり〉

ソ連軍との激戦から北京までの撤退で、途中、部隊との交信もままならなかった。

〈行動中の軍の無線連絡は　全く用を弁ぜず　後衛《こうえい》に限らず　才百十八師団と軍の間及北京方面軍司令部と軍との間さえ　連絡杜絶《とぜつ》し状況は一切不明なりき〉

松永は部隊の到着を待ちわび、万里の長城まで迎えに出ている。その際、やっと現われた馬上の将校に対して状況を尋ねるが、将校は意識朦朧《もうろう》の状態だったという。

〈先行し来れる乗馬将校に　路上にて遭遇し　之に後衛の状況を尋ねたるか　返答無く要領を得ず　長期の滞陣に引続く退却の為　該将校は心身共に　朦朧状態にありた

るなり〉

激戦と極限状態の行軍の様子が忍ばれる。やがて、現われた後衛部隊をわが眼で確かめた松永は、その時の感激を記している。彼らは先の渡邉の回想にある通り、ぼろぼろになりながら、それでも軍装をととのえて整然と入って来た。

〈暫《しばら》くの後　後衛整斉たる縦隊を以て帰着す　志氣旺盛なるも　長き頭髪と髯《ひげ》とは無言に長期の労苦を示す　小官感極まり　落涙あるのみにして　慰謝の辞を述ぶる能わず〉

やっと張家口から北京へと辿りついた部隊を出迎えた松永少将は感極まり、ただ涙があふれ出て、感謝と慰労の言葉さえ述べることができなかった。この感慨が、奇跡の邦人脱出のすべてを物語っている。

つながれた尊い命

張家口から命からがら逃げた一人、山田浪子（八四）＝東京都在住＝は、当時二十一歳で、妊娠七か月の身重だった。召集され駐蒙軍に入っていた夫・正光（九一）はこの時、軍属となっていた。その夫とも離れ離れのまま、張家口の駅に集まった時のことを浪子は記憶している。

「あれは、八月二十日か二十一日だったと思います。私のお腹はもう目立っていましたので、とるものもとりあえず、赤ちゃんが生まれた時に備えて産着とおしめになるようなものだけを詰めて駅前に行きました。張家口駅は、駅前が広くなっているんですが、集められた日本人たちでごった返していました。駅を正面に見て、左側に列車のホームがそのまま見えるのですが、（広場から）そこに直接通じる臨時改札口を開けて、次々、列車に乗り込まされました。あまりの混雑で、軍の関係の人から、〝家内を頼む、一緒に連れていってくれ〟と言われていた奥さんとも、あっという間に離れ離れになってしまいました」

浪子が乗せられたのは、屋根のない貨車だった。

「貨物用の無蓋《むがい》列車でした。その貨車の中に自分が座る場所だけを確保して座りましたが、ぎっしりでした。妊娠しているのに、貨車にどうやって上がることができたのか、覚えてないんです。列車は線路が爆破され、途中で停まったり、動きだしたり、いつもは七時間ぐらいで北京、天津へといくのに、二、三日かかりました。貨車が停まっている時、貨車の下に潜り込んで用を足したりするのですが、急に動き出すので、気が気ではありませんでした。まわりに筵《むしろ》みたいなものを立てて用を足す人もいましたよ。飲まず食わずで北京まで辿りついた時、日本の人たちが炊き出しをして差し入れてくれました。私たちはそれで無事、天津まで行くことができたのです」

しかし、浪子は結局、お腹の子を死産してしまう。

「天津では、最初は、芙蓉《ふよう》小学校というところに収容され、それから、何回も変わって、最後は、捕虜収容所に入って船を待ちました。臨月になって、十一月の末に乗船する日にちも決まったんですけれども、荷物の番をしてて（お腹が）冷えちゃったんですよね。それで、夜十三回くらいトイレに行ったりして、そのあくる日、死産してしまいました。病院に入り、結局、長崎の佐世保に上陸できたのは、昭和二十一年の一月二十九日のことでした」

大陸には夢がある――そう憧《あこが》れて浪子が軍の募集に応じて張家口に赴いたのは、昭和十六年四月のことだった。軍の経理部で事務員として働いた浪子にとっては、五年足らずの大陸での生活だった。

「夫も無事帰国し、戦後、男一人、女二人の子供にも恵まれました。帰ってくる時は、本当に急なことでした。あの頃は、総動員令ですから、集まれって言われれば、集まる体制はいつでもできていましたが……でも、集まって、また家に帰されると思った人もいて、荷物を持って来る人もあれば、持って来ない人もいたんですね。そのまま貨車に乗せられたんです。荷物が重くて、持てなくて、置いていったものを、兵隊さんがわざわざ天津の収容所まで持ってきてくれたっていうこともあったんですよ。とにかく、すべてが混乱の中のことでございました」

張家口からの〝脱出行〟の慌ただしさが伝わってくる。張家口の引き揚げ者たちでつくる「日本張家口の会」（北川昌会長）は、戦後の引き揚げ六十周年を記念して、二〇〇五年、『内蒙古からの脱出』を編集した。この中には、浪子のような体験が、文章となって数多く掲載されている。

幼児を二人連れて、内地まで引き揚げてきた当時二十五歳の早坂さよ子は、こんな体験談を載せている（一部抜粋）。

〈張家口はソ連邦が近いのでソ連兵が迫って来るという話にも戦々恐々と致しました。五歳の女子と生後十ヶ月の乳飲み子を連れてとにかく、なんとか日本に帰らねばと思いました。その時私は二十五歳でした。五歳の女の子も何か特別の事が起っていると解るらしく、しゃんとして自分の衣類の入ったリュックを背負い、子供用の布の袋をしっかり持ってくれました。

駅へ着きますと貨物用の無蓋車が何両も連なって待っており、集まった居留民は皆それに乗り込みました。張家口から天津迄《まで》、普通でしたら列車で七時間位の距離だったと思いますが、それから三日間かかってやっと天津へ着くことが出来ました。途中、線路は何ヵ所も壊されていて少し走ると、すぐ止まり、線路の状態を修繕しながら進むのです。途中、列車が止まると近くの農民達がいろいろと食料品を、持って売りに来てくれました。男性社員の方が会社の金庫から有りったけのお金を全部出して持って来てくれましたので、食料品等を買い、皆でなんとかお腹を満たしました。列車は「萬里の長城」にそって走るので、長城の上の要所々々に日本の兵隊さんがまだ警備に着いていて、皆で手を振りました。そして兵隊さん達よ、無事、日本に帰ってと祈りました。

夏とはいえ無蓋車の夜は寒く、五歳の女の子は下痢をおこして、列車が止まると用をたしに何度も何度も線路へおりました。親子共に、辛いつらい思いを致しました。（北海道の）実家へ、やっとやっとたどり着きました時には両親の顔を見るなり、今迄こらえにこらえていた涙が一辺に、どっと溢れて、大声でうわぁうわぁと泣きに泣きました。

五歳の娘蕙は翌日からストーブの前に座ったきり一切口をきかず、食事も何も食べようと致しません。父が「蕙ちゃん、何か食べたい物はないか……」と聞きますと小さな声で「お餅《もち》のつけ焼き」が食べたいと言うのです。

父母達は敗戦のなか、配給の、わずかな食料で暮らしている時ですのに近所の農家の人から、なんとか少しばかりの餅米を調達して来てくれて、土蔵から臼《うす》と杵《きね》を出して来てお餅をつき、孫娘のためにお醤油をつけたお餅のつけ焼きを作ってくれました。親たちの有り難さをしみじみ感じました。娘の蕙は毎日毎日三度三度そのお餅だけを食べ、次第に元気を取り戻して参りました〉

兵士たちの尊い命と引きかえに幼い命はこうしてつながった。また、終戦の時、蒙疆ゴム工廠《こうしょう》に勤務していた松井俊雄（当時二十三歳）は、駐蒙軍への感謝の言葉をこう綴《つづ》っている。

〈八月二十日の昼頃と思うが、一旦家へ戻って十二時に張家口駅へ集まるようにと言われ、勤務先の蒙疆ゴム工廠へ戻り、まだ残っていた日本人に急いで駅に行くようにに伝えた。

列車は走っていて急に停車することが度々あったが、突然銃声が聞こえると八路軍に応戦する日本軍の銃声も聞え、身を縮込ませて時のすぎるのを待った。二、三度そういうことがあって無事に青龍橋のトンネルをくぐり、一路北京に向かった時にはホッとした。

今から五～六年前に、私の旧制商業時代の同級生の会合があった。大阪市立天王寺商業の二十七回卒業生の会合だったが、各自のスピーチの時に宮崎安晴君が、

「蒙疆の張家口で張北の丸一陣地に於いて、昭和二十年八月二十日前後にソ蒙軍と戦って敵の侵入を食止めた。この斗いで我軍も戦死者が出たが肉迫して来る敵と塹壕の中で拳銃《けんじゅう》と銃剣で斗って追い返した。その時自分は少尉で守備隊の中隊長として指揮を執った。その間に在留邦人の乗った貨車は張家口を離脱した。その後で陣地は濃い霧の中に包まれ、敵に覚られない中に後方に退き、張家口市街を通り抜けて歩いて八達嶺を越えた」

と語り出した。余りの奇遇に彼の話の終るのを待って、その時に貨物列車に乗って張家口を脱出した邦人の中の一人は私であった。よくぞあの時に敵を喰い止めて時間を稼いで呉れた。その為に尊い犠牲になって戦死した人達のお陰で無事に天津迄逃げられた、とお礼を言った〉

多くの犠牲を払いながら、在留邦人を守り抜いた駐蒙軍の奮闘は、こうして今も

「命」をつなぐことができた人たちによって語り継がれている。

第三章　わが屍を野に曝さん

根本が東京の南多摩郡鶴川村《つるかわ》に無事、帰還を果たしたのは、昭和二十一年八月のことだった。敗戦から、ちょうど一年が過ぎていた。

根本は最高責任者として、在留邦人の内地帰還はもちろん、北支那方面の三十五万将兵の復員をこの時までに終わらせ、最後の船で帰国している。

厚生省援護局の『引揚げと援護三十年の歩み』（昭和五十二年十月十八日発行）によれば、支那派遣軍全体の復員人数は百五万六千人に達した。昭和二十年十一月から始まり、昭和二十一年七月までに「概《おおむ》ね終了した」と、記されている。

北京を発《た》つ時、特別列車が仕立てられ、根本は最高司令官の礼をもって見送られた。国民政府側の根本に対する敬意の大きさが窺《うかが》えるエピソードである。

父親が復員してきた時のことを長女・富田のり（八一）は今もはっきりと覚えている。

「復員の一週間ぐらい前に青山さんという少尉さんがわざわざ知らせに来てくれました。先の便で帰って来たらしく〝あと一週間ぐらいで帰られます〟と伝えてくれたのです。終戦翌年のことですから、食べ物もろくにありません。これでは、復員するお父さんに何も食べさせられないと、妹と弟の軍四郎を福島に買い出しに行かせました」

当時、のりは十七歳で、すでに勤めに出て唯一、家計を支える存在だった。そのため自分は福島へ食糧調達に行けなかったのである。

福島県岩瀬《いわせ》郡仁井田《にいだ》村（現・福島県須賀川《すかがわ》市仁井田）が根本の故郷である。

根本の父・根本為三郎は漢学の素養があり、小学校の代用教員や県庁勤めをしながら、代々続く農業を営んだ。二男二女の四人きょうだいの次男に生まれた根本は、幼い頃から頭脳明晰《めいせき》で、妹たちの子守りをしながら小学校の授業を見聞きして覚えてしまい、一年早く「入学を許可された」という逸話を持つ。

根本以前に、仁井田村から陸軍幼年学校に合格した者は一人もいなかったというから、その秀才ぶりがわかる。孫の合格を聞いて、祖父の為吉は、

「朝敵でも、お上の護《まも》りをさせるのか」

と、呟《つぶや》いたという。戊辰《ぼしん》戦争で最後まで幕府側として戦い抜いた会津《あいづ》をはじめ福島の各藩の人たちの思いを伝えてくれる話である。

根本は、この祖父と祖母にかわいがられて育った。いつも祖母に抱かれて寝るのが楽しみで、仙台の陸軍幼年学校に向かう時も、

「夏休みになったら、また一緒に寝るから」

と、祖母と約束して入校したという。しかし、祖母は孫の帰りを待たず、芍薬《しゃくやく》の花を摘もうとして庭に倒れ、そのまま不帰の人となった。

家族の愛情の中で育った根本は軍人としてエリート街道を進む。全国の俊英が集った陸軍士官学校に進んだ根本は五百九人中、十三番、さらに陸軍大学校では六十人中、九番という優秀な成績を収めている。

いつの間にか根本は郷土の期待の星となり、それが根本家にとって誇りとなった。

現在八十六歳になる甥《おい》の根本三郎は、根本の兄・嘉瑞《かずい》の三男である。二人の兄が夭《よう》折《せつ》したため、三郎は嘉瑞の〝長男〟として育ち、根本家の本家を守ってきた。

「当時、叔父（根本博）を陸軍幼年学校にやるには、やはり農業の収入ぐらいでは無理で、祖父（為三郎）が県庁勤めをして、その給料で行かせたそうです。祖父は県議

会の事務局長も務め、のちにこの仁井田村の村長にもなりました。読書家で、蔵の中には祖父の書物が今もたくさん残っています。祖父は、漢学者でもありました。羽織袴《はかま》で背筋を伸ばして書物を読んでいた姿を思い出します。私にとっては、博叔父はいつもにこにこして酒好きのいい叔父さん、という感じでした。福島の気質は〝信念を通す〟こと。博叔父は、そういう人生を送った人です」

エリート軍人でありながら、根本は田舎のよさを失わない人間だった。それは、彼が生まれ育ったこの環境にあったことは間違いない。

酒をこよなく愛した根本は、若い頃から、飲み会での人気者だった。根本の思い出を綴った「文集」の中に、先輩の夫人である渡辺ひさが書いたこんな文章がある。

〈根本様に初めてお会いいたしましたのは、明治四十四年九月の頃でございました。私どもは旭川市三条十一番地の陸軍官舎に新しく家庭を持ち、独身の根本様は合同官舎にお住まいに成って居られました。

当時中隊長に海江田大尉、其の下に小出古参中尉、浦野中尉、渡辺中尉、根本様は一番お若い少尉でいらっしゃいました。夜など「中尉殿」と玄関に大きな声がしてお見えになり、色々とおもしろいお話をして下さいました。お好きなお酒は勿論のこと、おみかん、奈良漬等々何でも「うまいうまい」と、よく召上りました。

大正二年五月に、長女喜久枝が出生いたし、お七夜の祝に海江田様はじめ中隊の皆様をお招きいたしました。お酒、ビール、ブドウ酒、料理に皆様上機嫌で歌ったり踊ったり大さわぎでございました。奥様同伴でしたので和やかな祝宴でございました。

根本様はまだ独身でしたので、陸軍士官学校時代の思い出話や、夜中に寝ている友達を起こさぬように、そっと辺りをうかがって起きて、行李《こうり》の中の甘納豆を口に入れる真似等を、皆様ご存知のあの巨体で真に迫った演技をなさるものでございますので、皆大笑い、大喝采でございました。

伊勢崎市より手伝に渡道して居りました実家の母が「根本さんって本当に面白い方だね」と後年になっても申して居りました程でございます。頭はよく体格はお立派で童顔で何時もにこにこして居られましたので中隊でも人気者でございました〉

愛嬌《あいきょう》のある風体と飲みっぷり、そして出世してからのちも、部下を引き連れて飲み歩く豪快さから、根本は誰からも愛される存在となった。

南京領事館に勤務していた昭和二年三月二十四日、根本は生命の危機に瀕《ひん》したことがある。北伐の途上にあった国民党の軍隊による「南京事件」に遭遇するのである。

北伐軍の一部が暴兵と化し、外国の領事館や居留地などを襲撃、日本領事館も暴行と掠奪《りゃくだつ》、そして破壊の対象となった。根本は突然襲撃してきた暴兵たちに素手で立ち向かって銃剣で刺され、領事館の二階から飛び降りて重傷を負うのである。

長女・のりによれば、

「眼鏡を奪い取られ、目が見えないまま二階から飛び降りたそうです。腹と足を刺され、父は重傷を負いました。下に落ちた父を、可愛がっていた中国人のボーイさんが引きずって隠して、父は九死に一生を得ました。新聞にも〝根本少佐、重傷〟という記事が出たそうです。その時に着ていた血だらけの背広をわが家では大事にとってありました。毎年、三月二十四日が来ると、〝再生記念日〟としてその背広を出して、感謝しました。父はその後、足を引きずる感じがありましたから、あれはきっとその時の傷がもとではなかったかと思います」

順調に出世を遂げた根本の高級将校時代の部下に、岸本宗一がいる。岸本は陸士三十六期で、根本が旭川第七師団で第二十七連隊の連隊長だった時の中隊長である。根本が陸軍少将となり、北京で興亜院の華北連絡部次長だった時も、同じ北京勤務で根本に師事している。岸本は、こんな根本評を残している。

〈何ごとによらず激越の調子がなく、大声叱咤《しった》することもないし、呵呵《かか》大笑もない。だれも根本さんから目の玉の飛び出るというようなしかられ方をした人はいないと思う。しかる時にはじゅんじゅんとさとすという態度であった。また、座談となると天下一品ともいうべく、訥々《とつとつ》というに近いような間のとりようでありながら、実に話術が巧みで、それは根本博というごとく、まことに博学で、会合などでも、根本さんの周囲にはいつの間にか皆が集まり、その慈味に引き込まれてしまった〉（「統率の実際（2）根本博中将」より）

「この子は誰だ？」

根本が東京・高輪《たかなわ》の郵便局長の娘だった錫《すず》と結婚したのは、大正十四年のことだ。四男二女をもうけるが、長男、次男は夭折している。

そのため、根本が復員してきた時、末っ子の軍四郎は、まだ九歳だった。

根本の兄・嘉瑞は、農業のかたわら村会議員も務めたが、米どころの福島で実家が農家だったことは、根本にとってどんな時でも一番の心の支えとなっていた。

その福島まで、戦後の食糧難の中、中学生と小学生の二人が、復員してくる父のために〝食糧調達〟に出かけたのである。

「妹は中学二年、軍四郎はまだ小学三年生でした」

と、のりは語る。

「福島の実家に手紙を持たせて、お米を調達しに行きました。二人は腹に一升ずつ米を巻いて帰ってきました。子供ですから、せいぜい二キロずつ巻いてくるのが精一杯です。お父さんが帰って来るんだからと、二人とも子供ながら一生懸命、行きました。父にはお供が三人いました。支那から帰って来た人たちですから、内地より食糧は豊富です。父たちの方が私たちより、〝飢えてない人たち〟でした」

根本はこの時、家に〝初めて〟帰ってきている。そこは、自分が留守中に妻・錫が昭和十七年頃から足掛け三年を費してつくった家だったのだ。内地にいれば、給料のほとんどを呑《の》んでしまうような根本である。しかし、外地勤務が長かったため、逆に、俸給を留守宅に送り、本人には戦地手当を支給するという軍の「留守宅送り」の制度のお蔭《かげ》で、錫は少しずつ家を建てることができたのである。

「父は、この家に帰ってくるのは初めてだったので、場所を駅員に聞いたそうです。当時の鶴川駅は木造で改札口も木で出来ていました。電車は二両で、四十分に一本しかありません。うちは駅から六軒目の家で、藁《わら》ぶきの屋根が終わって、初めての瓦《かわら》の家がそうでした。駅員はうちを知っていますから、すぐに教えてくれたそうです」

父が玄関に入って来た時、のりは信じられない思いだった。本当に父親が生きて帰って来るとは考えられなかったからである。

「実際に父は敗戦の時に遺書をしたためてあったそうですが、軍司令官が生きて帰れるとは家族も思っていなかったのです。軍四郎は父が復員してきた時、玄関の土間で父を見て〝あっ、写真の人だ〟と言いました。軍四郎はニュースで見た父の姿しか記憶になかったのです。終戦後、父は北支那方面軍司令官として、降伏調印に臨んでいます。降伏文書に調印し、軍刀を腰から抜いて机の上にそれを置き、お辞儀をしてそのまま後ろに下がって行く父の姿が映像に映っていました。私たちはそのニュース映像が映画館で上映されている、と知り合いに教えられて、家族で新宿の武蔵野館に観に行きました」

新宿は一面焼け野原だったが、二階建てコンクリートづくりの武蔵野館は、焼け残っていた。

「たしか映画は『此《こ》の虫十万弗《どる》』というもので、その映画の合間にニュースが流れるのです。私たち家族はそのまま映画館を出ずに、何度も『此の虫十万弗』を見て、ニュースを繰り返し観ました。あぁ、お父さんが生きている……と私たち家族は、少なくともこの映像が撮られた時点で父が生きているということを知りました。軍四郎には、その時の父の姿が印象に残っていたのでしょう。写真の人だ、というのはそういう意味だったと思います。また、父の方は、軍四郎を見て、〝この子は誰だ？〟と私たちに聞いたんですよ。軍四郎がしばらく見ない内にすっかり大きくなっていたので、父も驚いたようです。父は軍四郎だと知ると、〝あー、親がなくても子は育つとはよく言ったもんだ〟としみじみ言っておりました」

根本の持ち物はこの時、毛布一枚と水筒一個だけだった。まさに根本は〝身ひとつで〟帰ってきたのである。

蔣介石への感謝

〈蔣介石故郷に帰る〉

根本は、新聞にその見出しを発見した時、衝撃を受けた。もう居ても立ってもいられなかった——その時の気持ちを、のちに根本本人がそう記したほどだった。

一九四九（昭和二十四）年一月。

根本が復員してから、すでに二年余が経過していた。その間、日本は劇的な変化を遂げていた。

新たに日本国民の上に君臨したのは、ＧＨＱ（連合国軍最高司令官総司令部）である。ＧＨＱが次々と打ち出した政策と価値観に最初は戸惑っていた日本人も、やがてこれに順応し、消化し、そして積極的に身につけていった。

陸軍、海軍を問わず、旧軍人は、〝軍閥〟と称され、忌み嫌われた。

極東国際軍事裁判（東京裁判）で絞首刑を宣告されたＡ級戦犯七人の刑が執行されたのは、一九四八（昭和二十三）年、皇太子（今上天皇）の誕生日である十二月二十三日未明のことだ。

「戦争犯罪人」「処刑」という生々しい言葉が、日本国民に敗戦国の悲哀と惨めさを思い起こさせていた。

東条英機をはじめ、軍の先輩たちが何人も刑場の露と消えていったことについて、根本は周囲に感想を漏らすことはなかった。だが、その内面のつらさは想像がつく。

ＧＨＱによる強権支配の苛烈《かれつ》さは、東京裁判でも遺憾なく発揮されていた。Ａ級戦犯たちを起訴したのは、一九四六（昭和二十一）年四月二十九日、つまり戦前は「天長節」と呼ばれた昭和天皇の誕生日であり、絞首刑の執行が皇太子の誕生日。この裁判が多分に見せしめの意味合いを持っていたことは、このことをもってしてもわかる。

軍の先輩たちだけでなく、中国大陸で自分たちに協力してくれていた中国人たちも次々と「漢奸《かんかん》」として処刑されていた。

その消息を知るたびに、根本の心は沈み、犠牲者たちの冥福《めいふく》を祈らずにはいられなかった。そんな時、蔣介石率いる国府軍が共産軍の攻勢の前に劣勢に陥り、ついに中華民国の総統の職務を副総統李宗仁《りそうじん》に譲り、下野したのである。

このニュースは、根本に表現しがたい悲しみと焦りを与えていた。いや、根本は怒りを持ってそれを聞いた。

第二次世界大戦終結の翌一九四六年六月から本格的に始まった両軍の内戦は、当初、蔣介石率いる国府軍の圧倒的な優勢が予想されていた。

しかし、ソ連軍の全面支援を受ける共産軍が次第に勢力を拡大、旧満洲、現在の中国東北地方における共産軍の攻勢から徐々に形勢が逆転していく。

一九四八年九月からの「遼瀋《りょうしん》戦役」では、勇猛果敢な共産党の林彪《りんぴょう》率いる東北野戦軍が長春・瀋陽《しんよう》の国府軍の兵力およそ五十万人を包囲・殲滅《せんめつ》したことにより、流れが定まった。

決定的だったのは、この年十一月から、二か月にわたって熾烈《しれつ》な戦闘を繰り広げた「淮海《わいかい》戦役」である。淮海とは、華北から華東一帯の「淮河《わいが》・海州《かいしゅう》」周辺を指し、その中心地は徐州《じょしゅう》だ。

ここに布陣した国府軍およそ九十万人に対して、共産党の劉伯承《りゅうはくしょう》と鄧小平《とうしょうへい》が率いる、のちの第二、第三野戦軍およそ六十万人が熾烈な攻撃を展開し、国府軍は数十万の戦死者を出して敗走するのである。

同時期に起こった平津《へいしん》戦役では、南下した林彪の東北野戦軍が天津を解放し、北京防衛にあたっていた傅作義将軍を説得して、北京を無血開城させた。

この「三大戦役」によって、国共内戦は大勢が決したのだ。

根本が衝撃と共に怒りを感じたのは、アメリカに対してだった。国共内戦が本格化した一九四七年暮、アメリカのG・マーシャル元帥は、総統の蔣介石のもとを訪れ、「共産党との合同政府を作ったらどうか」と、勧告したことがあった。

蔣介石はもちろん拒否したが、これに対してマーシャル元帥は、中華民国憲法の「総統に事故ある時は副総統がその職務をおこなう」という規定を利用して、のちの李宗仁副総統に総統の職務を「代行」させる動きを本格化させたのである。

根本には、アメリカのその認識の甘さが信じられなかった。

一九四九年四月、国共代表による、いわゆる北京会議が開かれたが、それは共産軍が揚子江《ようすこう》を渡河するための時間かせぎに利用されただけだった。

揚子江の渡河作戦が成功するや、会談は反故《ほご》にされた。共産軍の怒濤《どとう》の進撃はとどまるところを知らなかった。

根本のもとには、かつての仲間たちから国際情勢のそういう情報と分析が、次々ともたらされていた。無念の思いと苛立《いらだ》ちが相俟《あいま》って、根本は、居ても立ってもいられなかったのである。

蔣介石の故郷は、中国浙江《せっこう》省奉化《ほうか》県である。中華民国のリーダーがそこに隠退したということは、やがて中国共産党の毛沢東が、全中国を支配することを意味している。いよいよ恐れていたことが現実となった――根本は終戦後、蔣介石と会談した時のことを思い起こしていた。

一九四五（昭和二十）年十二月十七日、根本は蔣介石と面会している。国府軍の総帥・蔣介石。根本にとって、その存在は、常に特別のものだった。

歴史の皮肉か、昭和六年の満洲事変以来、日本との戦いを余儀なくされた蔣介石もまた、日本留学組である。

一九〇八（明治四十一）年、二十歳の若者、蔣介石は、東京振武《しんぶ》学校に入校している。日本の陸軍士官学校を目指す清朝からの留学生に準備教育を施す教育機関として建てられたこの学校に、蔣介石は前途有望な若者として留学してきた。

同校は、現在の新宿区河田《かわだ》町、東京女子医大の付近にあったため、市ヶ谷台に聳《そび》える陸軍士官学校には、歩いて十分とかからない。言うまでもなく、清朝からの留学生たちにとって、陸軍士官学校本校は憧《あこが》れの対象だ。

根本は、陸軍参謀本部の支那研究員として南京に駐在していた一九二六（大正十五）年、蔣介石に会ったことがある。

二人とも初めて会った時の経緯や詳細には触れていない。ただ、根本は、こんなさらりとした表現でその時のことを手記（「人物往来」昭和三十九年十月号）に残している。

〈私が蔣介石と初めて会ったのは大正十五年、彼が容共政策をとりながら広東から漢口へ北伐をはじめた時であった。以後、相互に戦いをかわしあったが、「東亜の平和のために、日本と中国は互いに手をつないで行かなければならない」という、彼我共に理想を同じゅうするものとして理解しあう仲となった〉

支那研究員として情報関係の任務についていた根本は、この南京時代に、さまざまな人脈を各方面に構築している。日本人だけでなく、多数の中国人の協力者も得て、積極的に若きエリート武官として活躍していた。

孫文の死去により、右派の蔣介石と左派の汪兆銘《おうちょうめい》による権力抗争が生じていた国民党内部の情報の収集・分析は、根本にとって、当時、最大の任務だった。

この年、汪との権力抗争に勝利した蔣介石は、全中国の統一を果たすべく「北伐」を開始している。前述のように、根本はこの北伐軍の中の暴兵によって重傷を負っている。だが、それ以前に三十五歳の根本陸軍少佐が、蔣介石と秘《ひそ》かに接触を持ったとしても不思議はない。

蔣介石は日本の敗戦後、初めて北京に乗り込んで来た時、さっそく北支那方面軍の最高責任者である根本に「会いたい」と使者をよこしたのである。

根本にはこの時、敵の総帥である蔣介石に対して、言葉では言い表せない感謝の気持ちがあった。それは、日本の国体、すなわち天皇制の存続に関する問題である。

二年前の一九四三年十一月にエジプトのカイロでおこなわれた「カイロ会談」は、アメリカのルーズベルト大統領とイギリスのチャーチル首相と中華民国の蔣介石主席の三者によるものである。

ここで連合国側の「日本の無条件降伏を目指す」という大方針や「北海道、本州、四国、九州の四島のみを日本の領土とする」ことなど、連合国の対日基本方針の大筋が定められている。

この会談のなかで、蔣介石は天皇制について意見を述べ、それが実際に「天皇制の存続につながった」ことを根本は知る。カイロ会談に随行した蔣介石の部下の海軍武官から根本は直接、会談の内情を聞かされたのである。

事実、蔣介石は、一九四三年十一月二十三日午後七時半からの晩餐《ばんさん》会の席上、ルーズベルトから日本の将来の国体問題について意見を求められ、

「日本の軍閥がまた立ち上がり、日本の政治に二度と関与することのないよう徹底的に取り除かねばならないが、日本の国体をどうするかについては、日本の新進のしっかりとした考えを持つ人々に自ら解決させるのが望ましい。我々は日本国民が自由な意志で自分たちの政府の形を選ぶのを尊重すべきである」

と述べ、戦後になってから「日本国民が自ら決める」ことを主張し、ルーズベルトの賛同を得たという（「中華民國三十三年元旦告全國軍民同胞書」による）。

これは根本にとって大きな意味を持つことだった。無条件降伏でありながら天皇制、すなわち「国体」を存続できたことは、大元帥のもとでひたすら軍務に励んだ軍人としてはかり知れない喜びだったのである。そして、前月から在留邦人の故国日本への帰国も始まっていた。部下将兵たちが命に代えて守り抜いた人たちが続々、日本への帰還を果たしていくことに対しても、根本は深い喜びを感じていた。

根本は、敗軍の将としてこの時、死を覚悟して蔣介石の宿舎を訪ねている。だが、それ以上に感謝の思いが強かったのである。

根本は、椅子が二脚しかない書斎で蔣介石と対面した。

根本が部屋に入っていくと、蔣介石は、武官長官の商震《しょうしん》上将、戦区司令長官の孫連《そんれん》仲《ちゅう》上将ら高官を立たせたまま、根本の手を取り、椅子に座らせた。

恐縮する根本に蔣介石は、にっこりと微笑みかけた。

「今でも私は東亜の平和は日本と手を握って行く以外にはないと思うんだよ」

蔣介石は、そう口を開いた。

「今まで日本は少々、思いあがっていたのではないだろうか。しかし、今後は、私たちと日本は対等に手を組めるだろう。あなたは至急、帰国して、日本再建のために努力をして欲しい」

ねぎらいの言葉と共に、蔣は、諭すように根本に語りかけた。その態度には、戦勝国代表の驕《おご》りは微塵も感じられなかった、と根本はのちに回想している。

根本は感謝の言葉を蔣介石に述べた後、こう答えた。

「しかし閣下、私は三十五万の兵を残して先に帰国することはできません。北支那方面軍の司令官として、私は戦争の責任を問われなければなりません」

自ら北支那方面軍のトップとしての戦争責任を取ろうとする根本に、蔣介石は首をゆっくりと横に振った。

「戦争犯罪人の処罰は連合国の申し合わせだから仕方がない。しかし、いたずらに多数の戦犯を摘発し、日本の恨みは買いたくない」

そう言うと、蔣介石はさらにこう続けた。

「戦争である以上、罪は双方ともが犯している。だが、連合国からの強い要請もあるので、戦争以外のことで最も悪質なことをやった者だけにしぼって、戦犯として処理したい。中国側の責任者についても、その点、十分の注意を与えているつもりだが、もし日本側に不満があれば、遠慮なく申し出てください」

蔣介石の〝日本の恨みは買いたくない〟という言葉は、ある意味、リアルな表現である。この時、世界中が固唾《かたず》を呑《の》んで中国での「国共内戦」の行方を見守っていた。

すでに中国各地で両軍の衝突は始まっており、ソ連が共産軍に対して支援を強める中、蔣介石としては、アメリカや日本による支援が勝利のための必須《ひっす》条件ともいうべきものだったのだ。その意味でも、蔣介石が〝日本の恨みは買いたくない〟と吐露したのは、まさに本音でもあった。

「東亜の平和のため、そして閣下のために、私でお役に立つことがあればいつでも馳《は》せ参じます」

根本は、そう約束して、蔣介石のもとを辞した。この時、根本の心に満ちていたのは、蔣介石への深い感謝の念だった。

それからわずか三年。その蔣介石が総統の地位を李宗仁に譲り、故郷・浙江省に帰ってしまったのである。国共内戦は、毛沢東率いる中国共産党の圧倒的勝利に終わろうとしていた。

現れた台湾青年

根本は、さっそく行動に出た。

衝撃のニュースを見た日以来、「あること」を始めたのだ。

根本の趣味は骨董《こっとう》集めである。陸軍内で支那派として知られる根本は、中国の文化が好きで、書画骨董を折に触れて収集していた。中国勤務が長くつづいただけに、その趣味は次第にプロ顔負けとなり、骨董品を見る鑑識眼も、もはや素人の域を脱するまでになっていた。

食糧難の窮乏期にも、なんとか手をつけなかったそれら書画骨董を、根本は俄《にわ》かに売り始めたのである。

共産党の進撃と国民党の後退。一度、大勢が決した戦いは惨めなものである。勢いに乗る共産軍に国府軍は、なす術《すべ》がなかった。

自分が行かねば——。

根本には、蔣介石に対して終戦時の恩がある。それは、四万人の邦人と三十五万将兵を守り、故国日本へ帰してくれたことと、カイロ会談において、「天皇制については日本国民の決定に委ねるべきだ」と主張し、これを守ってくれたという二つの恩義にほかならない。

押し寄せる共産軍に自分一人でいいから、日本人としてその恩を返す「何か」をしたい。蔣介石に一臂《いっぴ》の力を添えてあげたい。せめて「死にに行くこと」ぐらいはできる。たとえ役に立てなかったとしても、自分が行って、一緒に死ぬことはできるではないか。

「わが屍《しかばね》を野に曝《さら》さん」——根本はそう決心した。

そのためには渡航費用が必要だった。しかし、戦後の混乱期、根本家は窮乏にあえいでいた。生活に困窮していた戦後の旧軍人たちに、そんな経済的余裕はなかった。

根本家は、長女・のりが勤めに出て、かろうじて家計を支えていた。そこで、根本は所有している書画や骨董などを売り払って旅費を作り、まず上海に渡ろうと考えたのである。

大事な書画骨董を売る決意は、すでに根本が「死を覚悟していた」からかもしれない。根本は、東京市中はもちろん、横浜の骨董商まで探し歩いて品物を見せたり、あるいは自宅に来て値決めをしてもらったりした。

数多くあった掛軸も、忽《たちま》ち底をついた。それでも資金作りはままならなかった。根本は、ついに闇成金にまで頭を下げて工面を頼んでいる。しかし、上海あたりまで乗り出すだけの金額には到底及ばなかった。

根本の長女・のりはその父の必死の姿を間近で見ている。

「あの当時は、私が働きに出て、家計を支えていました。しかし、娘のことですからいくばくかの収入にしかなりません。それで父は、蔣介石総統に恩義を返したい、と書画骨董を売って、なんとか渡航費用を捻出《ねんしゅつ》しようとしていました。でも、なかなかうまくいかなかったのです」

骨董品というのは、購入する時は高いが、いざ売る段になるとなかなか納得のいく値段では売れないものである。経済が破綻《はたん》状態にあった戦後の混乱期はなおさらだ。

じりじりして落ち着かない日を送っていた根本のもとに一通の手紙が舞い込んだ。

立法委員の「黄節文《こうせつぶん》」という人物からのものである。

その手紙には、自分は「黄郛《こうふ》の娘である」との自己紹介の文章が入っていた。そして、

「根本閣下のお力がどうしても必要なのです。なんとか助けていただけないでしょうか」

と、美しい女性文字で切々と訴えていた。

「これは、故黄郛先生の霊が招いているのではないか」

根本は、手紙を読みながらそんなことを考えた。黄郛とは、日本通として知られた国民政府の要人であり、根本が北京駐在の昭和八、九年ごろ華北政務委員会委員長だった人物だ。蔣介石と同じ東京振武学校に留学した俊英で、日本には特に知己が多い。

根本は、当時、黄郛と頻繁に情報交換をおこなっており、根本の見解や情報は、黄郛を通じて蔣介石にも報告されていた。その報告の数々は台湾の国史を研究する総統府直属の研究機関「国史館」に今も貴重な文献（「蔣中正總統文物」）として残されている。

黄郛は、国民政府で要職を歴任した後、昭和十一年に上海で病死した。温厚な人柄と日本の政財界への人脈の広さは、つとに有名だった。その「娘」と名乗る女性から、

「助けて欲しい」という手紙が直接、届いたのである。根本は、ますます心を動かされた。

「故黄郛先生も、私の力を必要としている。微力ながら、身命を賭《と》してその期待に応《こた》えたい」

根本の渡航費づくりに、さらに拍車がかかった。

小田急線・鶴川の根本宅に「李鉎源」と名乗る台湾人が現れたのは、そんな時である。桜が爛漫《らんまん》と咲き誇る一九四九（昭和二十四）年四月初めのことだった。いかにも台湾人らしい愛嬌《あいきょう》のある眼をした李鉎源は、やや頭髪が薄めで、広い額と削《そ》げた頬が特徴だった。

李鉎源はこの時、三十歳。根本から見れば、まだ「青年」そのものである。しかし、この青年が語り出した言葉に、根本は耳を疑った。

三か月前に「蔣介石下野」の報道があって以来、根本は書画骨董を売るだけでなく、かつての陸軍の仲間にも、国府軍を助けるために海を渡る手段について、それとなく方法を尋ねていた。

何かをやらなければならない、という思いが根本を突き動かしていた。しかし、G

ＨＱの占領下で、それは容易なことではなかった。国禁を犯してまで「海を渡る」ことに手を貸してくれる勇気ある日本人には、なかなか出会えなかったのだ。

だが、突然現われた李青年は、開口一番、根本に向かってこう言ったのである。

「閣下、私は傅作義将軍の依頼によってまかり越しました」

やや台湾訛《なま》りの日本語だった。そして李銈源は自分のことを「国民党の密使」である、とも語った。その言葉に、少々のことでは動じない根本も驚いた。「国民党の密使」という言葉にではなく、「傅作義将軍」という名前に対して、である。

話の唐突さもさることながら、「傅作義将軍」の名が登場したことに、根本は仰天したのだ。それは、根本にとって、忘れることのできない名前だった。

戦争中は、敵同士となり、日本の敗戦後は、武装解除、すなわち武器引き渡しの相手として、根本が「北京への来着」を待ちつづけた将軍、その人である。

もし、傅作義軍到着の前に殺到するソ連軍に敗れた時、腹をかき切って死ぬことも根本は決意していた。その時、残された在留邦人と部下将兵たちの故国日本への「帰還」を託そうと、根本は傅作義将軍宛てに遺書までしたためてあった。

その遺書をふところに忍ばせて、根本は北支那方面軍司令官として戦後処理の任務にあたったのである。

昭和二十年秋、やっと武装解除をおこなえた根本は、傅作義将軍と交流し、敵将ながらその人柄と威厳に、深い感銘を受けていた。軍閥・閻錫山《えんしゃくざん》の部下として頭角を現した傅作義は軍人としてだけでなく、綏遠《すいえん》省の政府主席に任命された折には、見事な行政手腕を発揮した政治家でもある。

根本が一目も二目も置いていた傅作義将軍からの「依頼」という李銈源の言葉に、思わず、

「これは、運命の導きか」

と感じたのも無理はなかった。

「傅作義将軍は、多くの日本人の将軍の中から、特に私を選んで、難局の打開を頼みこんできたのか」

そんな感慨がこみ上げてきたのである。

李銈源は、こうつづけた。

「閣下、進駐軍の方はもちろん、日本政府方面にも黙認を得て、私が万事手配を致してあります。閣下には何のご迷惑もかけません。ただこちらが準備してある船にお乗り下されば、それでよいのです。なにとぞ、ご渡航下さい。船の小さいのが申し訳ないのですが、何もご心配は要りません」

日本はまだＧＨＱの占領下である。海を渡るということは大変な危険を伴うだろう。しかし、中国が共産化され、台湾がさらにその手に落ちることは、日本に及ぼす影響も大きく、根本は見過ごすことができなかった。

そもそも根本は李銈源が現れようが現れまいが、なんとかして海を渡ろうとしていた。そのために書画骨董《こっとう》だけでなく、家財道具まで売ろうとしたほどだった。

それが、目の前の青年が、ただ準備された船に乗りさえすればいい、と誘ってくれている。根本にとって、李銈源の誘いは、ただ嬉《うれ》しかったのだ。ありがたい、ありがたい、と根本は心の中で繰り返した。

終戦の折、自決を決意した自分が幸いにも命を永らえた。しかし、多くの先輩や戦友、部下たちが戦場、あるいは刑場で命を散らしている。

根本にとって、命を捨てることなど、いかほどのことでもない。

「私でできることがあれば、何とか助力したい」

根本は「渡航承諾」の意思を李銈源に伝えた。

吉村是二の登場

李鉄源が根本宅を辞すると、根本はすぐに動き出した。

根本にとっては、まず通訳が必要だった。もちろん、簡単な日常の会話なら根本にも不自由はなかった。だが、作戦指導や複雑な軍隊用語、さらには戦略の説明などを中国語でするには、卓越した通訳が必要だった。

それも、ほとんど中国人と同等の語学力を擁し、中国人と気脈を通じることができる人物である。根本が真っ先に思い浮かべたのが、「吉村是二《これじ》」である。

吉村は、一九〇二（明治三十五）年に京都で生まれ、十六歳で家を飛び出して上海に渡り、独学で中国語を学んだ人物だ。根本の十一歳年下にあたる。吉村は、中国人に面倒を見てもらって学校に通わせてもらうなど、「日本人」であると同時に、半分は「中国人」と言ってもいいほどの〝中国通〟だった。

根本は、陸軍参謀本部支那課支那班の課員から始まって、南京駐在の支那研究員、陸軍参謀本部支那班長、上海駐在武官……等々、陸軍の支那畑で着々と頭角を現していった軍人だ。

その過程で民間人の吉村と知り合い、根本は以後、情報源として、あるいは自分の手足となって動いてくれる貴重な戦力として、吉村とつき合った。

根本が出世していくと共に、吉村の役割も大きくなっていった。北支那方面軍の支援による中華民国臨時政府の北京での樹立や、王克敏《おうこくびん》の担ぎ出し工作など、吉村は多くの活動をおこなっている。

吉村は戦争末期、陸軍内でも知る人ぞ知る存在となっていた。吉村が住んでいた北京市東城区の小羊宜賓胡同《シャオヤンイーピンフートン》の自宅は、建物が中庭をぐるりと囲む四合院の様式で、敷地は千坪をゆうに超えていた。ここに陸軍の情報部員が出入りし、その拠点となった。

根本が、国府軍のために海を渡るなら、真っ先に相談するのはこの男をおいてほかにはいなかった。

「父にとって、根本将軍は父親みたいなものでした。台湾行きの話が将軍から来た時も、迷うことなく、ただ〝わかりました〟ということだけだったと思います」

そう語るのは、七十五歳になる吉村の長男・勝行である。

「父は、満年齢で言えば、十六か十七の時に家を出て、中国に渡っていますので、言葉はもちろん、中国の習慣も身についています。根本さんは、父のことをかわいがってくれました。父は、半分、中国人のように育っていますから、根本さんのように軍人でありながら中国と中国人を尊重する人を尊敬していました。根本さんは、中国に対する軍部の物の考え方に対して、腹の底では批判的だったと思います。中国を尊重しなければいかんと根本さんは思っていて、今の軍部のやり方では、中国の人たちを幸せにすることもできないし、日本のためにもならないと考えておられたと思います。五族協和の精神を根本さんはわかっていた人です。うちの親父はその薫陶を受けた一人でした」

復員して、ようやく落ち着いた頃、吉村のもとに根本から渡航の要請が来たという。

「根本さんの意向を伝えにきたのは、松尾清秀という父の親友です。松尾さんも、父と同じく根本さんの考え方と人柄に心酔し、得意の中国語を生かして、戦争中、根本さんの手足となって動いた人です。その松尾さんが突然、東京からやって来たのです。父は終戦前に召集され、満洲で終戦を迎えてソ連に抑留されていますので、復員してまだ三年も経っていませんでした。母が、学校の事務をして細々と家計を支えていて、当時は、大阪の中河内《かわち》郡矢田村(現・大阪市東住吉区矢田)の借家に住んでいました。松尾さんは背広姿でやって来て、根本さんの意向を父に伝えたのです」

勝行は、父は根本の要請を拒否するつもりは全くなかっただろう、と推測する。

「父は根本さんに心酔していますから、根本さんが〝ついてきて欲しい〟と言えば、

〝そうですか。わかりました〟というだけだったと思います。父は、根本さんのしたいこと、やりたいことは、すべてわかっています。死ぬ覚悟で行ったと思います。しかし、当然、生きて帰る保証はありません。死ぬ覚悟で行ったと思います。戦争に行くのですから、のちに〝生きて帰るつもりはなかった〟という言葉を聞いたことがあります。父の口から、〝したいようにしたらいい〟と、父のすることに反対する人ではありませんでしたので、その意味では、すぐに行くことを決断できたと思います」

根本博と吉村是二――今の時代からは想像もできない師弟関係である。渡航にあたって、根本が吉村に「私の骨を拾ってくれ」と述べたことを、のちに吉村本人が回想録に記述している。

二人は、「死」を覚悟して、遥《はる》か台湾へと向かったのである。

家族にも秘して出発

「迎えが来て、明日からお父さんは台湾に行きます。このことは誰にも言ってはいけません」

錫が子供たちにそう告げたのは、昭和二十四年五月七日夜のことだった。

軍人は、自分の行動をいっさい家族には話さない。根本家では、そのことが特に徹底されていた。いつなんどき一家の大黒柱が家族の前から姿を消そうが、逆に突然戻ってこようが、それは与《あずか》り知らぬことだった。

長く軍の機密の世界で生きた父親が迂闊《うかつ》に何かを漏らすはずもなかったし、家族にとってもそれは長年にわたって沁《し》みついて来た習性にほかならなかった。

しかし、「台湾に行く」そして、このことを「誰にも言ってはいけない」という普段はない母親の言い方に、子供たちは、父がこれから大変な「何か」をやろうとしていることを感じとった。

だが、誰もそのことに対して質問を発することもなかった。ただ子供たちは頷《うなず》くだけだった。

翌五月八日朝、根本は釣りの道具と、わずかの着換え類だけを持って鶴川の自宅を出た。目立たない早朝のことだった。長女・のりによれば、

「母は、父がなぜ台湾に行くのか、その理由を知っていたかもしれません。でも、私たち子供には何も知らされませんでした。父が釣竿《つりざお》を持って出ていったことを覚えています。父は釣りが好きで、竿は短くできるもので、自分で縫った藤色の木綿の袋に入れて持っていました。それを手に出掛けていったんです。普段と変わらず、家を出

ていきました」

新宿から東京駅までやって来た根本は、そのまま鹿児島行きの急行列車に乗った。行先は熊本である。

いよいよ〝密航プロジェクト〟のスタートだった。

根本の横には吉村是二がいた。吉村は大阪在住だが、この時、事前の準備と工作のために東京に出てきていた。中国関係の情報を集め、支度を整えるには、やはり吉村本人の力が必要だったのだ。

汽車に乗り込んでも、根本と吉村は緊張を解かなかった。三等客車に乗り込んだ二人は、目立たないように隅の方の席でポケットウィスキーをチビリチビリやりながら、釣りの話ばかりをした。

中国で数々の工作を展開してきた二人には、どこに目があり、耳があるか、その危険性がよくわかっている。だが、大阪に着くまで当時は八時間以上かかった。寝台車ではなく、三等列車で行くのだから、五十七歳の根本にはこたえた。

ウィスキーを飲みながら、時にうとうとしながら、やっと大阪に着くと、そこには吉村の妻が待っていた。

挨拶《あいさつ》もそこそこに、夫人は列車の窓越しに押し寿司《ずし》と日本酒を手渡した。もう生きて会えないかもしれない――その思いは、彼女も持っている。この時代、いつが今生《こんじょう》の別れになるのか誰にもわからなかった。

列車が動き出すと吉村は、プラットホームに立つ妻の姿が視界から消え去るまでじっと見つめていた。

「申し訳ありません。都合があって、博多駅で降りていただきます」

どこから列車に乗り込んできたのか、李銈源が突然現れて、根本にそう告げたのは、五月九日朝のことである。

ほかには聞こえないように語る李のささやき声が緊張感を表していた。根本には、この計画の危うさが見てとれた。熊本に行くはずが博多での下車。台湾に向かうなら、熊本県内の港の方が地理的には近く、便利なはずだ。

なぜ博多なのか。計画の成否はまだこれからにかかっている。根本の胸に不安が広がった。

明石工作の全容

GHQ占領下の海外への密航は、予想通り、多くの困難が待ち構えていた。

李鉄源と共に、「根本渡台」に動いていたのは、第七代台湾総督明石元二郎の息子、明石元長である。

「父は、やはり小学校を卒業するまで台湾で暮らしていますから、台湾への思いが強かったですね」

こう証言するのは元長の長男・元紹である。

「元二郎は台湾総督ではありましたが、金銭面にきれいな人で、何の財産も残さずに死にました。そのため亡くなった時、まだ小学生の元長の教育費さえ懸念されるような状態だったそうです。ただ、台湾総督に就いた者には爵位が与えられますから、明石家は幸いに男爵家になることができました。そして、元長が成長するまでの教育費を捻出《ねんしゅつ》するため、元二郎の死を悼んでくれた政府の要人や友人たちが、財団法人を設立してくれたそうです。おかげで元長は学習院に通い、大学は東北帝国大学法学部に通うことができました」

明石家に爵位が与えられたために、元長はのちに貴族院議員になることもできたのである。明石元二郎は、財産こそ残さなかったものの、子供にそういう意味での〝遺産〟を残したことになる。元紹は父親がつくった「東亜修好会」のことも知っている。

「自分の父親の墓も向こうにあるのですから当然ですが、元長は、台湾への思いが強く、台湾などからの留学生や青年たちを受け入れて援助したり、世話をするための〝東亜修好会〟なる団体も若くして立ち上げています。今の麹町《こうじまち》交差点の角にあった建物に東亜修好会はありました」

その東亜修好会に出入りしていた台湾の若者たちと交流するのが、元長のなによりの楽しみだった。

「そこに出入りしていたのが、李鉎源や李麒麟たちでした。彼らは、空襲で焼ける前の中野のわが家にも来ていましたよ。だから、二人のことは子供だった私も覚えています。戦争が終わり、中国で国共内戦が始まると、父はだんだんと危機感を募らせていきました。中国が共産化されたら、一体どうなるのだろうか、という思いが父にはあったと思います。国府軍が敗走を重ね、台湾がいよいよ危うくなった時は、さすがに父も何かをしなければならないと考えたと思います」

明石元長、李鉎源、そして李麒麟――東亜修好会のメンバーが、根本渡台計画に動き出したのは、まさにそんな時だったのである。

福岡は、明石家ゆかりの地である。

台湾総督明石元二郎は、福岡市の中心地・大名町《だいみょうまち》の生まれだ。台湾総督として現職のまま息を引き取ったのも、この福岡だった。

息子の元長は、貴族院議員を務めたが、昭和二十二年四月の第二十三回衆議院選挙に福岡一区から出馬し、落選している。

後援者も少なからずいることから、資金集めや渡航の工作をおこなうには、元長にとって最も都合のいい場所だった。

根本は、博多で下車し、元長が紹介する台湾への同行者五人と落ちあっている。いずれも中堅クラスの元軍人たちで、根本には初めて会う人間ばかりだった。

元長の指示に従って、根本の〝放浪〟が始まった。一行は、警察やGHQの眼を逃れて、以後、宿を転々としている。

いつ、どこから密航船が出るのか、根本と吉村にはまったくわからなかった。

「本当に海を渡ることができるのか……」

根本は、自分が渡航するという「計画」が、まだあやふやなものに過ぎないことを思い知った。根本と吉村が、周囲にわからないように顔を見合わせて溜息《ためいき》を漏らすことも少なくなかったのである。

なにより渡航の「資金」が問題だった。カネがなければ、密航などという大それたことができるはずもなかった。この時期、元長は自分の手帳に、さまざまなことを書き記している。

元長や李銈源は、いろいろな人間から「資金」を引っ張っている。自分の後援者はもちろん、台湾での漁業権に色気を示す漁業関係者から右翼の大物まで、資金提供してくれそうな人物には、頭を下げつづけたのである。根本と吉村以外の渡航メンバーは、そういう資金提供者の推薦で入ってきた者も少なくなかった。そのことが後にさまざまな憶測を呼び、マスコミを賑《にぎ》わすことになることなど、元長には想像もつかなかった。

根本と吉村は、九州をあちこち移動している。出航する場所は依然、決まらなかった。ひと月が経過しても状況は変わらなかった。

計画が成功するかどうか予断を許さなかったさまが、明石の手帳に記されたメモからは見てとれる。六月十一日のメモには、どこからか根本が博多に帰ってきたことが、わずか一行、

〈6月11日（土）　根本氏着 海の家ニ向フ　吉川氏等ト大幸園ニ会食〉

と記述されている。しかし、その翌々日、またその翌日には、〃事態険悪〃という

言葉が出てくる。

〈6月13日（月）

「事態険悪」

照屋夫人来ル　浅田　別府ヨリ電報　別府ヤメヨ。

午後3時　照屋夫人ヨリ10万ウケトル　新島5万　古閑来ル

午後2時　大部ト停車場ニテ会フ　浅田夕方カヘリ報告ス

午後6時　大部立ツ　新島引ぱらる

古賀ハウス泊リ　東京電話〉

〈6月14日（火）

「事態険悪」

森氏ニトマル　古閑　熊本、CIC、午後電報

浅田　別府ニ向フ　中尾、照屋、古閑別府ニユクハズ

更ニ照屋夫人ヲ訪フ　大幸園ニテ李ト会食　古賀ハウスニ李来ル〉

ここに登場する〝照屋夫人〟とは、照屋敏子のことだ。のちに沖縄でさまざまな貿

易に顔を出し、女傑と称されるようになるこの女性は、密航に加わった照屋林蔚の妻である。

手帳には、資金提供してくれる協力者の名前や金額が几帳面《きちょうめん》に書かれているが、照屋もその一人だった。手帳には、ほかにも資金集めに走る元長のようすが垣間見える記述が多い。少なくとも、これを見る限り、根本渡台計画が、国民党の「資金」とはまるで関係のないものであったことがわかる。

手帳には、「事態険悪」「別府を忌避」「金なし」「金策に行く」……という文言が、次々と出てくる。元長の悲鳴にも近い思いが、メモには鏤《ちりば》められている。必死に東奔西走してお金をかき集めているさまが短いメモに表われているのだ。また、暴風雨に直撃される中、元長をはじめ関係者は、福岡、大分、延岡を走りまわっている。

〈6月21日（火）　午前2時　大部又延岡へ　暴風雨　午前2時　明石大部出發
途中不通、大分ニ引返ス　照屋ヲ向フ　金ナシ
2時開通ヲキキ、出發　車中　施　李弟ニ会フ
6時延岡着　李ト連絡　CICハ大シタコトナシ
送還者モ来ル　新島カヘル　延岡一泊　李支ニCIC〉

六月二十二日の記述には、「予定日」という文言も見える。おそらくこの日が、密航の決行日であったと思われる。しかし、計画は頓挫《とんざ》している。頻繁に登場する「大部」とは、元長の福岡における秘書的な存在だった人物である。

〈6月22日（水）（予定日）
朝6時宮崎ニ向フ　施来ラズ　3人ナリ
宮崎ニテスス油解決　CICハ何ニモナシ
8時延岡帰着　大部ヲノコシ11時延岡ヲ發ツ
確実性ヲカクホ　25日ト約ス〉

〈6月23日（木）午前4時　別府着　一スイ　李ヲオコシ相談
一スイノ後　9時福岡ニ向フ　金策ノタメ照屋ト会フ
夕方福岡着　田代ニトマル〉

ひたすら〝金策〟に走る元長の姿が思い浮かぶ。資金調達をおこないながら、同時に警察とGHQの眼を逃れての潜伏、いや逃避行を続けているのだ。厳密にいえば、台湾は、講和条約が発効するまでは「日本の領土」である。日本の現行法では仮に密出国にならないとしても、明らかになれば、マッカーサー政令違反ということで検挙は免れない。元長の記述に「何にもならぬ」と、焦りとも怒りともつかない言葉が登場するのは六月二十四日のことだ。

〈6月24日（金）　何トカ社長ヲ向フ。何ニモナラヌ。
11時　福岡發。村上ト会フ。夕方別府ニカヘル。
大部　今朝四時ニカヘリ、又2時ニテ出發ノヨシ。25日ＯＫ。
余ニ先発、9時ノ汽車ニテ発テトノコト。帰府ヲ待チナリシ由。
高石ニユクタメ帰途木下ニ会フ。漸ク金策ハ中村氏ニユク〉

〈6月25日（土）　午前四時、大部帰ル。昼迄ニ電報電話ナケレバ支障ナシ。
高石ニユク　ダメ。支拂ヲナス。全員集合。懇談。2時出發。
6時　延岡着　又支障。分宿ス。
金一文モナシ。施ト打合ハス。根本氏ト語ル〉

紆余曲折《うよきよくせつ》の末、一行が漁船に乗って延岡から沖合に漕《こ》ぎだしたのは、六月二十六日夕刻のことだった。もはや一日遅れても計画は失敗に終わったに違いない。前日（二十五日）の手帳には、「金一文もなし」という元長の叫びが記されている。疲労困憊《こんぱい》で、精も根も尽き果てた元長が東京へ帰り着き、急死するのは、六月三十日の夜、正確には七月一日の午前零時をまわった頃である。

それが、イチかバチかの密航であったことは、家族のもとに残されたこの「明石メモ」が物語っている。

こうして、根本将軍を乗せた船は風雨を突いて九州を離れ、波乱が待ち受ける大海原へと出ていったのである。

第四章　辿り着いた台湾

沈没の危機を乗り越え、やっとのことで船が島に乗り上げると、一行は砂浜に飛び降りた。台湾は、まだまだ遥《はる》か先だ。

さっそく全員が船のまわりを注意深く見てみた。左右前後、船体のあらゆる場所をそれぞれが見ていく。

「あっ、ここだ」

その場所はすぐに見つかった。あまり大きな損傷ではないものの、船板一枚が割れており、その割れ目の一部が穴になっていた。

大きな穴ではないものの、海水が常に入って来ることは間違いない。修理が必要だった。

しかし、船には修理するための材料も器具もなかった。思案をこらした末に、布団をといて綿を取り出し、割れ目につめることにした。そして、穴のところには外側から板を打ちつけることにした。まったくの応急処置である。

しかし、船には打ちつけるための釘《くぎ》さえなかった。仕方なく船室内の帽子掛けや手《て》拭《ぬぐい》掛けに使っていた釘を抜き取って使った。

仮修繕は終わったが、今度は新たな問題が浮上した。浜に乗り上げた船は、人力ではなかなか海に浮かべることは困難だ。

「乗り上げた時は、偶然にも干潮です。満潮になったら、きっと海に浮かびますよ」

乗組員は楽観的だった。

いずれにしても浜に乗り上げることができたのだから、そこまで待ったらなんとかなるだろう、ということになった。

その時、初めてこの島は何島かということが問題になった。

島は、見渡すかぎりソテツの林である。果して住民がいるのか、無人島かもわからない。

老船長に尋ねてみると、おそらく屋久島《やくしま》だろう、と言う。

照屋林蔚がそれを聞いて口を開いた。照屋は、プロジェクトに参加している唯一の沖縄人である。このあたりの事情には詳しい。

「屋久島なら、鹿児島県が開拓に着手しています。島の北方には港もあるはずです。そこまで行って、船をもう少し修繕して行く方がいいのではないか」

照屋は、一同の顔を見まわしてそう言った。そして、こうつけ加えた。

「こんな応急手当では、この先、航海が続けられるかどうかわかりませんよ」

照屋のひと言で方針は決まった。

朝十時。次第に上がってきた水位のおかげで船は海面に浮いた。しかし、応急処置の場所から、やはり水が漏ってきた。これでは、排水ポンプを絶えず動かしていないと船は沈んでしまう。猶予はない。

船は、すぐに北方に向かった。島づたいに北上し、港を探した。一時間あまり経って、やっと港は発見された。やはりここが屋久島であることは間違いなかった。

だが、港に入っていっても人の姿が見えない。どうしたのか、と照屋が首をひねった。

鹿児島県がやっているという開拓事業は、あいにく休業中だった。そのため、人影がないのだ。もちろん、船を修繕する設備もなかった。

一行は途方に暮れた。これからどうするか、話し合いが持たれた。付近の事情を最も知る照屋林蔚を中心に、さまざまな話が交わされた。

しかし、もはや仕方がなかった。あれこれ議論していても事態は好転しない。

結論はひとつしかない。もともと命など投げ出してやってきた自分たちではないか。

ここは運を天にまかせて沖縄の久米島《くめじま》まで直行しよう――それは根本の意思でもあった。

このプロジェクトは、もともと「終戦時の恩義を返したい」という根本の思いから発している。そして、「台湾を助けたい」という明石や台湾人たる李鉄源や李麒麟の思いがひとつになって動き出したものである。

「そうしましょう」

誰にも異論はなかった。ただ、海水の漏る船で一気に久米島に向かうというのは無謀と言えた。それよりも奄美大島から沖永良部《おきのえらぶ》島、そして沖縄本島から石垣島と、島づたいに南下する方法もある。しかし、それには危険があった。沖縄は、アメリカの統治下にある。日本人が乗り込んだ密航船が島づたいに行くことには、あまりに危険が大き過ぎたのだ。

ならば、一気に久米島を目指そう。久米島まで行き、そこで修理と食糧補給をおこない、根本らはそのまま船に潜伏しておれば、なんとかなる。

少なくともアメリカに摘発される可能性は少なくなる。照屋の勧めもあり、船は沖縄本島よりも久米島に向かうことにした。

軍人たちに異存はなかった。久米島の方がより台湾島への最短距離でもある。

一行は、出発にあたって次のことを決めた。船は絶えず浸水するので、一時間おきに一行の中の若い者四人と非番の船員二人、計六人で一人十分間ずつ「排水ポンプ」を押す。そして水がたまってくれば、ほかの者も総動員で水をバケツと桶《おけ》で汲《く》みだそうというのである。

それは、「一人十分」とはいえ過酷な重労働である。手を抜けば、あっという間に船底に水がたまることは間違いなかった。若者たちは顔を引き締めた。

よし行こう！　掛け声と共に老朽船・捷信號が屋久島をあとにしたのは、六月三十日午後四時頃のことである。

想像通りのつらい作業だった。必死の航行と不眠不休の排水作業が三日三晩つづいた。起きてはポンプを押し、また仮眠をとり、また起きてはポンプを押す。その繰り返しだった。根本らの励ましの中、排水作業は果てしなくつづいた。

前方に久米島の島影が見えてきたのは、七月三日昼過ぎのことである。

やっとの思いで船が久米島の港の防波堤の中に入ってきたのは、その日の午後のことだった。

それは息も絶えだえと言ってよかった。老朽船が喘《あえ》ぎ喘ぎでやっとここまで辿《たど》り着いたのである。

だが、安心するには早すぎる。全行程およそ千四百キロの内、まだ三分の二の約九百キロである。これから台湾本島への「五百キロ」を残していた。

「恩義を返しにいくのも楽ではないな」

根本は、そう思ったに違いない。

満潮を待って船を浅いところに繋ぎ、干潮を利用して船底の検査や修繕のできるように準備してから、李麒麟と李鉎源と機関長の三人が上陸した。

根本たちは船室から出て行けなかった。もはやここは日本ではない。アメリカ統治下の島である。〝発見〟されたら、たちまち拘束されて監獄にぶち込まれるだろう。

そして、日本へ送還されるに違いない。

言うまでもなく、ここでは日本の紙幣は使えない。通用するのはドルである。

上陸した三人の目的は、食糧、水と油の補給だが、ドルがない以上、物々交換に頼るほかはない。しかし、その交換するべき物もなかった。

やむなく一行はそれぞれの着換えの洋服や帽子などを提供して、交換するべき

〝物〟とした。油がなければ台湾本島に辿り着けないのだから必死だった。

各々《おのおの》の荷物から交換できそうなものはすべて提供された。

翌四日の朝、李麒麟と李鉒源は、地元民に無事、油を運ばせてきた。

これで台湾まで行ける。午前中に干潮を利用して船の修繕をやりながら、船員たちも、根本たちもそのことを確信した。

困難だった最終コース

議論の結果、船は久米島から基隆《キールン》に直航することにした。

石垣島や、与那国《よなぐに》島に寄ると、やはり密輸と誤認される恐れがあった。ここまで来て密航が失敗することは許されない。また、石垣島や与那国島を通ると航程が遠くなるので、油と食糧の関係からも不利だった。

しかし、言うまでもないが直航は危険を伴った。もし成功すれば、およそ三昼夜、つまり七月七日の夜か、八日朝には基隆に着くはずである。

幸い延岡出航の夜に嵐に遭って以降、東シナ海の大海原は平穏だ。

排水作業をつづけながら屋久島から久米島まで辿り着いたことを思えば、修繕をおこない、油も補充した上で、同じ三昼夜で台湾に着くのだから誰もが「行ける」と思ったのも無理はない。

七月五日朝、一行は勇躍、久米島をあとにした。

だが、不運は、その夜のうちに襲ってきた。夜半、船の心臓部、機関に故障が起こってしまったのだ。

もともと捷信號は、ポンポンと煙を上げる〝焼き玉船〟である。高度成長期に小型ディーゼル船にとって代わられるまで、日本のみならずアジアの漁船の主力エンジンとして活躍したものだ。

機関を始動する前にバーナーで焼き玉の部分を熱して燃料が発火する温度まで上げておき、暖まったところで燃料を焼き玉に噴射してシリンダー内で爆発させるという実に原始的な仕組みだ。それまでは使い途《みち》のなかった廉価な重油を燃料として使えるため、戦後の物資不足の中、あらゆる場所で重宝された。捷信號のような船こそ、アジアの漁業の主力だったのである。

しかし、日本から台湾という千五百キロを超える航路を老朽化した焼き玉船一隻で乗り切るのは、さすがに簡単なことではなかった。密航がバレないように、という理由もあるが、これで辿り着けるかどうか、幸運も味方しなければならなかった。

懸念されていたそのエンジンが動かなくなったのは、久米島を出航したその日の夜のことだった。

〝焼き玉エンジン〟は故障と隣り合わせである。原理が簡単なだけに、たとえ故障しても修理は可能ではある。だが、故障が直るまでにおよそ五時間も要し、捷信號はその間、大海原で漂流することになる。

六日にも故障は起こった。それも二度である。

そのたびに、船は、海原の上を漂流した。一時間で故障が直る時もあったが、二時間を要した時もあった。

根本は、久米島で補充した油の関係だろうと推理した。しかし、今さらどうしようもなかった。海洋のど真ん中でエンジンが停止することぐらい心細いことはなかった。

死を覚悟して出てきているものの、目的地に達するまでに命を落とすことほど無念なことはない。根本は祈るような気持ちで、修理を見守っていた。

根本の不安に追い打ちをかけたのは、水漏れだった。船腹に空いていた損傷個所から再び漏水が始まったのだ。

屋久島から久米島までの三日三晩と同じ状況だった。しかし、水汲みを怠って機関室に浸水したら、すべては「終わり」だった。そうなったらエンジンの故障ではすまない。回復不能で、あとは大海原を漂流するだけである。

命の限り水汲みは続けなければならないのだ。再び始まった水汲みに、若い人間は不平満々だが、今度は根本もこれに加わった。だが、ポンプを押す労力は、傍《はた》で見ているよりずっと辛《つら》かった。十分間など、とても無理だった。たちまち息が切れた。

これで台湾に本当に行けるのか。口には出さなかったものの、心の中では誰もがそう思っていた。

船室に戻ってみると、すっかり炊事役となっていた通訳の吉村是二が根本に向かってこう言った。すでにテーブルの上には朝食が乗っていた。

「ご飯はこれが最後になります。あとはお粥《かゆ》を一杯するくらいの米しか残っていないですよ」

炊事に協力していた吉村が根本に食糧事情を告げたのだ。

「ようし、それなら釣りだ」

根本のいいところは、決して悲観的にならないことだ。いつも前向きに事態を捉《とら》えて、部下たちを不安にさせずにやってきた。総指揮官が頭を抱えたり、不機嫌になったりすれば、部下の士気は落ち、心理的にも不安定になる。

根本は沈鬱《ちんうつ》な空気を吹き払うようにそう言うと、朝食が終わるや、さっそく船の最後尾に腰をかけて、「曳《ひ》き釣り」を始めた。

船から釣り糸を長く垂らすと、根本は間もなくキハダとビンナガを一尾ずつ釣り上げた。一行から声が上がる。

昼飯はこれでなんとかごまかすことができた。

だが、午後になると一尾も釣れなくなった。海釣りは午後、釣れないことは珍しくないが、場合が場合である。根本の肩に食糧調達の重責がかけられたが、焦れば焦るほど何も食いつかなくなった。

ないものは仕方がない。夕食は、最後の米を粥にして各々一椀《わん》ずつ配り、これをすすった。いよいよ食糧も底をついた。深刻な表情やら、厳粛な顔つきやら、最後の粥をすするそれぞれの姿には、人間性が現れていた。

根本は、これでしばらく米とのお別れか、と思い、明日は「ビンナガマグロ」か「キハダマグロ」といった巨大魚を恵ませ給えと、繰り返し心の中で祈った。これが一尾でも釣れれば、数日は食糧に事欠かない。なんとしても釣り上げたい。根本はそう思ったのだ。

しかし、東シナ海のキハダマグロは、ゆうに十貫(およそ四十キロ)以上はある。根本の頼みの釣り糸がまたたく間に何本も切られてしまった。

食糧が調達できない。その状態がつづけば、行きつく先は「死」である。

やがて、ポンプ押しの若い人間も空腹で力が出ないと言いだした。

「水腹も一時だ」などと水を飲む者もあるが、その水さえ残り少なくなってきた。次には、「煙草腹《たばこばら》も一時だ」と言いだした者もある。

根本は煙草を提供することにやぶさかではなかったが、実はその煙草もシガレット・ケースの中に五、六本残っているに過ぎなかった。

仕方なく根本は、二時間に一本ぐらいの割合でひと吸いずつ、のみ廻《まわ》しを始めた。

もはや、すべてが「底をついて来た」のである。

「基隆はまだか」「基隆はまだか」

それが合言葉となった。誰も「ひょっとして着かないのではないか」という不安を口にする者はいない。口にすれば、それが現実になるような気がしたからである。

誰もが寡黙になり、また何人かは塞《ふさ》ぎこんでいた。

ちょうどそんな時だった。相変わらず船の最後尾で釣りをつづけていた根本の耳に、

「山が見えた！」「台湾が見えた」

という声が聞こえてきた。反射的に時計を見ると、午後六時を少しまわった頃だった。

根本は、立ち上がって船首の方を振り向いた。船首よりやや左舷《さげん》寄りに、鋸《のこぎり》の刃のような連山の頂が薄く見えていた。

これは小島ではない。相当の広さを持つ陸地だ。台湾に間違いない。

根本に「ついに着いた」という思いがこみ上げてきた。

およそ一時間後、日暮れ頃には薄く見えていた山も近くなってきた。やがて夜の帳《とばり》が下りてくると、山の中腹あたりに工場らしい電灯の群れが見えてきた。右舷《うげん》の海上を透かして見ると、鶏籠《とりかご》のような黒い小島も確認できた。これが基隆島だ、間違いない。根本もやっと安心した。

真っ黒な海原を最後の力をふりしぼって捷信號は進んだ。陸地が近づくにつれ、信号所のある山も見えてきた。船が左に旋回すると防波堤の入口を表示する灯台があった。

さらに、その奥には、電灯がまばゆい〝不夜城〟のごとき基隆の大市街が横たわっていた。

「着いた。本当にやって来た」

根本の腹の底から、喜びが湧き起こった。時計は午後十時を指していた。

「これで、日本人として蔣総統に恩義を返すことができる」

自然と笑いがこみ上げてきた。それは、大望を果すことができるかもしれない、という感動にほかならなかった。延岡を出航して十四日目のことだった。

逮捕された根本将軍

船は、基隆の波止場に着いた。すでに一昼夜、飲まず食わずである。

船員の一人は、港のすぐ近くに家があった。夜中、船を波止場につけたあと、船員はさっそく家に走った。

そして、自分の家からバナナを持って帰ってきた。一行は、そのバナナにかぶりついた。

「うまい！」

生き返った気がした。最も年長の根本でさえ、

「私はこれほど美味《おい》しいバナナを食べたことがなかった」

と、のちに回想したほどである。

だが、根本にとってここで想定外のことが起こった。

九死に一生を得て翌朝、基隆に上陸した根本たちを待っていたのは、「逮捕・投獄」

という予想もしない事態だったのだ。

おんぼろ船で突然やって来た日本人たち。それは日本からの「密航者」にほかならなかった。

当時、日本側だけでなく、大陸からの密航者が急増し、当局は苦慮していた。共産軍の南下の速度が増すにつれ、大陸を放棄し、台湾にやってくる中国人はあとを絶たなかった。

しかし、それにしても李鉎源は、国民党の〝密使〟ではなかったのか。

李鉎源が説明すれば、そんな誤解はすぐ解けるはずだった。それが「誤解」であるかぎりは……。

だが、それは「誤解」ではなかった。

この時、この大プロジェクトの真実が明らかになる。つまり、李鉎源は国民党の密使でも何でもなかったのである。国民党から派遣された「密使」であるはずの李鉎源自身が根本たちと同じく基隆の監獄に投獄されるという事態に陥ったのだ。

蔣介石が派遣した密使を獄中にぶち込んだら、警備の責任者の首など、たちどころに飛んでしまうだろう。いや、命さえも危ない。

他の密航者と共に、基隆港近くの監獄にぶち込まれた根本と通訳の吉村は、必死の抵抗を試みた。

「私たちは、共産軍との戦いのためにやって来た日本の軍人である。いささかなりとも国府軍のお役に立ちたい」

そう訴える根本に対して、「何を寝ぼけたことを言っているのか」と、獄吏はまったく相手にしなかった。

くたびれ切った目の前の初老の男の言うことをどうして蔣介石に伝えることができようか。そんな世迷言《よまいごと》につきあうような獄吏は一人もいなかった。

しかし、必死に訴え続ける変な日本人の話は、次第に広がっていく。

「台湾を助けに来たと言う日本人がいる」

そんな話が台湾の警備司令である彭孟緝《ほうもうしゅう》中将、副総司令兼参謀長の鈕先銘《にゅうせんめい》中将の耳に届いたのは、二週間後のことである。鈕先銘は、根本が北支那方面軍司令官の時、何應欽《かおうきん》上将との面会をセットしてくれるなど、根本にとって浅からぬ交流を持った国府軍の幹部だった。

「根本博」という名前を聞いた瞬間、鈕先銘は反射的に立ち上がった。それが「あり得る」ことが彼にはわかったからである。

根本将軍が来ておられる――鈕先銘は、そう直感した。根本の人柄と信念なら、そのこと自体、不思議でもなんでもない。しかも、もし本当にそうなら自分自身がその顔を「確認できる」のである。

吉村是二の長男・勝行は父の口からこの時のことを聞いている。

「投獄されてしばらく経った時、鈕先銘と彭孟緝両氏に根本さんのことが伝わったのだと思います。何週間か経ってからのことです。二人は〝根本博〟という名前を耳にして基隆に車を走らせたそうです。聞いてからすぐ、夜に発《た》ったと聞きました。基隆で一行を捕まえていた人たちは、突然、鈕先銘と彭孟緝がやってくるという知らせに、慌てて根本さんと親父を風呂《ふろ》に入れてきれいにし、ご飯も食べさせ、きちんとした部屋に入れたそうです。親父たちは、待遇が急に変わったことで、〝これでいよいよ処刑されるのか〟と、覚悟を決めたそうですが……」

観念して「これで終わりか」と思った根本と吉村の前に、鈕先銘と彭孟緝が現われたのは、夜中のことだった。

「根本先生！」

部屋のドアを開《あ》け、根本を見た瞬間、鈕先銘は根本のもとに駆け寄っていた。北支那方面軍の司令官まで務めた人間が、本当に「台湾を助けるためにやって来た」のが事実だったことを鈕先銘はその時、たしかに知ったのである。

根本の手を握りしめたまま離さない鈕先銘の手と頬《ほほ》を伝う涙が、その感激の大きさを物語っていた。

こうして根本は、またも「辛うじて命を拾った」のである。

旭川第七師団歩兵第二十七連隊長時代。
陸軍特別大演習で天皇陛下に声をかけられた。

家族とともに。右端が妻の錫。(富田のり提供)

第五章　蔣介石との対面

根本ら一行が台北入りしたのは、八月一日のことだ。

根本は、通訳の吉村と共に、台北市北部の温泉街として知られる北投《ペイトウ》に迎えられた。ドイツ商人によって発見され、日本統治時代に発展を遂げた北投温泉は、今も台湾最大の温泉地であり、台湾人はもちろん日本人旅行客も数多く訪れる観光地である。

北投温泉で滞在していた根本と吉村に八月中旬のある日、突然、湯恩伯《とうおんぱく》将軍の使者が宿舎に来て、

「明後日、慰労の宴を設けたいと思いますが、出席していただけますか」

との口上があった。もちろん根本は出席を快諾した。

翌日、一同に対して正式の招待状が届けられた。

指定の時間に指定の場所に到着すると、湯将軍自ら玄関まで出迎えた。茶菓や煙草で雑談をしている間に、根本は将軍の部下である将領たちを紹介された。

ほとんどが、談話に不自由がないほど日本語が堪能《たんのう》だった。湯恩伯は日本の明治大学と陸軍士官学校を出た知日派であり、部下には日本留学組や日本語が堪能なものが集まっていた。

湯はこれまで根本と面識こそなかったものの、その名前と実力のほどはかねて知っている。根本たちは、湯とその幕僚たちと十年の知己に再会したごとく、すぐ打ち解けた。

湯の幕僚たちは、根本たちが「命をかけて」東シナ海を渡ってきたことに同じ軍人として感動を覚えていた。

敗走を重ねる国府軍の士気は、著しく衰えている。すでに内戦の大勢が決していることは誰の目にも明らかだった。わざわざ負け馬に乗る人間など中国にはいない。しかし、この日本人たちは、かつての敵である自分たちを助けるために、わざわざ海を越えてやって来てくれたのである。

彼らは、そのことに心を動かされていた。かつて刃《やいば》を交えたことなど、忘却の彼方《かなた》に置き去ったかのように、皆が腹の底から笑い合った。

根本は、そのようすを見て、無性に嬉《うれ》しかった。「ここまでやって来た甲斐《かい》があった」という思いが胸に広がる。根本は、台湾まで彼らと「一緒に死ぬ」ために来たのである。

終戦時の日本同胞に対する蔣介石の恩義。それは、北支那方面軍司令官として、内地への引き揚げを一手に引き受けた自分が一番知っている。

敗戦に際し、自決を決意していた自分が今、生きているのは、あの時、内蒙古にいた四万人の在留邦人と三十五万人の北支那方面軍の部下を内地に送還してくれた寛大な蔣介石の方針によるものであったことは確かだった。

国民政府の要人と折衝を繰り返しながら、わずか一年という短期間の内に日本への帰還を完遂できたことは、奇跡というほかない。それは、多くの日本人をシベリアに連れ去ったソ連の独裁者・スターリンとあまりに違っていた。

その恩義を日本人は忘れていない。そのことを、身をもって示すために、自分はわざわざここまでやって来たのだ。

根本はこうして国府軍の幹部たちと杯を交わしていることが、夢のように思えて仕方なかった。心地よい酔いが、その思いをさらに深くした。

「乾杯、乾杯」と、中国式の乾杯がつづいた。日本の旧軍人に対して敬意を忘れない宴会は、午後十時が過ぎてもつづいた。

やがて宴会が終わり、根本らが帰る時、湯恩伯は一行を玄関まで見送った。その時、湯が根本に近づき、こうささやいた。

「大総統が明日お会いすると仰《おつしや》っています。私が、宿舎に迎えに参ります」

その瞬間、根本の表情が引き締まった。

それは、今か今かと根本が待ちわびた会見だった。

「ありがとうございます。お待ちしております」

背筋をすっと伸ばすと、根本はそう答えた。

草山での再会

明朝九時。約束の時間通り、湯将軍の迎えの車が来た。

台湾の八月は、眩《まばゆ》いばかりの陽光の下、朝七時を過ぎる頃から気温がぐんぐん上昇していく。湿気も少ないかわりに、痛くなるほどの日差しの強さは、日本ではなかなか経験できないものである。

根本は、通訳の吉村と二人で蔣介石との会見に臨むつもりだった。しかし、湯恩伯は、吉川源三中佐も是非ご一緒に、ともちかけた。

もちろん根本に異存はない。

陸士四十一期の吉川は、年齢は根本より十五歳下の少壮の軍人だ。湯恩伯は根本の八歳年下で、吉川はその湯の七歳年下にあたる。

根本博、吉川源三、吉村是二は車に便乗して蔣介石の待つ場所へと向かった。車は、北投温泉から泉源路《せんげんろ》を通って、紗帽山《さぼうさん》の山頂を目指した。

車で二十分も走ると、突然、重厚な煉瓦《れんが》色の建物が見えてきた。

台北市北投区湖底路——。台北市を悠然と見下ろす通称、草山と呼ばれる地区にそれはあった。のちに蔣介石の官邸として「草山行館《そうざんこうかん》」と呼ばれるようになる建物である。もともとは、日本統治時代に台湾製糖が温泉保養所として建てたものだ。

木材と石材を組み合わせた和洋折衷の建物で、濃紅色の煉瓦を積んだアーチ型の重々しい玄関が、訪問する人を威圧する。

玄関から入っていく際、いよいよ蔣介石と会見することに根本の身は引き締まった。侍従武官の案内で、根本らは広い応接室に通された。待つ間もなく、満面に笑みをたたえた蔣介石が入って来た。

「好《ハオ》、好、好」

蔣介石は、まっすぐ根本に歩を進めると、そう言いながら堅く手を握った。つづいて吉川中佐、そして吉村とも握手を交わした。

根本に万感の思いがこみ上げた。終戦の時の恩義に報いるために、はるばる密航までしてやってきた。その自分の思いを最も伝えたい相手が今、実際に目の前にいるのである。

日本人が「助けにやってきた」、いや「共に〝死ぬ〟ために来た」ことを、蔣介石本人にわかってもらえることがなにより嬉しかった。

蔣介石のうしろに立っている湯恩伯将軍も、そのようすを満足そうに見ている。蔣介石に席を勧められた三人は、椅子に座った。

終戦後の昭和二十年十二月に北京で会談した折、根本は蔣介石に大いに励まされている。

あの時、敗軍の将たる自分を温かく迎えてくれた蔣介石の態度は、今も強烈な印象として残っている。三十五万将兵と在留邦人を日本へ帰還させるためにあらゆる協力を惜しまなかった蔣介石の好意が、根本は身に沁《し》みていた。

一方、陸士、陸大を優秀な成績で卒業し、北支那方面軍司令官にまで上り詰めた根本博中将がいかなる実力を持った軍人であるかを誰より知っているのも蔣介石自身だった。そんな大物が、わざわざわが国府軍を救うためにやって来てくれる意味を蔣介石はわかっていた。

蔣介石は共産軍との戦況を挽回《ばんかい》しようと、連日、東奔西走をつづけていた。蔣介石が台北に来たのは、八月十日である。その後、根本のことを聞いた蔣介石は、さっそく根本との会談をセットするよう部下に命じたのだった。

根本が終戦時の感謝の言葉を告げ、再会の喜びを語ると、蔣介石は、にこやかに頷《うなず》いた。

やがて、挨拶《あいさつ》が終わると、蔣介石は、

「台湾にはいつごろ着いたのか?」

と、問うた。根本は正直に、

「七月十日に着きました」

と答えた。密航者として投獄されたことは敢《あ》えて言う必要もないだろう、と根本は思った。

「あなたが台湾に来たということを私が聞いたのは、二、三日前のことです。それで、さっそくあなたに会うことを湯恩伯に伝えたのです」

蔣介石の言葉は、通訳の吉村を通じて根本に正確に伝えられた。

「昨日、湯将軍から総統閣下に謁見のことを承りました」

根本が応《こた》えると、蔣介石は頷きながら根本に改めてこう聞いた。

「今回こちらに来られたのは、どういう理由ですか」

根本たち一行の「意思」を蔣介石は直接、その耳で聞きたかったのである。

根本は、ここに至るまでの経緯を説明した。終戦時、あれほどの恩義を受けながら、国府軍が共産軍と戦っている時に何もすることができずに、いたずらに月日を費やしたこと、自分一人でもなんとか渡航したいとさまざまな方策を練っていた時に、突然、ある手紙が舞い込んだこと……等々が、根本の口から伝えられた。

「実は、立法委員の黄節文という人から〝早く来て（国府軍を）助けてもらえないか〟という手紙をもらったのです」

根本は、そう語った。さらに、この黄節文からの手紙に対する思いを、根本は蔣介石にこう説明している。

「手紙をくれた黄立法委員は故黄郛先生の遺児だと聞きました。故黄郛先生の霊が招くのだと思って、大いに心が動き出した時に、李銓源という台湾の青年が〝迎えに来ました〟と、私を訪ねて来たのです。これは、故黄郛先生が招いているのに疑いはないと確信し、李の案内で秘かに台湾人の小舟に乗って密航、十五日目に基隆に上陸した次第です」

蔣介石は、通訳の吉村を通じて説明される経緯を興味深そうに聞いていた。時々、目をつむって頷いている。やがて蔣介石は、

「根本先生のご健康はいかがか？」

と問うた。

「歳はとっても身体には歳はとらせておりません。健康は大丈夫です」

と、間髪を容れずに根本が言うと、

「好、好、好」

と、蔣介石は再び満面に笑みをたたえた。おもむろにうしろを振り返った蔣は、そこに直立している湯恩伯に向かってこう言った。

「福建《ふっけん》行きの話はしてあるのか？」

「いやまだです」

と、湯将軍。根本は初めて〝福建行き〟という言葉を聞く。蔣介石は、根本の方に向きなおった。そして真剣な表情でこう言った。

「近日中に湯恩伯が福建方面に行きます。差し支えなければ湯と同行して福建方面の状況を観ていただきたい」

根本らの意思を確認した以上、蔣介石は、その力をどうしても貸してもらいたかったのだ。長かった日中戦争で、蔣介石は日本軍の実力はいやというほど思い知らされている。

なにより日本軍の規律と闘志は、国府軍を遥《はる》かに凌駕《りょうが》していた。そして、陸士、陸大を出た日本陸軍のエリートたちが立案する作戦に苦汁《くじゅう》を嘗《な》めつづけた経験は、蔣介石にとって忘れようとしても忘れられるものではなかった。

その中でも先頭を走りつづけた日本の将軍が、命を捨ててわざわざやって来てくれたのである。これに「力を貸してもらう」ことに、誰に異存があろうか。

蔣介石は、風雲急を告げる福建攻防戦に、根本らの力をどうしても借りたかったのである。

根本は、蔣介石の要請に対して即座に、

「私は、福建でもどこでもまいります」

と、快諾した。同席した吉川中佐も、大きく頷いている。

蔣介石は感激した面持ちで、

「ありがとう、ありがとう」

と繰り返した。

「顧問閣下」の誕生

天下分け目の決戦ともいうべき「淮海戦役」に敗北して中華民国総統の地位を降りていたとはいえ、蔣介石は事実上の国家の領袖《りょうしゅう》である。そこから根本は正式に「協力要請」を受けたのである。

根本は、蔣介石のことを「閣下」と呼んだ。こうして根本は国府軍に迎えられた。

この時の蔣介石の心情を理解するには、わずか十日ほど前にあった出来事を知らなければならない。

一九四九年八月五日、アメリカ国務省は、「中国白書」を発表し、国民党政府の腐敗と無能ぶりを指摘して、「軍事援助打ち切り」を発表した。

「中国は、もはや共産主義者の手の中にある。国民党政府はすでに大衆の支持を失っている」

蔣介石への〝絶縁宣言〟とも言えるこのトルーマン大統領の声明は、頼みの綱である自由主義圏の盟主から見放されたことを意味しており、蔣介石の嘆きと怒りは大きかった。

敗走を重ねる国府軍をついにアメリカが見限った——それは、長かった国共内戦に「決着がついた」ことを表わしている。この年五月、上海防衛戦に敗れたことは、アメリカにとってもそれほど大きかったのである。蔣介石の国民政府の〝大陸失陥〟は、もはや誰の目にも明らかだった。

蔣介石が自ら綴《つづ》った日記には、この時の心情がよく表わされている。

現在、「蔣介石日記」は、蔣家によってアメリカのスタンフォード大学フーバー研究所に提供され、五十年間の管理が委託されている。二〇〇六年三月の第一次公開から始まって、二〇〇九年七月、最後の第四次公開を終えた。

一九一七年から一九七二年までの日記が同研究所の厳重な管理の下で公開されているが、一九四九年八月六日付の「蔣介石日記」には、「中国白書」発表翌日のこんな記述が残っている。

〈美國《白皮書》

可痛可嘆!

今實為中國最大之國恥

亦深信其為最後之國恥

既可由我受之
亦可由我湔雪也〉

（アメリカ「白書」なんと痛むべき、嘆くべきことか！　いま実に中国最大の国恥なり　また、それが最後の国恥なることを深く信ず　私がこれを受くるべきなれば　また私がこれを雪《すす》ぐべきなり）

蔣介石の衝撃と悲嘆の大きさが窺《うかが》える記述である。この頃の蔣介石の動きは特に慌ただしい。滞在していた浙江省の定海《ていかい》を同日の六日に発《た》つと、韓国の鎮海《ちんかい》に飛び、十日には台北にやって来ている。根本が密航までして台湾に来ていることを蔣介石が知るのは、台北に着いてからのことである。

アメリカから見捨てられたまさにその時、根本博という予期せぬ〝援軍〟が来たことを蔣介石はどう思ったのだろうか。しかも、その人物は「命を捨てて」やって来てくれたのである。

根本との会談に先立つ八月十四日付の「蔣介石日記」には、わずか一行、こんな記述がある。

〈恩伯來見談乃根本博事〉（湯恩伯が来て、根本博のことを話し合った）

蔣介石は事前に湯恩伯と話し合い、根本に何をやってもらうことにするか、話し合ったと思われる。余計な感情こそ排して記述しているものの、なにより心細く思っていた時にやって来てくれた根本に対して、蔣介石がどれだけ勇気づけられたか想像に難くない。

この時、湯恩伯は蔣介石からすでに「福建省主席兼綏靖《すいせい》主任」に就任するよう要請されている。

しかし、湯は、「菲才《ひさい》につき、その任に非《あら》ず」と、それを固辞したという。殺到する共産軍を前に、湯が「上海防衛」に失敗したのは、わずか二か月あまり前のことである。多くの市民に犠牲が出る市街戦を回避するため、湯は涙を呑《の》んで上海から撤退した。そのことを蔣介石に激しく叱責《しっせき》された経緯があった。

その自分が「福建攻防戦」を指揮することなど、湯には考えも及ばなかったのである。ここで負ければ、一気に台湾が存亡の危機に瀕《ひん》する最後の攻防戦だ。その重要性を鑑《かんが》みれば、即座にこれに応ずることなどできようはずがなかった。

だが、蔣介石は譲らない。再三、固辞する湯に対して、憤然とこう言い放った。

「お前たち若い者が、辞退するならそれでよい。私が自ら出向くこととする」

湯はその蔣介石の言葉を聞いて、ついに決心する。内戦の大勢はすでに決している。多くの戦死者を出して敗走している国府軍に、もはや挽回《ばんかい》の力がないことは誰の目にも明らかだった。

しかし、蔣介石に忠誠心の厚い湯恩伯はこの瞬間、「死」を決意した。そして、

「閣下がそれほどまでにおっしゃるならば、恩伯もこれが最後の御奉公と存じます。福建に行かせていただきます。しかし、〝成敗利鈍〟は問題にしないように、切にお願い致します」

そう蔣介石に願い出たのである。湯はさらに、もうひとつお願いがございます、とこう語を継いだ。

「自信の持てない福建に赴任するのですから、日本から来ている根本中将を同伴して作戦の相談相手としたいと思いますが、お許しいただけますでしょうか。恩伯の福建在任の間、根本中将をお貸し下さるよう、特にお願い申し上げます」

根本の名を聞いて、蔣介石は即座にこう返答した。

「根本中将に私から〝福建に行け〟と命令するわけにはいかない。しかし、根本中将

自身が行ってもよいというなら、余に異存はない。まずお前から根本中将に相談してみろ」

蔣介石と根本が会見する前、湯はそんなやりとりが蔣介石との間にあったことをのちに根本に明かしている。

蔣介石が根本との会談の途中で、「福建行きの話はしてあるのか?」と湯に問うたのは、そういう経緯があったからである。

湯は前日、根本ら一行と酒を酌《く》みかわし、肝胆相照らしている。しかし、それでも、湯は根本に福建行きを持ちかけてはいない。湯は、礼儀を重んじる軍人である。陸士の大先輩にあたる根本に対して、後輩の自分から「命」を左右するようなお願いをすることなど、とてもできなかったのである。

だが、蔣介石の口から福建行きの話が出て、根本が快諾してくれたことにより、それは実現することとなった。湯にとって、これは百万の味方を得たようなものだった。

湯は、以後、根本を「顧問閣下」と呼ぶようになる。根本を蔣介石から「借り受けた」という意識で常に根本と接するのである。

作戦立案をはじめ、湯は、根本の考えをどの幕僚のものより尊重するようになる。日常の生活においても、食事の際には一番の上席に根本を座らせ、風呂《ふろ》ですら根本が先に入らなければ、自分が入ることはなかった。根本が恐縮して辞退しても、湯はそれを許さなかった。そこまで湯は「顧問閣下」を重んじたのである。

それは、秀才と謳《うた》われ、日本の明治大学と陸軍士官学校に学んだ親日家・湯恩伯の面目躍如たるものだった。


およそ一時間の「蔣・根本会談」は終わった。

根本らが辞去する際、蔣介石は、来た時以上の堅い握手を交わした。

「くれぐれも暑さに気をつけてください」

蔣介石は、そう労《ねぎら》うのを忘れなかった。蔣介石にとっても、劣勢の国府軍がまさか根本が加わっただけで「勝利を得る」とは思っていない。だが、「何かが起こるかもしれない」という祈るような気持ちであったことは間違いないだろう。

こうして、根本らは、八月下旬、湯恩伯に従い、廈門《アモイ》に同行することになったのである。

通訳を務めた吉村は、のちに「中国のおもひで」と題して、この時の蔣介石・根本博会談の様子をこう書いている。

〈根本中将は、蔣総統の「怨みに報ゆるに徳を以ってせよ」と佈告された恩義に酬《むく》いんと深く期するところがあり、日本帰還後、国府軍支援のため上海に赴いて微力を竭《つく》し、且つ自ら死所を得たいと堅く決意されて、私に、我が骨を拾えと同行を求められた。

私は一瞬躊躇する所があったが、曾《かつ》て終戦当日、内蒙古の徳王《とくおう》主席・李守信《りしゅしん》将軍が華北派遣軍司令部に来り、根本司令官に今後の事を相談した時、両名に因果を含めて直ちに軍用機で重慶に送り、謝罪させた。

蔣介石総統は既往は咎《とが》めずとして彼等を赦《ゆる》して重く用いた経緯を想起した。そして私は唯命是従「お供します」と即答した。（略）

蔣総統は第五管区（福建、広東、江西、浙江）司令湯恩伯将軍に、根本将軍と私を草山に連れよと命じ、私に通訳を命じた。

戦後初めての日本人として会見された第一回目であった。

蔣総統の背後に湯恩伯将軍起立し、蔣総統と根本将軍は対座し、私に通訳として席を与えられた。それは「一見傾心」の如く厳然たる中に温情が滲み出て一時間の拝謁懇談は終った〉（「師と友」一九七一年　五月号）

余計な感慨を排し、事実だけを淡々と記すことを旨とした吉村らしい簡潔にして明《めい》瞭《りょう》な文章である。それは、吉村が「厳然たる中に温情が滲み出る」という表現を用いるほど、二人の心情が共鳴し合った会談だった。

第六章　緊迫する金門島

八月十八日、根本一行は、いよいよ戦地へと出発した。どんな歳になっても、あるいは、たとえ「死」を覚悟していたとしても、戦地への出発は独特の感情がこみ上げるものである。

二度とこの地に帰ってくることはないかもしれない。人間である以上、軍人といえどもそういう感情との戦いは必ずある。

しかし、根本の胸には晴れ晴れとした澄みわたった爽《さわ》やかさが広がっていた。自分は、死地に赴いたのだ。恩義を返す相手である蔣介石総統にも、自分の気持ちを伝えることができた。あとは思い残すことはない。

出発にあたって「今日は幸多き日だ」と思えたこと。根本にとってこれほど嬉《うれ》しいことはなかった。

午前九時、根本たちは劉《りゅう》少将に案内されて、宿舎を出発した。すでに亜熱帯の真夏の太陽が容赦なく降り注いでいた。

車は、まっすぐ基隆に向かった。

港には、根本たちが乗船する三〇〇〇トン級の大型の戦車揚陸艦（LST＝landing ship, tank）が停泊していた。出航間近なためか、積み上げられた武器や軍事物資が慌ただしく運び込まれている。

LSTは、直接海岸に乗り上げて歩兵や戦車などを陸に揚げるための船である。着岸しやすいように艦の前部の船底は平らだ。そのため艦首には大きな扉があり、艦の前部は格納庫になっている。

三〇〇〇トン級ともなれば、なかなか壮観だ。歩兵や戦車を台湾から運び込み、福建攻防戦に勝利する――まだまだ国府軍の士気は衰えていないように一行には感じられた。戦さの帰趨《きすう》は、なんといっても兵の士気で決まる。そのことを一番よく知っているのが、プロの軍人たちである。きびきび動きまわる若い兵士たちの姿に、根本たちは一縷《いちる》の希望を見出《みいだ》したような気がした。

根本は、この船がアメリカの揚陸艦であることはすぐにわかった。国府軍が共産軍を唯一、圧倒しているのは、海軍力だけである。中国共産党の野戦軍に各地で敗北を喫してはいるものの、共産軍には、まだまともな海軍力がなかった。そこだけは、蔣介石の拠《よ》りどころでもある。基隆の港にところ狭しと停泊している揚陸艦や巡洋艦は、根本の目にこの上なく頼もしく映った。

車をLSTに横づけされ、根本たちは感傷に浸る間もなく、直ちに乗船した。

すでに萬建藩《まんけんはん》副総司令ら、湯将軍の幕僚らが先に乗船しており、出迎えを受けた。

正午には、彼らを含めた湯将軍の高級将領らと会食となり、杯を挙げて前途を祝福しあった。照屋林蔚ら民間人も同行している。彼らも湯の部下たちに大いに尊重された。ひとつの敵に立ち向かう気概が、次第に一同の中に醸成されていった。


やがて、船は基隆を出港した。

今にも沈没しそうな漁船でやっと辿り着いたのは、わずかひと月ほど前のことである。一行は船橋から港を眺めながら、不思議な感覚に捉《とら》われていた。みな無言だった。誰も言葉を発しなかったのは、東シナ海を九死に一生を得て渡ってきたことが、ひょっとして「夢だったのではないか」という思いに支配されていたからかもしれない。

この時、根本たち一行は、なぜか警察服を着用していた。船の中はみな軍服を着ている軍人ばかりなのに、自分たちだけが警察服であることは、少々気が引けた。密航による投獄から釈放された時に警察が世話をしてくれたため、着るものが警察服になってしまったのである。

夏の台湾海峡は、波もなく実に清々《すがすが》しかった。三〇〇トンともなれば、少々の波では揺れを感じない。いや風雨に揉《も》まれつづけたわずか二十六トンの漁船の揺れが身体に沁《し》みついてしまっていたのかもしれない。

翌日、根本らを乗せた揚陸艦は、廈門港に着岸した。

劉少将の案内で根本は、総司令部に到着の届けを出しに福建綏靖司令部に行った。湯将軍はまだ総司令部に着任していない。聞けば、湯将軍の着任は翌々日になるとのことだった。この時、司令部には、「福建綏靖司令部参謀長」と称する者がいた。司令部を開設して、各地の飛行場や後方基地の警備隊などの兵員を集めて再編した一個師ばかりの雑軍を指揮している。

劉少将が根本たちを引き合わせたが、明らかに自分のことが「気に食わない」ことは、よそよそしい態度でわかった。おそらく、なぜ敵だった日本人の手を借りなければならないのか、と思っているのだろう。

湯総司令の指揮命令系統は、これで大丈夫なのか。根本は少し不安になった。この参謀長が、湯総司令の命令を「絶対のもの」として、聞き入れるとはとても思えなかったのである。根本は一瞬にしてそれを嗅《か》ぎ取った。

軍隊にとって、上からの命令は絶対であり、指揮命令系統が厳格に保たれていなければ、戦いに勝利することは不可能である。

それは根本にとって、陸軍幼年学校時代から叩き込まれている〝常識〟であり、これが厳格に保たれていたからこそ日本の支那派遣軍は日中戦争において、勝ち続けることができたのである。

根本は、いわゆる〝支那通〟である。中国の事情には、日本陸軍の中で屈指といえるほど通じている。

中国の国府軍が、各軍閥のいわば〝私兵〟の寄せ集めであることも、もちろん根本は熟知していた。旧東北軍、旧西北軍、晋綏《ふさい》(山西・綏遠)軍、桂系《く》(広西)軍らがそれだ。各地に割拠する軍閥やその流れを汲む人たちである。

また、蔣介石に忠誠をつくす中央軍でさえ、黄埔《こうほ》系、すなわち中央陸軍軍官学校である「黄埔軍官学校」の教官や卒業生を中心に、陳誠《ちんせい》系、胡宗南《こそうなん》系、そして湯恩伯系の三派に分かれ、互いに牽制《けんせい》し、反目し合うような状況だった。

そのため、「党が軍を治める」という〝以党治軍〟の理念が国府軍内で完全に確立されることはなく、それぞれの司令官による独断専行が当たり前の軍隊だったのである。

この時点で、黄埔系の三大派閥のなかで、陳誠の部隊は東北地方で林彪の東北野戦軍に大敗北を喫し、陳誠自身は蔣介石の命によって台湾省主席として台湾にいた。陳誠の最大のライバルであったのが、湯恩伯である。前述の通り、湯の部隊は、上海防衛戦でほぼ壊滅し、残りがわずかに台湾に撤退したに過ぎなかった。

三大派閥のひとつ、胡宗南の部隊は、西北地方での激戦でほぼ全滅。敗残軍となった胡部隊は、一部が台湾へと敗走していた。

地方派閥の部隊に至っては、中国大陸の中で散り散りになり、ある者は共産軍に投降し、ある者は人民の中へと消えて行った。戦闘を放棄する者が続出し、軍そのものが自壊していったのである。また、台湾撤退の際、編成を解除され、後に中央軍のもとで再編された者たちもいる。

もちろん、前者の忠誠心に比べて、後者のそれは決して厚いとは言えない。湯総司令は、言うまでもなく国府軍生え抜きの将軍であり、蔣介石への忠誠心は極めて強い。その湯恩伯が旧軍閥系をどう指揮していくか。それは、戦争の「勝敗を決する要素」ともなり得るものだった。

一行はその日、福建綏靖司令部の一室を借りて臨時の宿とした。劉少将が奔走して七人分の寝具を調達し、一行は旅の疲れをとった。

翌二十日には、四室の一民家を開放して、根本らの宿舎と定めた。司令部より少佐一名と当番兵二名を派遣して食住一切の雑務に当たらせた。これまた萬副総司令の配慮である。

心配りはそれだけにとどまらなかった。一か月の小遣いとして根本には銀百元、吉川には銀八十元、吉村と浅田哲大尉には銀五十元ずつ、さらに、まだ若い岡本秀俊少尉と中尾一行曹長、そして民間人の照屋林蔚には銀三十元ずつが渡された。これは湯恩伯の指示によるものだった。

二十一日には、湯恩伯総司令が着任した。さっそく湯は根本らに軍服を新調することを命じた。彼らを幹部たちに紹介するためである。

根本らは、劉少将の案内で洋服屋、靴屋に行き軍服、帽子、靴などを注文した。将校用の茶色の国府軍の軍服に袖《そで》を通した一行は、身も心も引き締まった。

湯は、蔣介石の意向として、それぞれに中国名を賦与した。名前は、蔣介石自らが考えた、とのことだった。

根本博は「林保源《りんほげん》」、吉村是二は「林良材《りんりょうざい》」、吉川源三は「周志淑《しゅうししゅく》」、浅田哲は「宋《そう》義哲《ぎてつ》」、岡本秀俊は「陳萬全《ちんまんぜん》」、中尾一行は「劉台源《りゅうたいげん》」、照屋林蔚は「劉徳全《りゅうとくぜん》」であった。

もはや「日本人」ではない。国府軍の「軍人」としての地位が彼らには与えられたのである。

新軍装に身を包んだ根本は、湯恩伯総司令と共に前線の各兵団を巡視するために出発した。

湯総司令は、各兵団長と会見する際、必要に応じて林保源こと根本博を幹部たちに紹介していった。もちろん、紹介された名は、「林保源」である。だが、根本に語りかける時、湯は「顧問閣下」と呼び、敬意を払うのを忘れなかった。

兵団長たちは林保源将軍こと、根本博に最敬礼した。もちろんこの人物が、終戦時に北支那方面軍司令官として、降伏文書にまで調印した日本側の要人であったことなど、誰も知らない。しかし、総司令・湯恩伯の態度から、極めて重要な人物であることだけは明らかだった。

総司令と、その総司令さえ一目置く顧問閣下。二人の巡視を受ける兵団長たちは、いよいよ戦闘が迫っていることを肌で感じとっていた。

廈門からの撤退

廈門は、福建省の中でも有数の商都であり、同時に軍の要衝でもある。十七世紀に、かの鄭成功《ていせいこう》が根城としたこの島は、東南アジア貿易で繁栄した歴史を持つ。十九世紀半ばには、アヘン戦争でイギリスに占領され、そのため、外国人に対して廈門港が開放された。

島の繁栄は、頻繁に出入りする外国船によって盤石になるが、栄えれば栄えるほど諸外国が触手を伸ばしてくるのも、また必然だった。

一九三七年、盧溝橋《ろこうきょう》事件で日中の全面戦争が始まると、翌年には日本軍が廈門を占領している。そして、日本の敗戦までは日本海軍の支配下で商業、軍事両面で重要な港湾都市として栄えるのである。

根本が湯総司令と共に巡視した時、商民だけで、ゆうに二十万人を超える人間が島内に生活していた。

根本には、即座に「この島は守れない」ということがわかった。

島とはいえ、大陸からわずか二キロしか離れていない。しかも北、西、南の三方が大陸と向かい合っている。

三方から総攻撃を受ければ、ひとたまりもない。まして敵は勢いに乗っている共産軍である。商業都市は食糧の自給もできないため、持久戦にも適さない。この島に固執すれば、廈門、金門は一挙に敵の手に陥《お》ちるだろう。最初の巡視で根本には、それがひと目で見てとれた。

しかし、これは迂闊《うかつ》には口に出せないことだった。「廈門放棄」とは、福建攻防戦の敗北をそのまま意味する言葉だからだ。国府軍内部に計り知れない動揺が起こることは間違いない。廈門は、それほど重要な地だったのである。

だが、前線の配備の概要を視察した根本は、いつかはこれを湯総司令に進言しなければならない、と思った。それが軍事顧問である自分の役目である、と。その時、湯はどういう反応を示すだろうか。根本にも、それは予想がつかなかった。

廈門の視察が終わると、次いで金門島を視察した。廈門と金門島との間には、いわゆる小金門島がある。一行は、ここには寄らずに先に大金門島に上陸した。

のどかな漁村がそこにはあった。説明によれば、全島が、おもに花崗岩《かこうがん》から成り、これといって農業には適さない島とのことだった。

根本は、金門島に、守備部隊が置かれていないことに仰天する。

湯も同じ思いだったらしい。ただちに自分の唯一の直轄兵力である衛隊一個団の中から、二個營を大小金門島の警備に投入した。湯はすでに、廈門島には一個營を置いている。「營」とは「大隊」に相当し、四百人から五百人の兵力を有するに過ぎない。総司令の立場にありながら、湯の直轄の兵力は、わずかしかなかったのである。湯は根本に向かって、

「私が自由に動かし得る兵力は、わずか一個營のみですよ」

と笑いながら語ったが、根本には湯の語尾がさびしく、自嘲《じちょう》気味だったことが妙に印象に残った。

金門島の「水頭《すいとう》」という漁村から入った一行は、海岸線を北上し、北岸を今度は東へ進んだ。福建省の泉州《せんしゅう》を望む金門の海岸線は、壮観だった。

泉州と金門を隔てる海峡は、流れが速い。白くうねった波が、海岸線からもはっきりとわかる。時折、ゴーッという音を立てながら、強風が海面のしぶきを巻き上げている。

「この波がいざという時、味方してくれるかもしれない」

根本は、海峡を押し渡って来る共産軍の船団を思い浮かべながら、そんなことを考えていた。

島の真ん中付近にある嚨口《りゅうこう》から后沙《こうさ》に至る砂浜まで来た時、根本は、

「潮の流れと風の向きから見ても、敵の船団がもし来るとしたらこのあたりに違いない」

と、思った。東西二十キロ、南北十六キロの金門島にあって、この付近は、ほぼ海岸線の中央部にあたり、しかもそこは、金門島の中で最も南北が短く、わずか五キロほどしかなかったのだ。

「私が、敵側なら夜陰に乗じて海峡を押し渡り、ここに上陸する。そして、島を東西に分断して孤立させ、増援部隊を次々と送り込み、殲滅《せんめつ》する」

根本はそう考えた。海を眺めていた根本は突然、案内の軍人に、この島でとれる作物は何か、と聞いた。そして、島内の実人口はいくらぐらいか……等々、さまざまな質問を浴びせた。

戦争では、兵隊や武器の数、火力の比較だけが勝敗を決めるわけではない。地形や採れる作物、住民の意識や我慢強さなど、あらゆる要素が勝敗を決する大きな要素となる。根本は、そのチェックを怠らなかった。

案内役の説明によって、おおよそのことがわかってきた。

金門島は、人口およそ十万と称しているものの、その大部分は大陸やフィリピン方

面に出稼ぎに行っている。実際に島に残っているものは、おそらく四万にも満たないと推定された。

しかも、残っている者は漁業で生計を立て、あるいは甘藷《かんしょ》や雑穀の黍《きび》を栽培している。甘藷とは、サツマイモのことで、繁殖能力が極めて高く、痩《や》せた土地でも育ちやすい。そのため飢饉《ききん》の時には、人々の命をつなぐ極めて重要な作物となる。

「この島は〝自活〟できる。大陸との通行をたとえ遮断されても、ここを拠点にすれば長期間、戦い抜ける」

根本は、案内人から金門島の農業事情などをつぶさに聞いて、そう判断した。大陸から孤立しても軍隊用の食糧を台湾から補給しさえすれば、長期の踏ん張りが十分、期待できると考えたのである。

根本は、陸士・陸大を優秀な成績で卒業した単なる〝軍官僚〟ではない。諜報《ちょうほう》や情勢分析にも長《た》けた〝戦略家〟でもあった。

「(明末の)鄭成功が本拠をこの島に置き、廈門を〝前進基地〟としたのも故なきに非《あら》ず」

根本は、いにしえの英雄・鄭成功がなぜ「金門に本拠を置いた」かがわかったような気がした。

湯恩伯の苦渋の決断

その夜、根本は、どう作戦を立案するか、つまりどう共産軍を迎え討つか、湯総司令に自分の考えを示した。

「共産軍を迎え討つのは、金門島をおいてほかにありません」

根本がそう言うと、湯は押し黙った。

無理もない。

福建省主席兼綏靖主任という立場で、「廈門を失うこと」が容認されるはずがなかった。蔣介石が自分を福建省主席兼綏靖主任に任じたのは、いかなることがあっても、「廈門だけは死守せよ」という意味であったことを、湯は十分過ぎるほどわかっている。

さすがにこの時ばかりは、たとえ〝顧問閣下〟である根本の言といえども、湯は口を開かなかった。

しかし、湯の苦渋の表情に怯《ひる》むことなく、根本はこうつけ加えた。

「たしかに廈門を事実上放棄するのは、敵側の宣伝価値の大きさを考えれば、耐えられるものではありません。しかし、巡視の結果わかったことは冷静に分析し、判断しなければなりません」

根本はそう言うと廈門を放棄しなければならない理由を、こう説明した。

「廈門は香港と大陸との中継ぎ港で、商業地です。しかし、大陸が中共軍の手に落ちればいかがなるでしょうか。交通を遮断されたら、港はその機能を完全に失い、二十万の商民の生活も不可能になる。しかも廈門には農業がなく、島内からは、食糧を得ることはできません。また、台湾にも廈門の二十万商民を養うべき食糧の余力はありません。たとえ敵の第一撃を押し返したとしても、長期戦になれば勝ち目がありません」

淡々と語る根本の説明を湯は、ぴくりとも動かず聞いている。目は相変わらずつぶったままだ。

「さらに言えば」

と、根本はこう語を継いだ。

「廈門の北、西、南の三面は大陸、すなわち中共軍に包囲されています。間に横たわる海は、西側が五百メートルから二キロ程度、北側は二キロから三キロ、南側は六キロから八キロほどです。これほどの近接した距離を敵に一挙に押し渡られたら、われわれには抗すべき術《すべ》がありません」

根本の分析がいちいち的《まと》を射ていることを、湯は承知している。

「誠に残念ではありますが、守勢作戦として警備の重点、すなわち敵を迎え討つのは、金門島よりほかになし、と思います」

湯恩伯は言葉を発しない。

根本も押し黙った。

緊迫した時間が流れた。二人の将軍が、ただ無言のまま座っていた。

廈門が守れないことは、湯にもわかっている。

しかし、敢えて廈門で戦い抜き、そして軍人らしく「死」を迎えることも選択肢としてあった。仮に、金門島で戦って勝ったとしても、自分が蔣介石の怒りを買うことは間違いない。上海防衛戦において、市街戦を避けて退いたことで蔣介石の激しい叱《しっ》責《せき》を受けた身としては、その思いはなおさらだ。

身を捨てる覚悟はある。自分は軍人だ。だが、上に立つ人に「許されないこと」をおこなうとあっては、たとえ戦争に勝利しても、それは軍人の本分と言えるのか。

湯には、その葛藤《かっとう》があった。

しかし、勝利の可能性が少しでもあれば、そこに向かって突き進むのが軍人ではないのか。その上でお叱りを頂戴《ちょうだい》しても、それに耐えるのが軍人ではないのか。

金門島を死守すれば、少なくとも「台湾を守る」ための大きな力となる。その意味は、たとえ廈門を失ったとしても、はかり知れないほど大きい。

湯は、自問自答していた。

突然、湯が目を見開いた。そして、根本の方に向き直ると、こう言った。

「わかりました。(防備の)重点は、金門に置きましょう」

湯は、軍人の本分とは、「勝利の可能性に賭《か》けて」最善の策を講じ、そして「実行する」ことにあると判断したのである。

ここに金門防衛戦の方針が決定された。

総司令湯恩伯は、廈門には大陸から撤退してきた劉汝明《りゅうじょめい》、曹福林《そうふくりん》等の部隊をあてることにし、台湾その他の方面より増援される新鋭兵力は、すべて「金門島に投入する」ことを指示したのである。

「国共内戦」の〝最後の戦い〟における国府軍側の基本方針は、こうして定まった。

慌ただしい戦争準備

総司令部の作戦会議では、湯の幕僚たちからさまざまな意見が飛び交い、廈門、金門地区全般の防御計画が策定された。

八月末、廈門島、コロンス（鼓浪嶼）島、大、小金門島の防御施設を、国府軍は急ピッチでつくり始めた。総司令部のある廈門には、湯総司令の傍らに必ず根本がいた。そのため、廈門島とコロンス島の防御施設構築を根本が直接指導し、吉川源三中佐は、金門島の防御施設構築の直接指導のため、金門に移った。

ところが、九月上旬、重慶の蔣介石から突然、「重慶に来てくれ」という電報が総司令部に入って来た。

台湾から重慶に飛んでいた蔣介石が「何か」の問題について、根本の意見を聞きたかったのである。すでに蔣介石が根本に対してある種の信頼を寄せていたことがわかる。

根本は急遽《きゅうきょ》、吉川中佐と吉村を伴い、劉少将と共に重慶に飛んだ。

重慶は内陸奥深くの四川《しせん》盆地にある。首都・南京が陥落した後、一九三八年に蔣介石の決断によって首都機能が移転され、中国・国民政府の臨時首都となった。日本は重慶に断続的に爆撃を敢行、その数は二百回を超えた。

南京陥落と重慶爆撃によって、蔣介石が和睦《わぼく》を乞《こ》うことに期待した日本の思惑は外れ、逆に米英などの支援を受けた国府軍は徹底抗戦に入ることになる。

日本が泥沼の日中戦争に入りこんでいくのは、重慶という街が天然の要害にあったことが大きい。日本軍は重慶攻略への物資輸送が困難であることから、空爆以外の重慶攻撃を断念せざるを得なかったのだ。

重慶には、市内を悠然と流れる長江（揚子江）がある。この大河を船が行き交い、重慶港は中国の西南、西北地域の重要な水上運輸の拠点となっていた。河に港があること自体が、中国のスケールの大きさを物語っている。

根本は、ここで蔣介石と何を語り合ったのか。

スタンフォード大学フーバー研究所に保管されている前述の「蔣介石日記」には、この一九四九年九月二日と三日に興味深い記述が残されている。九月二日付には、

〈與日人根本博談話、討論組織反共義勇軍事〉

（日本人根本博と話し合い、反共義勇軍を組織することを討論した）

また九月三日付にも、

〈上午見根本博、決定組織方案指示要旨後令回廈〉
（午前中に根本博が来て、組織する案を決定した。要旨を指示した後、廈門に戻るよう命じた）

と記されている。蔣介石は逼迫《ひっぱく》する戦況に対して、反共義勇軍の組織のために、わざわざ根本を重慶に呼び出してまで相談しているのである。残念ながら、そこで根本が何を語ったかは記録に残っていない。

通訳として根本の傍らを離れることがなかった吉村是二は、長男・勝行に、この時の重慶行きについて話している。

「父は、軍用機で重慶まで行った、と言っておりました。共産軍はあちこちで攻勢を強めており、とても重慶を守ることは無理だと感じたそうです。もちろん父とは違って根本将軍は軍略の専門家ですから、父とは比べものにならないレベルで、そのことがわかっていたと思います。根本将軍は、のちの白団《はくだん》のことでしょうが、蔣介石からその〝トップ〟をやるように頼まれたことがあるそうです。それが、この重慶でお会いした時のことかどうかはわかりませんが、根本将軍は、自分がなっては彼らがやりにくいだろうと〝これを固辞した〟と、父は言っていました」

白団とは、国府軍を支援するために日本からやって来た旧日本人将校たちによる軍事顧問団である。支那派遣軍の元総司令官・岡村寧次の指示によって、幕僚だった富《とみ》田《た》直亮《なおすけ》少将を中心に組織された。

一九四九年十一月に第一陣が来台し、およそ二十年にわたって八十名余の元将校たちが国府軍の教育と指導にあたった。「白団」という名は、富田が与えられた〝白鴻《はくこう》亮《りょう》〟という中国名に由来する。台湾義勇軍の構想は、蔣介石と岡村寧次との間で、実際に存在したものだったのである。

蔣介石は、岡村とはまったく関係なく、またそれより以前に〝密航〟によって渡台していた根本にも、さまざまな相談をおこない、意見を求めたと思われる。

根本、吉村一行は、蔣介石の諮問に応《こた》えると共に、重慶に三日間滞在している。重慶滞在の間は、アメリカのA・C・ウェデマイヤー軍事顧問が居住した市内の園林《えんりん》地区にある宿舎に宿泊した。

ウェデマイヤーは、中国戦線米軍総司令官兼蔣介石付参謀長として、日本軍の前に立ちはだかった米軍の要人である。蔣介石に軍事顧問として政治・軍事両面のアドバイスをおこない、米軍内でも陸軍大将まで昇り詰めた。日中戦争で蔣介石が最も頼りにしたアメリカ人と言える。

日本の敗戦から四年。立場代わって今度は自分が軍事顧問として蔣介石を「助ける側にいる」ことに、根本の胸には、不思議な運命に対する感慨が湧き起こったに違いない。

三日間の滞在の中で、一日だけ時間に余裕ができた日があった。根本は吉村を伴って、重慶市街の見物に出かけた。

それは、たまたま市街に大火災が起こった日だった。黒煙が天を覆い、往年の日本軍による重慶爆撃の光景が連想させられた。

根本は、立ち上る炎と煙を見ながら、重慶の行く末に不吉な予感を覚えずにはいられなかった。蔣介石から、義勇軍についての相談まで受けていたのだから、当然かもしれない。

夜になっても、赤々と天を焦がす炎が宿舎から見えた。根本はその炎を見ながら、共産軍との熾烈《しれつ》な戦いの末に国民政府が辿《たど》る運命を思い浮かべていたのである。

蔣介石は風雲急を告げる内戦の陣頭指揮に腰を落ちつける間もなかった。

根本たちと会った後、蔣介石は今度は重慶から成都《せいと》に飛んだ。根本も作戦指導のために、湯恩伯の総司令部がある廈門へと帰っていった。

九月下旬には大陸の国府軍はほとんど廈門、金門に退却してきた。共産軍が対岸に姿を現わし始め、廈門港と大陸との交通はついに遮断された。

いよいよ廈門・金門を舞台にした戦争が迫って来たのである。香港のイギリス船もぱたりと来なくなり、中継港である廈門は、まったくその機能を失った。

根本が湯に進言した通りの事態が生じていた。廈門に住む二十万人は、たちまち〝失業〟した。いや、大陸との交通が遮断されたため、大陸からの食糧さえも入って来なくなったのである。

住民の間に動揺が広がっていった。

食糧はすべて台湾からの補給に頼るよりほかない。しかし、二十万人を長期に養うほどの食糧補給は容易ではない。台湾にそんな余力があるはずがなかった。

確保すべきは金門であって、廈門は早晩放棄しなければならない——根本が立案した作戦の正しさが、早くも現実のものとなって来たのである。

根本は、湯と図上での検討を行ったあとに「総司令部を廈門から小金門島に移す」ことを進言した。小金門島とは、廈門と金門の真ん中に浮ぶ面積十五平方キロに過ぎない小島だ。だが、足場がいいため、両島への連絡や補給には最も適している。

根本は、湯と共に大、小金門の現地検討をさらにおこない、根本自身がまず通訳の吉村と湯の参謀二、三人を引き連れて小金門島に移った。

以後、根本は金門島の防備についての指導を吉川中佐に代わっておこなうようになる。

吉川中佐は、物資調達をおこなうため、日本に帰国することになったのである。同時に民間人である照屋林蔚と、若手の中尾一行の二人も共に帰国した。

照屋は現地で体調を崩していた。現地の水が合わず、腸チフスのような症状を呈し、身体が衰弱していた。日本での治療が必要だと判断されたのだ。

しかし、三人の帰国は、のちにいくつかの風説を生むことになる。日本では、この時点で根本たちが台湾に渡っていることが次第に広まり、国や捜査機関、あるいはマスコミの関心事としてクローズアップされつつあった。

吉川は、日本で捜査機関に聴取を受け、二度と台湾に戻ることはなかった。それぞれの留守宅に対して預かっていた生活費等も、留守宅に届くことはなかった。

戦後の混乱がまだまだ続いていた日本で、根本や吉村ら家族の経済的窮乏は甚だしかった。しかし、留守宅が一体どんな状態になっているかもわからないまま、根本、吉村らは、対共産軍の作戦の立案・遂行に邁進《まいしん》していたのである。

「錫麟號」への乗船

根本は多忙を極めていた。いつ共産軍が海峡を押し渡ってくるかわからない。防御施設を一刻も早く構築しなければならなかった。一週間ほど寝る間も惜しんで大、小金門島の現地施設を監督していた根本のもとに湯総司令から使いが来た。

「林保源将軍は、今後〝錫麟號《しゃくりんごう》〟という汽船に居住して、随時、廈門と金門を機動的に移動していただきたい」

使者は湯の言葉をそう伝えた。そして、

「取り敢えず、廈門に来てください」

と言う。共産軍の攻撃が間近に迫った今、より頻繁に根本との意見交換を湯は望んでいるようだった。

「了解した」

根本は、そう言うや、使者が乗って来た船に飛び乗って、廈門に向かった。

金門島の港がある水頭から沖合に出ると、廈門はもう目の前だ。乗船時間は三十分にも満たない。

さっそく廈門島の東南部、胡里山《こりさん》近くにある司令部に根本が顔を見せると、湯は握手の手を差し出しながら、次々と根本に意見を求めてきた。

湯が根本に与えた錫麟號は、スピード豊かで小まわりの利く一六〇〇トンほどの駆逐艦だった。もともとは、日本の古い護送用の駆逐艦で、大戦後、商船に改造された。しかし、国共内戦の激化に伴って国府軍によって再改造が施され、二十五ミリ機関砲四門を取りつけて補助軍艦となったものである。

いわば湯恩伯総司令の「海上司令部」という位置づけの船だ。根本はその船を与えられた。

湯の意向は、根本に「海陸双方にわたって作戦指導してもらいたい」ということだった。

根本はこの船の一室を宿所とし、昼は陸上にて仕事をし、夜は船に帰るのを日課とするようになる。

湯恩伯の宿舎も司令部からほど近い胡里山の近くにある。現在の廈門大学のすぐ近くである。海峡を隔てて六キロ先には、福建省の漳州《しょうしゅう》側にある虎甲山や虎伯山が望める。

十月六日、蔣介石が台北から基隆を経て廈門にやって来た。翌日、現地を巡視した後、蔣介石は湯恩伯の宿舎で、湯と根本と夕食を共にした。もちろん、吉村も一緒だ。刻々と変わる戦況や今後の作戦、あるいは兵隊たちの士気をどう鼓舞するかなど、さまざまなことが話し合われた。率直に、湯も蔣介石に意見を述べた。それは、軍人らしい真正面からの物言いだった。根本は、その言い方に内心、ハラハラしたほどだった。

この時のことをのちに根本はこう回想している。

〈蔣大總統が廈門の戰線を巡視された時には色々と意見を上申し傍で聞いて居る私も湯將軍は余り言い過ぎはしないかと心配したくらいでしたが總統が最後に「私の言ふた通りにやれ」と一言あびせられると直立不動の姿勢をとって「ハイ」と返事をして敬禮《けいれい》して其の後は何の愚痴も言はなかったのには軍人の最も重要視する服從の手本を見せられた様な氣がした〉（「湯恩伯将軍に對する追慕」根本博　昭和二十九年）

食事をしながらの率直な意見交換を終えた蔣介石は、自ら進んでベランダに出た。ベランダには灯《あか》りがまったくない。真っ暗闇である。わずか六キロ先の対岸には、共産軍の砲兵がいる。灯りが見えれば、砲撃の対象となる可能性もあった。

それでも蔣介石と根本らはベランダで立ったまま、語りつづけた。

日本がなぜ日中戦争という誤りを犯してしまったのか。苦しかったその日々に対しても、蔣介石は率直に意見を述べた。蔣と湯、根本の三人には、支那派遣軍総司令官・岡村寧次大将など、共通の知人が少なくない。話題は次から次へと移り、かつて敵同士であったことなど、まったく忘れ去っていた。

三人は、食事を挟んで二時間余りも話し込んだ。根本は、蔣介石と湯恩伯をいつの間にか真の友のように感じていた。

「来てよかった」「明日、死んでも本望である」

根本は、心からそう思っていた。

迫り来る共産軍

大金門島の北方海上に在る大嶝《だいとう》島、小嶝《しょうとう》島という二つの小島が共産軍の手に陥《お》ちたのは、十月十日から十一日にかけてのことである。

いよいよ共産軍の攻撃が「廈門島が先か」それとも「金門島が先か」という段階に

至った。大陸との物資運搬が完全に断たれた民衆の間から、国府軍に対して公然と反感の声が上がり始めた。だが、廈門を放棄することは、すでに作戦の中に組み込まれており、根本に動揺はなかった。

「来攻した共産軍に、ひと泡吹かせた上で自主的に廈門を放棄し、国府軍に敗戦感を与えないような撤退をやりたい」

それが、根本の考えだった。根本は兵の士気を常に気遣っていた。士気が衰えた時に「戦争に負ける」ことは、古今の常識だ。撤退するにしても、戦術的撤退でなければ、戦さは雪崩をうって敗北するものである。戦争の文献という文献を読み漁《あさ》り、研究し尽くした根本らしい信念である。

敗走がつづく国府軍の中で、曹福林はまだ闘志を失っていない将領の一人だった。ある夜、対岸の共産軍がコロンス島を強襲して来たが、守備していた曹福林軍の一個師は、勇ましく戦って、これを撃退した。陣地内に侵入した共産軍をほとんど殲滅《せんめつ》し、生存者八百名余りを捕虜にする手柄を挙げた。

曹福林軍の奮闘は、国府軍の士気を大いに高からしめた。

一方、廈門の守備につかせている劉汝明軍は、根本の懸念材料のひとつだった。軍閥の馮玉祥《ひょうぎょくしょう》系の軍歴を持つ劉汝明は、この時、廈門、コロンス地区の司令官の地位にあった。国共内戦の最大の激戦となった淮海戦役にも参加し、数々の危機を脱して来た人物である。

だが、それだけに、上官の命令よりも独自の判断で動いて生き延びようとする傾向が強かった。

根本が懸念したのは、劉汝明に〝前科〟があったからである。福建省・省都の福州《ふくしゅう》付近に部隊が配置された時、すでに省主席で省の綏靖主任であった朱紹良《しゅしょうりょう》の命令を無視して勝手に退却したことがあった。

規律を重んじる日本の軍隊ではとても考えられない行動に出る男。それが劉汝明である。言うまでもなく総司令である湯恩伯に対する服従心も十分ではなかった。

「いざとなると、劉汝明はあてにならない」

根本はそう思っていた。だからこそ、金門ではなく、廈門に劉汝明を配置したのである。

「対岸の共産軍砲兵が廈門島北端の高崎付近の海岸陣地や飛行場に対して砲撃を開始した。空軍は台湾に引き揚げ中である」

根本のもとに、その報告が来たのは大嶝島、小嶝島が共産軍の手に陥ちて間もなくのことだ。いよいよ戦端は切って落とされたのである。

根本は、ただちに廈門の北端にある高崎に急行した。昔も今も高崎地区は、海に突き刺すように延びた滑走路があった。望遠鏡で見れば、離着陸する航空機の姿が大陸からもはっきりと見える。

いよいよ廈門侵攻が今晩あたりから始まるかもしれない。根本はそう思った。

だが、総司令部に帰ってきた根本を待っていたのは、

「これから宴会が始まる」

という報告だった。

「なに？」

一瞬、根本には何のことかわからなかった。

聞けば、台湾の慰問団が数日前から廈門に来ており、前線の慰問が終わったので、湯総司令が慰労のためにこれを「招待する予定になっていた」とのことだった。

敵が現実に攻撃を始めているなら「そんなものはとりやめろ」と言えるが、「攻撃して来そうだ」というだけでは、せっかく準備したものを中止させるのは、たしかに無粋かもしれない。

しかし、いよいよ生きるか死ぬかという戦いが始まる時である。慰問団の側が、そ

のぐらいは気をきかすべきではないか。

だが、これに対して根本は意見を言わず、ただ、「第一線の部隊長は出席するな。現地を離れてはならない」という指示を出させた。

幸いに慰労会は予定通り夕方から始まり、午後九時頃に何事もなく終わった。

戦争というものはこういう時にこそ勃発《ぼっぱつ》するものだ、と懸念していた根本は、まずはほっとした。

午後十時頃になると、味方の軍艦からの砲撃が始まった。共産軍も攻撃を開始した、という第一線からの報告が入って来た。

湯恩伯総司令は、根本にそう頼んだ。しかし、

「顧問閣下は、錫麟號に乗ってください」

「私はこんな時にこそ、そばにいて、あなたの援助をするのが任務ではないですか」

と、根本が拒絶すると湯は重ねてこう要求した。

「コロンス島方面のわが軍の火力が不足しているのです。だから、錫麟號をコロンス島方面に進めたい。しかし、あなたが乗ってくれなくては、錫麟號はおそらく進めない。だから乗って欲しいのです」

根本が答える。

「それならば、錫麟號の指揮を私に委任するという命令書をください。それがなければ、錫麟號は危険な海域に進んでいかないでしょう」

船長以下、乗組員が単に根本が命令しただけで、砲火の中を危険水域に船を進めるとはとても思えなかった。自分が日本人であるだけに、なおさらだ。

湯総司令から命令書をもらった根本は、ただちに錫麟號に乗り込んだ。案の定、危険水域に錫麟號を進めることは船長以下大部分が反対した。

しかし、根本は、湯総司令の命令書を示し、号令を発した。

「これは命令である。ただちに船を進めよ」

根本の断乎《だんこ》たる口調に、船長も従った。

味方の軍艦と共に危険水域に進んだ錫麟號は、不足していた火力を大いに補った。

日付が変わる頃、僚艦の後退に伴い、錫麟號も胡里山の海岸まで後退した。

錫麟號は戦闘開始初日、その役割を十分に発揮したのである。

翌朝午前八時頃、劉汝明と共に湯総司令が錫麟號にやって来た。湯総司令の剣幕は激しかった。

「海岸に上陸した共産軍に対して反撃を命じたが、劉汝明はこれを承諾しなかった」

湯は劉に別室での待機を命じると、根本に向かってそう口を開いた。

「やむなく私は自ら予備隊を指揮して反撃しようと考え、予備隊の指揮官である劉汝明の子息のところに急行したが、劉の子息はすでにどこかに逃亡して行方が知れない。さらには、予備隊自体が集合を命じても一向に集まらない」

憤然として、湯はそう言い放った。施すべき策がなく湯総司令が胡里山の司令部に帰って来たら、今度は、劉汝明がトラック五台に兵を満載して、〝総司令に急用あり〟と称して胡里山に乗りつけて来たという。幸いに、胡里山の衛兵長が気を利かして劉汝明とその参謀、副官の三人だけを胡里山に入れたので、まず錫麟號に行って話をしようと言って連れて来たというのである。

「もしこうしなければ、逆に私の方が捕虜にされたかも知れない」

湯は根本にそうささやいた。

なんということだ。戦意のない劉汝明軍は、すでにこの段階で共産軍に事実上〝降伏〟していたのである。根本は廈門島の防御はもはや断念すべき時が来たことを確信した。

「早く金門に行って空船《からぶね》を集め、今夜の暗闇を利用して、曹福林軍と一六六師を救い出す策を採るべきです」

湯の話を聞いて、すぐ根本はそう告げた。

ただちに利用出来る船の船長すべてと海軍の司令官が錫麟號に集まった。根本の作戦は、湯総司令によって全員に伝えられた。

「夜陰に乗じ、曹福林軍と一六六師を収容せよ」

湯が言い放つと、「よし！」という声が部屋に満ちた。湯は、海軍にこの行動を極力援護することも命じた。

根本は、勇猛果敢な軍隊が切り捨てられては「戦争にならないこと」がわかっている。その軍隊だけはどんなことがあっても尊重し、助け出し、働きに報いなければならない。

そうしなければ、誰も「身を捨てて」まで戦いに挑むことがなくなる。この廈門での戦闘では、なんといっても曹福林軍の働きが国府軍の中で、抜きん出ていた。それだけに根本はこの軍の救出にこだわったのである。

かくしてこの日、曹福林軍の約三分の二、一六六師の約二分の一以上が救出できた。救出された部隊は、小金門島に再配備された。

根本は胸を撫《な》で下ろした。

「司令部が部下からの信頼を失ったら、その時点で戦争は終わる」

根本は揺るぎなくそう思っている。根本は湯と相談し、劉汝明軍の処置を決めた。

劉汝明軍の残存部隊は武装解除の後、劉汝明と共に台湾に送り返して廈門の戦闘は終了した。

予定通りとはいえ、こうして廈門島を国府軍は〝放棄〟したのである。

廈門を撤退した湯恩伯総司令部は、大金門島の「水頭」に設営された。二階建ての石造りの頑丈な建物である。一階には司令部の主だったスタッフが詰めている。二階には、司令室や湯総司令の寝室などにも使える部屋があった。

玄関から見れば、手前の右手が総司令の司令官室となっていた。湯総司令と根本は、この日以降、より行動を共にするようになり、昼は陸上にて執務し、夜は錫麟號に帰って寝るという生活が繰り返された。

いよいよ金門戦争がそこまで迫っていた。

第七章　古寧頭の戦い

　根本は、吉川源三中佐を日本に帰国させた九月以来、金門の一戦に望みをかけて日夜、島内を巡視し、陣地の構築、交通路の整備、飛行場の開設などに邁進《まいしん》していた。洞窟《どうくつ》や岩陰に至るまで、根本は見逃さず、指示を与えた。海軍を持たない共産軍は、近辺の漁村からかき集めた小型の木造漁業帆船（ジャンク船）を連ねて、海峡を押し渡ってくることは確実だ。彼らにとって、それ以外に金門島攻略の方法はない。

　唯一、戦力が上まわる海軍力をもって、上陸を阻止するのか、それとも上陸させてから殲滅《せんめつ》するのか。これは、どんな名将であろうと「判断に迷う」ものだった。

　海で戦えば一時的な勝利はできるに違いない。しかし、敵の損害は少なく、そのため長期にわたって金門島を防衛しつづけるのは不可能だろう。夜陰に乗じて仕掛けてくる敵の襲撃から、周囲を海に囲まれた金門島を守り抜くことは到底できない。

最も望ましいのは、敵を上陸させて大兵力を「一挙に殲滅する」ことであるのはわかっている。雌雄を決しなければ、一時的な勝利では金門防衛戦は「成功」とは言えないのである。

しかし、言うまでもなく、それはイチかバチかだった。果たして、自分は国府軍を勝利に導くことができるのか。そのためにはどうすればいいのか。

根本は考えつづけていた。

なかでも、共産軍が海峡を押し渡る時に使う船をどうするか。その処置が最大のポイントと言えた。

敵船を対岸に戻してしまえば、増援部隊がやって来る。また戻れば、さらに増援部隊が来る。つまり、船を返さないこと、すなわち「焼き払う」ことさえできれば、金門防衛戦を勝利に導くことができる。根本はそう考えていた。

そのためには、油をどこに隠し、どう兵員を散らして一挙にこれを焼き払うか。そこに勝敗の帰趨《きすう》がかかっている。

根本は、海岸や岩陰に穴を掘ることを考えた。塹壕《ざんごう》である。ここに兵を潜伏させるのである。

塹壕戦は、日本陸軍が得意とする戦法だ。戦車など、敵の兵力が上まわっている場合、日本兵は必ず塹壕を掘って土に潜った。

大きな塹壕を掘ることができない場合は、兵一人一人が自分が入るだけの穴を掘り、そこでひたすら戦闘のその時まで耐え忍び、敵戦車や歩兵が接近してから戦うのである。

根本の指導は、どこに塹壕を掘り、どこに兵を潜ませるか、という具体的で細かな点に及んだ。敵が海岸に船を乗りつけて上陸する時、敵兵が前進するや、海岸や岩陰に穴を掘って隠れていた者がすぐに敵船を襲撃するのである。そして、帆と舵《かじ》と櫂《かい》に油をかけて「焼き払う」のだ。

ジャンク船が帰れないようにすれば、後続部隊の輸送を阻止できる。そうなれば、上陸した敵兵は袋のねずみだ。兵士に動揺も走るだろう。

根本はそう考えて陣地構築と塹壕戦の指導をおこなった。

根本は、敵上陸地点を金門島北部の中心・后江湾に面した砂浜と見ていた。

「敵はここから上陸して、島を東西に分断しようとするに違いない。後続部隊をどんどん送り込んで、中央部分から左右（東西）に攻め広げていく」

それが、根本の読みだった。

幸いなことに、敵は、敗走を重ねる国府軍を舐《な》めている。十月一日には、すでに中華人民共和国の成立が、毛沢東によって全世界に向けて宣言されていた。〝内戦〟は、すでに決着がついている。少なくとも世界のジャーナリズムはそう見ていた。

福建省のさらに果てまで、かつての中国の盟主・蔣介石の軍隊は追い詰められているのだ。一度、大勢が決した戦争が逆転することは、歴史が物語る通り、あり得ることではないのだ。

しかし、だからこそ相手は油断している。そこにつけ入るスキがある。根本はそう考えていた。

船さえ焼き払えば、こっちのものだった。増援部隊が来なければ、敵の火力はたかが知れている。ジャンク船で運んで来ることができるのは、兵隊だけだ。銃かそれに類するものしか火力はないだろう。もしそうなら、こっちには戦車もあれば、野砲もある。火力では圧倒的にこっちが有利だ。上陸させた敵を海岸線から引き入れて包み込めば、一挙に殲滅できるはずである。

根本の頭にあったのは、毛利元就《もとなり》の「厳島《いつくしま》の戦い」である。この戦国の名将は、中国地方の盟主となっていた陶晴賢《すえはるかた》の大軍を厳島に誘い込んで撃滅した。

元就は、陶晴賢の軍を厳島におびき寄せるためにあらゆる謀略情報を流した。その上で大軍を殲滅した戦いは、「海上」ではなく「陸上」であったからこそ可能だった。敵の第二、第三の波状攻撃を防ぐためには、敵の大軍を誘い込んで一挙に全滅させるしかない。

根本は、この厳島の戦いを念頭に置いていたのである。

湯総司令部の生き残りの証言

国府軍が、急ピッチで陣地構築を目指したのには、わけがあった。すでに十月半ばに、湯恩伯総司令部は、対岸の共産軍の動向をかなり詳細に掌握していた。金門島に向かって、海峡を押し渡るための漁船が大規模に徴集されていることがわかったのである。

金門戦争から六十年を経て、この貴重な証言をおこなったのは、湯総司令部の生き残りである陶士珍《とうしちん》（八六）である。長年連れ添った夫人と共に、台北市北投の集合住宅で、悠々自適の生活を送るこの元国府軍の軍人は、かの金門防衛戦の折、警備総司令部弁公室電務組の組長として湯に仕えた人物である。

生まれは、中国河南《かなん》省宝豊《ほうほう》県の曹鎮王荘《そうちんおうそう》。一九二三年十二月に生まれた陶は、「食べるため」に十六歳で軍隊に入った。入隊した当時、まだ幼い陶のことを皆が「小陶、小陶」と呼んだ。

家は農家だったが、困窮を極め、生きるため、すなわち「食べるため」に国府軍に身を投じたのだ。

まじめで几帳面《きちょうめん》な陶は、やがて上官にかわいがられて電信班に抜擢《ばってき》され、湯恩伯の司令部で勤務するようになる。金門戦争の時、まだ二十五歳だったにもかかわらず、陶はすでに「組長」となっていた。

階級は、司令部の組長はほとんど例外なく日本では大佐にあたる「上校《じょうこう》」が務めていたが、陶だけは年齢が若いため、日本の中佐にあたる「中校《ちゅうこう》」のままだった。

総司令部は、湯恩伯をトップに副総司令の萬建藩、参謀長の周自強《しゅうじきょう》ら幕僚がいて、その下に、参謀処長や情報参謀、作戦処長、人事処長などの部下がいた。陶組長は、重要電報は、すべて参謀長の周自強に報告していた。総司令部から発信する電報は、陶組長を通して発信されるのである。

陶は十月十九日時点で、すでに共産軍が金門島を攻撃するという情報が入っていた、と語る。

「共産軍が漁村をまわって、船という船をかき集めているという情報でした。そして金門島を攻撃して、十月二十五日には必ず〝金門島で昼飯を食べる〟という決定的なものでした。これを得たのは、李良榮《りりようえい》将軍の部隊です。攻撃の五日前、すなわち十月十九日には我々はそれを入手していました」

共産軍による漁船の強制徴集は、かなり厳しくおこなわれており、国府軍のスパイからその様子は刻々と入って来たという。

共軍正在徴集兵船
鐵定24號夜間攻擊金門
25號中午要在金門開飯

（共産軍が船を徴集しており、二十四日夜に金門攻撃を行ない、二十五日昼には金門で昼食をとる、とのことなり――）

それは、まさしく〝決定的〟な情報だった。翻訳は、陶の部下がおこない、周自強参謀長に渡され、周によってただちに湯恩伯総司令に伝えられた。

湯総司令の指示で、陶は台湾の蔣介石や、およそ二百キロ南西に位置する広東省汕《スワ》頭《トウ》にいた胡璉《これん》の部隊に暗号電報を打った。金門島の島内は大部分の連絡を電話でおこなうが、台湾向けだけは「明碼《ミンマ》」（四桁《けた》の数字に置き換えた一般通用の電報略号）ではなく、「暗碼《アンマ》」（暗号）に変えて電報で送った。

その役割を負ったのは陶組長である。文字は、大事な密電は陶組長自身がおこなった。暗号には、秘密のコードがあった。文字は、数字によって表わされるが、そのまま打てば解読されてしまうため、一つの番号を打ち、そこに別の番号をさらに打ち、引き算をして出てきた番号によって文字を表わしていくなど、さまざまな方法をとった。広東の汕頭にいた胡璉将軍の部隊に「増援指令」が台湾から入ったのは間もなくのことである。

陶組長によると、

「私たちが金門島の水頭に上陸して総司令部に入ったのは十月二十二日のことです。医療関係や文書関係など、たくさんの非戦闘人員の部署はまだ船に残ったままでした。ふだん電務組には四十名もの人員が配置されており、文書組の二十名、軍法組の二十名などの二倍の要員がいました。でも、この時は、電務組の中で二十名ほどしか上陸しませんでした。われわれ幹部は、慌ただしく動きましたよ。情報は秘密のコード（暗号）で、電報で入って来ます。多方面と頻繁にやりとりをしました」

水頭に置いた湯恩伯の総司令部に対し、配下の李良榮将軍の司令部は、水頭から三キロほど北東にある金門城にあった。総司令部から車を飛ばしても十分とかからない場所である。

湯総司令部からは、李良榮の司令部に指令が次々と飛んだ。

事態は急を告げていた。

台湾と湯総司令部の間でも頻繁に密電が交わされた。打電する内容は、湯恩伯から周自強に伝え、周がまた陶組長に伝えるという方式をとった。

湯恩伯は、軍事顧問である根本や幕僚たちと協議を重ね、金門島のどこにどう部隊を配置するか、次々と決定していった。

集結するジャンク船

中国・泉州市の中心部から南に四十キロ下った場所にある石井鎮は、海峡を挟んで金門島と向かい合う港町のひとつである。

港を見下ろす小高い丘には仏教寺院が建ち、ごつごつした岩肌と寺院が鮮やかな対比を見せている。漁業と共に花崗岩《かこうがん》や大理石の積み出し港としても著名なこの地は、六十年前の「国共内戦」最後の戦闘で大きな役割を果たした港である。

ここで長く漁業を営んだ七十四歳になる張水保《ちょうすいほ》は、あの緊迫した日々をはっきりと記憶している。

一九四九年十月半ば、福建省泉州の石井港は、異様な空気に包まれていた。灰色の共産軍の軍服を着た兵士たちが満ち、中国各地の聞いたことがないような訛《なま》りが飛び交っていた。

港には周辺の漁村から木造の帆船が続々と集められていた。

「漁民は船を提供せよ」

それは、有無を言わせぬ強制徴用だった。共産軍は、そのひと言で数百というジャンク船を、金門島の対岸にあるいくつかの漁村に集結させたのである。廈門、金門まで退却した国府軍の息の根を止めるために、戦意旺盛《おうせい》な共産軍兵士が街には溢《あふ》れていた。

「私はまだ十三歳に過ぎませんでしたが、あの年から、父親について漁を始めました。そんな時に、ちょうどあの戦争が始まったのです」

石井港の波止場に近い漁村で張老人は、今も生活している。

「家族は全部で十人。子供は六人いて、私が次男でした。兄が一人、姉が三人いました。当時の生活は苦しく、父親の稼ぎだけでは家族を養うことができませんでした。うちの船は、小さかった。まわりはみな帆船でしたが、うちはまだ艪《ろ》の船でした。何百年も漁師をやっていたのに、そんな船しかうちは持っていませんでした。船の長さも四メートルほどしかなく、当然、遠くまでは行けません。でも、そのおかげで、うちの船だけ徴用されませんでした」

張老人の言葉は、閩南《びんなん》語と呼ばれる訛りの強い福建語である。共産軍による船の強制徴用が始まった時、一家の中で男だけは安全のために「身を隠した」という。

「父は、兄と私とまだ幼い弟を連れて、ここから十キロ以上内陸に逃げました。男は兵隊として戦争に連れていかれるという噂があったからです。必死に逃げました。でも、結局、実際に連れていかれた人は私のまわりにはいませんでした。母親や姉たちは家に残りました。徴用された船は、一艘《そう》も戻ってきませんでしたね。当時は金門に行った兵隊が帰って来なかったということは、まったく知りませんでした。何年か経って人から聞き、初めて分かったんです……」

大型ジャンク船は、百人を超える人間が乗り込むこともできるが、石井港周辺の小さな漁村にそんな大きな船はなかったという。集められたジャンク船は、ほとんどが船中央部に立つマストに一枚の帆が吊《つ》り下げられただけの簡単な構造のものだった。

素早く帆を上げ下げして突風などに対応することができ、主に沿岸部での漁をおこなうものだ。

しかし、むりやり詰め込めば、一艘に兵士が四、五十人は乗れるだろう。

とにかく共産軍は、金門島に上陸しさえすれば、それでよかったのだ。彼我の戦力差は歴然としている。新国家も成立し、勢いに乗っているのは間違いなく自分たちだった。

蔣介石軍を一挙に殲滅《せんめつ》する――共産軍は、誰も勝利を疑ってはいなかった。

十月一日をもって、中華人民共和国はすでに建国されている。天安門の上から「中華人民共和国成立」を高らかに宣言した毛沢東は、兵士たちにとってなによりの誇りだった。

あとは、いまいましい蔣介石の息の根を止めるだけだった。ジャンク船を沿岸部の村という村から徴用した第三野戦軍第十兵団を指揮する葉飛《ようひ》・司令員も、第二十八軍の朱紹清《しゅしょうせい》軍長、第二十九軍の胡炳雲《こへいうん》軍長も、まさか「金門攻防戦に敗れる」ことなど、想像もしていなかった。

これほど大掛かりな準備は、当然、敵である国民党軍にも伝わるだろう。しかし、たとえ伝わったとしても何ほどのことでもない、国民党の軍隊など一挙にひねりつぶしてやる。

それが彼らの本音だった。それほど共産軍は勝ち誇り、勢いに乗り、同時に、敵を「舐《な》めていた」のである。

各地の戦役で決定的な打撃を受けた国府軍に、反撃の余力などあるはずがないと彼らはタカをくっていた。

しかし、この時、共産軍はまったく知らなかった。日本陸軍の中将で終戦時、駐蒙軍、そして北支那方面軍の司令官まで務めた男が、敵の「軍事顧問」についていることを。彼らはただ、金門島を力攻めに攻めることしか考えていなかった。

〝金門の熊〟の出撃

運命の一九四九年十月二十四日――。

二〇一師第一連に所属していた当時十九歳の陳松年《ちんしょうねん》はこの夜、上官の陳振威《ちんしんい》・營長（注＝大隊長のこと）から、

「明日、夜明けと同時に出動する」

という命令を受けた。中国の軍隊の組織は師（師団）――旅（旅団）――團（聯隊）

―営（大隊）―聯（中隊）―排（小隊）である。

陳松年が所属する部隊は金門島東南部の金湖鎮の西村にいた。

時々、遠くでボン、ボンという砲声が聞こえている。

「いよいよ始まるのか」

陳青年にとって、それは〝初めての戦争〟だった。安徽《あんき》省全椒《ぜんしょう》県の東門大街出身の陳青年は、この年の五月一日に国府軍に志願したばかりの新兵である。故郷は、淮海戦役の戦場となり、共産軍の手に陥《お》ちていた。

植物油の製造販売で使用人が三十人以上もいる裕福な家に生まれた陳青年は、共産軍から逃れるために故郷を離れた。

最初は「共産党から逃げる」「すぐに戻れる」という思いで、両親を置いて、友人と共に南京、そして上海へと避難していった。

しかし、「すぐ戻れる」はずの戦況は一向に好転しなかった。やがて「自分で銃をとって共産軍を倒す」という思いに駆られるようになった陳青年は、一九四九年五月一日、十八歳で国府軍に志願した。

入隊二週間後の五月十四日、初めて台湾に渡った陳青年は、四か月の訓練を経て実戦に投入された。

それが金門攻防戦だった。

陳青年が訓練を受けたのは、戦車の操縦である。M5A1という軽戦車の副操縦士として徹底した訓練を台湾で受けた。

M5A1は、三十七ミリ戦車砲一門、七・六二ミリ機銃二門を備えつけた全長四・八三メートル、幅二・二八メートルの軽戦車だ。小まわりが利く上に、六十キロ近い最高速度を誇り、戦場を縦横無尽に行き来できた。後述するようにアメリカから供与されたこの軽戦車は、〝金門の熊〟と称される大活躍をする。

乗員四人のM5A1には、前方左に操縦士、右に副操縦士、後方左に指揮をとる車長、その右には通信兵が乗っている。陳青年は、四か月の猛訓練によって、十九歳ながら副操縦士として、〝金門の熊〟に乗り込んだのである。

陳は、營長の命令が発せられると、夜明けまで貴重な睡眠をとった。不思議にぐっすり眠ることができた。初めての戦闘というのは、緊張感や気持ちの高ぶりで前夜などは眠れないはずである。

だが、陳青年は違った。まだ、戦場の怖さを知らないこの新兵は、逆に「やっと戦えること」が嬉《うれ》しくてならなかった。恐怖よりも、やり甲斐《がい》の方が先にあった。

この夜、湯恩伯軍は、共産軍の攻撃が始まることを知っていた。しかし、敢《あ》えて戦車を海岸に配置するのではなく、夜明けと共に出動する、というところにこの作戦の特色があった。

「当然、共産軍が上陸してくることを知っていたと思います。しかし、命令は、上陸を阻止するために待機するのではなく、夜が明けてから進撃するというものでした。つまり、上陸させてから叩《たた》く、というものだった。私はこれが初めての戦争。逃げ場もないし、〝やるしかない〟と思いました。まったく怖くなかったといえばウソになります。中国語に〝拚命《ピンミン》〟という言葉がありますが、その言葉の通り、私は命をかけて戦うぞ、という思いで一杯でした」

七十九歳になった陳松年は、六十年前の激戦を振り返ってそう語った。

根本には「準備万端整えた」という自負があった。できることはすべてやったのである。あとは運を天に任すだけだった。

吉川中佐が日本に帰国してからは、金門の防衛施設も自分が直接、指導していた。塹壕《ざんごう》の構築や、敵に見えないように潜伏する洞窟《どうくつ》等の整備、そして敵の船を焼き払うための油の保管……根本は考えられるあらゆる準備をおこなった。

これで負ければ仕方がない。根本は、その「運」を祈るような気持ちで待っていた。

午後十時を過ぎた頃だった。

ドドドド……という砲撃の連続音が錫麟號にいる根本の耳に聞こえて来た。

根本が通訳の吉村と共に甲板に出ると、大金門島の北正面海岸と思われるあたりに、砲弾の炸裂《さくれつ》音と共に空を明るく染める光が、音に振動しながらピカッ、ピカッと光っているのが見える。

「いよいよ始まったか」

根本はそう思った。

ただちに司令部に向かうべく、上陸用の小舟の用意を、吉村を通じて命じた。軍装を素早く整える根本に報告が来る。

「上陸用の小舟が陸に帰ったきり、まだ戻って来ておりません」

小舟を錫麟號に回航させるように無線にて司令部に連絡せよ、と船長に命じると、船長は、

「一時間、夜間の移動は禁止されました。そのまま夜明けまで待つようにとのことです」

と、司令部の返事を伝えてきた。

いよいよ緊迫してきた。気はもめるが、仕方がない。根本には、羅針盤と地図と合

わせて砲弾の炸裂音と光の方角を推測し、戦場と戦況を判断するより外に手段はなかった。

戦場と思《おぼ》しき方角は、根本の〝予想通り〟だった。

おそらく共産軍は、対岸の泉州側に浮かぶ大嶝島、小嶝島の方から、一気に海峡を押し渡るつもりに違いない。

明日夜明けまでに夜陰に乗じて上陸を敢行し、金門攻防戦に決着をつけるつもりだろう。戦場は、隴口の海岸あたりか。もしそうなら自分の予想通りだ。あの海岸に上陸するなら、準備は万端、整っている。

根本は、自分を納得させるように「大丈夫だ」と心の中で繰り返していた。

やがて夜が更けていった頃、照明弾が一発、二発、三発と撃ち上げられ、夜明けの明星のごとく中天に鮮やかに輝いた。それを追うように友軍の軍艦によるものと思われる花火のような曳光弾《えいこうだん》が続々、撃ち上げられ始めた。

敵が上陸を開始したか、あるいは敵船が金門の海岸に近づいたに違いない。

時間が経つにつれ、照明弾の数は次第に増加していった。

すると、今度は黒く横たわる島の稜線《りようせん》に、時々、砲弾の炸裂する閃光《せんこう》が見え始めた。

両軍が戦闘を開始したものと思われた。

「敵がいよいよ上陸を開始した。海岸を射撃していた敵砲兵が射程を延伸したものだろう」

根本は状況をそう判断した。じたばたしても仕方がない。やるべきことは、すべてやった。根本はまた自分自身にそう言い聞かせていた。

小舟が待ち遠しい。早く夜明けが来ないか。根本はそう思った。

照明弾の数は、一向に減らない。わが軍の健闘ぶりが想像できた。不安な気持ちや悲観的な気分は少しも湧き起こって来なかった。

「この島には、戦意に溢《あふ》れた意気のいい部隊が台湾本島から来ている。ここでの戦いは、文字通り、最後の戦いだ。ここで敗れたら、あとは台湾本島が戦場になる。あとはもうない。彼らが、きっとやってくれる」

根本は腕を組んで、自分にそう言い聞かせていた。曳光弾の光に照らされた方角をじっと見つめる根本の顔を時々、光が青白く映し出した。

吉村が、傍らでそれをじっと見つめていた。

始まった激戦

その頃、湯総司令部は、戦場のような慌ただしさに包まれていた。いよいよ敵の本格的な金門攻略戦が始まったのである。

「ちょうどこの夜、敵の攻撃予定情報を得て呼び戻した胡璉将軍の部隊の一部が、汕頭から到着しました。胡璉将軍の部隊は二つありまして、その一つが到着したのです」

そう述懐するのは、湯恩伯総司令部の電務組組長、陶士珍である。

「敵が上陸してきたという報告があったときに、電信班として、あちこちにどんどん報告や指示を出していきました。報告というのは、もちろん台湾（蔣介石）にもするし、例えば、島内の李良榮将軍をはじめ、いろいろな部隊に指示も出しました。それらを私が担当しました」

暗闇の中、国共両軍は入り乱れた。

総司令部にいた陶士珍は、この時のさまざまなエピソードを聞いている。

「国軍（注＝国府軍）は敵の上陸地点のすぐ近くに三つの塹壕を掘っていました。しかし、やってきた共産軍の数があまりに多かったそうです。大きい船には百人あまり、小さい船にも四、五十人の兵士が乗って押し寄せてきて、兵隊が真っ黒に見えるほどだったと聞きました。あまりに敵が多過ぎて、こちらが先に撃つと逆に殲滅《せんめつ》されるので、排長《はいちょう》（注＝小隊長のこと）が、発砲命令を出さずにいたら、敵はそのまま通り過ぎていったそうです」

押し寄せた敵兵力の多さが窺《うかが》える。また、こんなことも陶は耳にしている。

「暗闇の中、両軍がザッザッザッと、すれ違ったこともあったと聞きました。軍隊がすれ違う時には、お互い身元を確認するのが決まりですが、こちらが先に聞くと、向こうは〝三〇二団！〟と答え、こちらが、〝三三〇団！〟と言うと、相手は味方の部隊だと思い込んで、そのまますれ違っていったそうです。あまりに兵士の数が多過ぎて、こちらの隊が、たまたま敵の中心に入ってしまったり、逆に、敵が足場のないところに入り込んでしまったり、いろいろなことが起こったそうです。島の西方は、戦闘に利用できる地形がほとんどないので、敵が民家の中に入り込み、隠れてしまったのも仕方なかったと思います」

暗闇の金門島で、両軍の兵士たちは生と死をかけた戦いに突入していた。

夜が明けると、いよいよ戦車隊が動き出した。陳松年のいた戦車隊も、前夜の命令通り、夜明けと共に進撃を開始した。

「私たちは、金湖鎮の西村という所から戦車四両で出ました。その後、今は伯玉路《はくぎょく》と呼ばれている道を古寧頭《こねいとう》村の方向に進んだんです。当時はこの道は中央公路と呼ばれていましたね。島の東にある金沙鎮《きんさ》からも戦車六両が出動しました。島の中心部の瓊《けい》林《りん》には、戦車が十両あり、ここからも出動しています。当時、金門島には全部で二十一両の戦車が配置されていましたが、それらがすべて出動したのです」

のちに〝金門の熊〟と称されたこのM5A1の活躍は目覚ましかった。

陳青年の戦車隊が共産軍と初めて遭遇したのは、古寧頭の「李家村《りかそん》」という集落の近くだった。共産軍を目視するや否や、M5A1の三十七ミリ戦車砲が火を噴いた。

撃って撃って撃ちまくりました、と陳が述懐する。

「一番激しかった戦闘は、朝十時頃だったと思います。敵に遭遇するや、撃ちまくったのですが、敵は退却し、その李家村という集落に逃げ込みましたよ。しかし、私たちはそれでも撃ちつづけました。集落が完全にこの世から消え去るほどの激しい砲撃をおこないました」

凄《すさ》まじい激闘が続いた。李家村という集落自体が共産軍と共にこの世から消え去った。

根本は東の空が明け始めると、じりじりと迎えの小舟を待っていた。ここが戦場にあることをふと忘れてしまいそうな美しい夜明けだった。

やるべきことはすべてやっている、と自分に言い聞かせても、それでもやはり戦況を一刻も早く確認したかった。

明るさが次第に増してくると共に、戦場の光は薄く、見えづらくなっていく。その代わりに今度は爆煙が見え始めた。

暗闇では見ることのできなかった黒煙である。その時、小舟が一艘《そう》近づいて来た。

根本は船長をせき立てて、タラップを下ろさせた。

小舟の中に、衛隊の副団長が立っているのが見えた。司令部も明るくなるのを待ち、すぐに小舟を出したらしい。錫麟號の下に小舟が着くや否や、根本と吉村は、これに飛び移った。

「戦況はどうだ」

根本が聞くと、副団長は、

「詳しいことはわかりませんが、うまくいっているようです」

と、元気に答えた。通訳している吉村もほっとした表情を浮かべている。

だが、引き潮のため、なかなか小舟が接岸しない。根本は兵士の肩車に乗ってやっと上陸した。

司令部は、海から数分もかからない。

早足で直ちに司令部に向かったが、湯将軍の姿は見えない。司令部の要員たちが慌ただしく立ち働いている。

「総司令は？」

と吉村が聞くと、

「将軍は李司令部で直接指揮をとっております」

と応えた。

ただちに、根本は参謀部の図上にて昨夜来の戦闘の概要を聞いた。来襲して来た共産軍は三集団になっていたが、その最も東に位置していた集団を完全に包囲したから夜が明けて殲滅できたかも知れない、との報告だった。

上陸した敵を誘い込んで包囲するのは、こういう戦いでは基本中の基本だ。陸軍士官学校などでは教科書通りとも言える作戦だが、事前に何度も検討した通り、少なくとも最も東に上陸した敵に対しては、それができたようだった。

根本はほっとした。しかし、敵の中央と西の集団が合流したというのが気にかかる。これを南方および東方から圧迫中、とのことだが、果たしてその後はどうなのか。

だが少なくとも、廈門に大陸からの敗残部隊を配置し、金門には台湾からの無傷の部隊を配置したことが功を奏したことは間違いなかった。聞けば、味方は戦意も旺盛《おうせい》で、敵を殲滅すべく現在も果敢な攻撃を仕掛けているという。

戦車隊が縦横無尽の活躍をしていることが窺える話だった。

根本と吉村は、ただちにジープを一台借り、参謀の林少将を伴って、李司令部に向かった。

しばらく走ると金門島を東西に走る主稜線《りようせん》を越して三叉路《さんさろ》に出た。

そこには、五、六台の軽戦車が停車していた。その中の一台の戦車の上に大柄の兵士が立って、手を振り、足を踏みながら何事かを説明しているのが見えた。

林参謀に尋ねると、「彼は、戦車營長です」と言った。

根本と吉村はジープから降り、戦車營長のもとに行くと、林参謀を通じて戦況の詳細を尋ねた。

戦車營長は大気炎を上げていた。

上陸してきた共産軍の最も東に位置していた集団に攻撃を仕掛け、歩兵と協力してこれを完全に制圧した、とのことだった。現在、生き残りの捕虜を連れて来て戦車で監視中というのだ。

戦車で敵を屈伏させた様子を、身ぶり手ぶりを交えて話す營長を見ていると、戦闘の興奮が今もつづいていることがよくわかる。

營長が指をさした窪地《くぼち》の畑の中を見ると、たしかに五、六百名の捕虜がいた。

根本には、ひと目でいかに凄まじい戦闘であったかがわかった。捕虜の内、およそ半数は負傷しており、軍服を赤黒く血で染めていた。中には、すでに虫の息で伏せっている者もいる。

共産軍の灰色の軍服は、汚れ破れて、まるで乞食《こじき》のようだった。

勢いに乗って国府軍に追い討ちをかけてくる共産軍も、決して補給が豊かではないことが一瞬でわかった。

力押しに押せば、どこかにどうしても無理が出る。戦争とはそういうものだ。今の共産軍はまさにそれだ。つけ込む余地は必ずある、と思った通りだった。

すでに毛沢東によって中華人民共和国の成立は宣言されている。敵は、この金門戦争とて「敗残部隊を掃討する」という程度の意識しか持っていないだろう。

用意周到に計算して準備し、有効な策を講じれば必ずこれを撃退できる。長年の経験から根本は揺るぎなくそう思っていた。

それが間違ってはいなかったのだ。薄汚れた軍服に身をまとい、瀕死《ひんし》の重傷を負った共産軍の兵士たちを見ながら、根本はそんなことを考えていた。

根本が李司令部に着いたのは、それから間もなくのことだった。

司令部の中に入っていくと、ちょうど湯恩伯総司令と李良榮司令が地図を広げて何事か話し込んでいたところだった。

湯は部屋に入ってくる根本に気づくと、すぐに駆け寄り、

「おめでとう。戦況は随分いい。勝利は決定的です」

と、破顔一笑した。普段ふくよかな湯恩伯の顔が一層、輝いて見えた。根本の手を握ったまま、

「ありがとう、ありがとう」

と、繰り返すと、湯はさらにこう言った。

「先立って配備を変更させて待っていたところに敵がやって来ました。すべて予定通りです。顧問閣下の判断と計画のおかげです」

どうやら上陸地点を当初、島の中央部の「后沙」付近の砂浜と読んでいたが、風の強さや海流の速さを考えて、島の中央部から西に向かって広がる后江湾全体に広げたことを湯恩伯は言っているらしい。根本の胸に「予定通り」そして「ありがとう、ありがとう」という湯の言葉が染みわたった。

「いささかなりといえども、お役に立てた」

そのことを実感できた瞬間だった。かたわらでは、李良榮将軍も満足そうに二人の

ようすを見つめている。

だが、今は戦さの最中である。そんな感傷に浸っていられる時ではない。次の瞬間、根本の表情は、軍人のそれに戻っていた。

「これから前線を視《み》て来たいが……」

根本は湯に向かってそう言った。自分が前線を視れば、国府軍とはちがう視点に立って、さまざまな指示ができるはずだ。根本は、吉村を伴って、すぐに前線へ向かうつもりだった。湯は、少し考えると、根本に向かってこう語った。

「私は今、ここにいて事務的な仕事をこなさなければなりません。私はお伴できませんが、あまり危険なところには出ないようにお願いします」

湯はそう言うや、林参謀に同伴を命じ、さらに細々《こまごま》と注意を与えた。

古寧頭村への退却

ジープに飛び乗った根本、吉村、林参謀は、まず湖南高地の方角に向かった。

途中、第十八軍の司令部と思われる小高い場所に寄ったが、軍長も師長も前方に出ていて、不在だった。

根本は丘に立って、前方を見渡してみた。

遥《はる》か北方海上の大嶝島から敵の野砲が火を噴いているのが見える。おそらく射程七千メートルほどの野砲に違いない。

日本陸軍が誇った九〇式野砲は、射程がゆうに一万メートルは超えていた。金門島の北方海上に浮かぶ大嶝島からは、見たところ、海峡を挟んで五、六キロしか離れていない。

共産軍の野砲でも、大嶝島から金門島にも届くのである。敵も必死だ。

海岸には、帆柱が折れたり、帆のないジャンクが人影もなく、乗り捨てになっているのが見える。

焼かれた時の煙がまだ消えていないものもある。丘から右手前方に砂浜が見えるので、そこだけを数えてみても六十一隻もあった。

左の方の崖《がけ》の下にも砂浜が見えるが、帆柱の尖端《せんたん》が見えているのが十九隻あり、煙が三筋ほど立ちのぼっている。遥か右の遠方にもジャンク船が見えるが、縦に重なって見えるため、こちらは隻数がわからない。

いずれにしても、従前の作戦通り、海岸に乗りつけて来たジャンク船を国府軍が果敢に焼き払ったことは間違いなかった。

海岸の塹壕《ざんごう》や岩陰に身を潜めてその時を待っていた兵士たちが勇敢に戦い、任務を果たしたことを、なによりその光景が教えていた。

増援部隊の来襲を阻止できた。狂ったように撃ちまくっている大嶝島の野砲が敵の焦りを表わしている。よくやった。立派だ。この戦争は勝てる――。

根本には、共産軍に立ち向かっていった兵士たちの闘志と姿が思い浮かんだ。

彼らは、見事に役目を果たしたのである。銃弾に斃《たお》れた者も数多くいるだろう。しかし、立ちのぼる黒煙と今も燃えつづけるジャンクが、彼らの思いを根本に伝えていた。

敵砲兵の阻止射撃と機銃の威力もまた凄《すさ》まじいものがあった。

これほどの砲撃があっては、国府軍の歩兵の前進は困難だ。こちらの砲兵は、アメリカ山砲四門と日本の四一式山砲四門だけしかない。とても広い戦線の敵機銃を制圧する力はなかった。

あくまでわが軍の主力は戦車隊であり、敵の機銃をつぶすには、戦車を出して一つ一つこれを叩《たた》いていくしか方法はなかった。

「そうだとすれば、この戦闘は今日中には終結しない」

根本は即座にそう判断した。ならば、次の手立てを考えなければならない。第二波の大規模攻撃だけは、ジャンクを焼き払うことによって、ひとまず阻止し得た。

しかし、今夜、仮に敵がなんらかの方法で、ほかの方面に上陸を企図した場合、それを許せば、事態が一挙に逆転される可能性もある。徴集されたジャンクが敵にどれだけ残っているかもわからない。兵力の多寡にかかわらず、それだけは何としても阻止しなければならなかった。

前線視察を終えると、ただちに根本は総司令部に取って返した。総司令部で、根本は先に帰っていた湯恩伯に作戦を次々と進言した。

「戦線は日没の時の位置を確保して厳に敵を監視する」

「夜襲はやらない」

「第十八軍は集結して、ほかの方面から来る敵の上陸に備える」

「海岸守備隊はそのまま警戒を厳にして、任務を続行する」

根本が発する作戦は、吉村の通訳によって湯とその幕僚に伝えられた。この根本の方針によって、日没と共に両軍の戦闘は自然休止した。

これは、あとで判明したことだが、共産軍はやはりこの夜、残っている四、五十隻のジャンクで増援隊を送ろうとしていた。しかし、共産軍は金門島のほかの方面への上陸を企図しなかった。

共産軍の兵力は優勢だ。他方面への上陸も不可能ではないはずなのに、共産軍はそれをなぜやらないのか。おそらく第一回の上陸作戦で多数のジャンクを焼かれたため、ジャンクの徴集が間に合わなくなって「計画が狂った」ことが想像された。

急がなければならなかった。敵にジャンクが少ないことで、ほかの方面の心配は軽減された。

それを前提に、今日こそは全力を挙げて上陸した共産軍の殲滅《せんめつ》を急がなければならない。

十月二十六日、いよいよ上陸共産軍の掃討戦である。

大嶝島の敵砲兵も前日より兵力を増加したらしく、ますます痛烈な砲撃がおこなわれていた。どうやら砲撃を正確に〝導く〟ための要員が秘《ひそ》かに上陸しているらしい。

前進観測機関が上陸して、無線連絡により砲撃をおこなうのは、鉄則だ。昨日に比べ、各段に的確な砲撃がおこなわれている。

そのため、わが軍の攻撃が思うように進まない。

第十八軍を戦線に増派して攻撃を急ぐが、敵は砲撃援護に意を強くしたのか、集落を拠点として頑強に抵抗しているようだ。

島の北西部にある古寧頭村。この北山《きたやま》集落に共産軍は完全に入りこんでいた。まず、敵の援護砲撃をつぶすのが先決だった。ただちに湯恩伯総司令部から空軍による爆撃要請が出された。

しばらくすると、根本の肉眼が大嶝島で高く上がる砂塵《さじん》の巨柱を捉《とら》えた。台湾の基地から飛び立ったわが空軍が大嶝島の敵砲兵を爆撃し始めたのである。何本も何本も砂塵は舞い上がっている。しかし、それでも一向に敵の砲火は衰えなかった。

空からの攻撃を防ぐ砲兵による遮蔽《しゃへい》法が進化したのだろうか。あるいは、飛行機の爆撃技術が未熟なのか。根本には、これほどの空爆が目に見える形で効果が上がらないのが不思議でならなかった。

やがて飛行機の一編隊が飛来して、金門島上空で編隊を解いたと思うと、見る間に大嶝島の方角に向かって急降下していった。

今度は、見事な爆撃と掃射である。それが繰り返されると、さすがに敵の砲撃が弱まってきた。

これに呼応するかのように戦車隊と歩兵が縦横に活躍して、ついに共産軍を古寧頭村の北山集落に包囲した。

共産軍兵士の悲惨な運命

金門島の最大激戦地となった古寧頭村には、共産軍兵士が溢《あふ》れ返っていた。

同村の北山集落に住む李《り》榮勵《えいれい》（八二）は、その時の戦闘の凄まじさを記憶する貴重な証言者だ。この集落の表玄関ともいえる場所に立つ南洋風の二階建て洋館は、この時、上陸した共産軍が司令所として使った建物だ。今も「北山古洋樓」の名で、当時の激戦を伝える古跡として保存されている。

壁には、無数の弾痕《だんこん》が残り、血で血を洗う激戦の凄まじさが見るものに無言で迫ってくる。

この洋館から歩いて数分の場所に、当時も、そして今も、李榮勵は住んでいる。

「共産軍が攻めて来た時、私たちは地下に防空壕《ぼうくうごう》をつくってあったので、そこに隠れていたのです」

と、李は語る。それは、防空壕というより「地下室」に近いものだという。そこで、奇妙なことが起こった。

「地下室は三家族でつくったものです。みな親戚《しんせき》です。村には、そういう地下室があちこちにつくってありました。それは、入口が二つずつあるんです。ある時、一つの入口から一人の国府軍兵士が入ってきました。すると、もう一つの入口から今度は共産軍兵士が一人入ってきた。私たちはどうなることかと思って息を呑《の》みましたが、殺し合いになるどころか、そこで二人の間で会話が始まったのです。〝田舎はどこ？〟〝山東省《さんとう》。……田舎どこ？〟〝湖南省《こなん》〟……という感じで、そんな話をしていた。そこでは、二人は戦いませんでした。防空壕の中にいれば、二人は戦わなくてすむわけです。二人は長い間、その防空壕に隠れていました。私たちも、ずっとそこで隠れていました」

しかし、時間が経つにつれ、地上では兵士の死体が折り重なっていった。

「防空壕の中で外の共産軍兵士たちの会話が聞こえてきたこともあります。満潮になって、船ではもう引き返せない、とか、二回目に上陸することになっていた援軍が来られなくなったとか、そういう話が聞こえました。三日目に、地下で水がなくなったので、私が井戸の水をくみに地上に上がってきたんです。すると、倒れたままの兵士の姿があちこちにありました。井戸のところでも共産党の兵士が倒れていました。銃撃戦もこの目で見ましたよ」

この時、追い詰められた共産軍は、国府軍にまさに〝殲滅〟されようとしていた。

湯恩伯総司令の警備を担当し、今は台北市の北東部に位置する萬里郷《まんりきょう》北基村に住む楊金章《ようきんしょう》（七九）は、共産軍兵士たちが辿《たど》った悲惨な運命を知る一人だ。

江蘇《こうそ》省塩城県北龍港鎮に生まれた楊は、極貧の中、十八歳で国民党の軍隊に身を投じた若者だった。

楊が忘れられないのは一九四九年五月、上海から撤退する夜のことである。

「私は、上海で湯恩伯警衛団に抜擢《ばってき》され、湯恩伯・京滬杭《けいここう》総司令の司令部を警護していました。共産軍が迫り、われわれは戦うことなく、上海から撤退しました。上海の呉淞口《ごしょうこう》の波止場から夜中の一時頃、私たちの乗った船は台湾に向かって出港しました。私は、幸いに湯総司令の警備を担当していたので、この〝最後の船〟に乗ることが許されたのです」

しかし、港にはこの時、船に乗りきれない国府軍の兵士が溢れていた。

「波止場を埋め尽くしていた兵士たちの中には、無理やり船に乗り込もうとして海に落ちるものも出ました。それほど混乱していたのです。残れば共産軍に殺されるか、捕虜になるか、どちらかです。だから兵士たちも必死でした。サーチライトに照らし出された中で、なんとか船に乗ろうとする兵士たちの姿を忘れることはできません。結局、彼らのほとんどが共産軍の捕虜になり、悲惨な運命を辿ったのですから……」

この時、台湾に逃げることができず、共産軍の捕虜になった兵士たちの中には、古寧頭戦役で〝共産軍兵士として〟参加させられた者も少なくなかった。

「捕虜になった兵士は、その後、金門戦争や朝鮮戦争に行かされたそうです。金門島で重傷を負い、必死で助けを求めていた元国民党の兵士の姿を目撃した人もいます。もとは同僚でも共産軍ですから、助けることもできません。私の同僚によれば、その兵士はケガを負いながら、必死にもとの仲間に助けを求めたそうです」

敗走する国府軍の中で、共産軍の捕虜となった兵士たちの運命は、過酷なものだったのである。

獅子奮迅《ししふんじん》の活躍を見せる軽戦車M5A1は、古寧頭村と敵の上陸海岸との間に進み、古寧頭を背後から攻撃していた。

だが、古寧頭の背後は崖《がけ》と竹藪《たけやぶ》が多く、戦車の威力を十分に発揮させることができなかった。共産軍には退路がなく、そのため村人を盾としての必死の抵抗が続いていた。

根本は危機感を募らせた。

「このままでは、巻き添えで一般の村民が大勢死ぬ」

根本は、それだけは避けなければならないと思った。

村民まで殺されてしまえば、この戦争が何のための戦いなのか、その意味が問われる。国民党にとって共産党との戦いの本義が失われてしまうのである。

根本は、一般民衆まで犠牲にする掃討作戦はとるべきではない、と考えていた。しかし、目が血走り、手柄にはやる兵たちを一体どう抑えるのか。それが至難の業であることは間違いなかった。

敗北をつづけてきた国府軍の初めてと言ってもいいほどの大勝利である。これまでの怨《うら》みもあるだろう。

戦争は狂気の中でしかおこなえない。人間性の喪失によってのみ〝殺し合い〟は可能になる。その人間の異常心理を根本はよく知っている。

だからこそ根本は、断乎《だんこ》、村民に犠牲者が出ない方策をとるべきであると考えた。

根本は湯総司令に意見を具申した。根本が提案したのは、以下の作戦である。

「古寧頭の背後に侵入した戦車は、すべて後退させて古寧頭から北方海岸への敵の退路を開く」

「全戦車と砲兵を古寧頭南方地区に集め、古寧頭を南方より猛攻する。そして敵を日没後、北方海岸に後退させる」

「砲艇を日没後、敵の後方海上に入れ、海岸に後退した敵に背射を加えて陸上と協力して敵を殲滅《せんめつ》する」

これによって古寧頭から敵兵を誘い出し、村民の犠牲を回避する——根本の作戦は明快だった。

砲艇とは、海岸近くや河川などで活動する火砲を装備した小型の水上戦闘艦艇のことだ。これが待ち伏せして敵に背後から集中砲火を浴びせれば、効果は大きいはずである。

総司令部の幕僚たちの中で、村民の命を「第一」に考えた人間はいなかった。とにかく戦争に勝利する。それだけしか頭になかった。

だが、根本は違っていた。流暢《りゅうちょう》な吉村の中国語で翻訳される根本の策は、いちいち納得のいくものばかりだった。

幕僚会議は、根本の作戦を「支持する」ことで一致した。

十月二十六日午後三時、根本の新計画に基づく猛攻が開始された。

国府軍は、共産軍の必死の抵抗をものともせず、日没前に無事、古寧頭東南端の廟《びょう》のある小高い丘を占領した。

予想通り、夜の帳《とばり》に包まれて、銃砲声が鎮まると共に敵は海岸に向かって後退を始めた。

作戦は適中した。

林参謀は砲艇に乗り込み、躊躇《ちゅうちょ》する水兵たちを激励しながら、敵の背面海上に静かに進航した。

満を持して、砲艇の火砲が火を噴いた。

砂浜は阿鼻叫喚《あびきょうかん》の地獄と化した。

共産軍に、もうどこにも逃げ場はなかった。勝負は決した。午後十時頃、共産軍の生存者は武器を捨てて降伏した。

古寧頭村の村民たちは九死に一生を得たのである。

かくして金門島二昼夜の激戦は終了した。国府軍の対共産軍の作戦中において、最も光り輝く「金門の勝利」は完成した。

共産軍の死者は、一万とも二万とも言われるが、いまだにその数は定かではない。

古寧頭戦史館によると、

「これは、軍も正確な数字は把握していません。戦史館では、残された書類等を独自に調査し、上陸した共産軍は約二万人、うち、死者は一万四千人、捕虜は六千人と推定しています。ちなみに国府軍は、死者が千二百六十九人、負傷者は千九百八十二人でした」

勢いに乗って一気呵成《いっきかせい》に攻め立てた共産軍の大軍が殲滅されたこの一戦は、共産軍の進撃を完全にストップさせた。

中国共産党第三野戦軍の葉飛は、兵団司令員として〝常勝〟を謳《うた》われた人物だが、この痛恨の敗北によって再度の攻撃は不可能になった。

金門島において主力が殲滅されたため、最短でわずか距離二キロしか離れていない海峡を挟んで国共激突の最前線は完全に膠着《こうちゃく》状態に入ってしまったのである。

戦闘が終了するや、台北から飛んできたのは台湾省主席兼東南軍政長官の陳誠だった。

陳と湯は、共に蔣介石に忠誠を誓う子飼いの将軍である。二歳年上の陳誠にとって、湯恩伯は常にライバルであり、その男が「英雄」になるのだけは避けたかったに違いない。

陳誠がやって来たのは、正確には、まだ戦闘が完全には終結していない十月二十七日午後三時のことだった。突然の陳誠長官の飛来は、金門で戦った司令官たちを驚かせた。

陳誠は、この大勝利が東南軍政長官たる「自分の手柄である」ことを世間に知らしめたかったのだろうか。翌日の台湾の各紙は、一斉に陳誠の金門訪問をこう報じている。

〈陳長官專機飛金門　慰問殲匪有功將士〉

陳長官が共産軍を殲滅した将兵たちを慰問した——大勝利の次は〃手柄争い〃になるのは、どこの国でも同じである。

あまりに早過ぎる陳誠の行動に、金門空港で陳誠を出迎えさせられた湯恩伯、胡璉、李良榮らは複雑な思いだっただろう。だが、

「まだ島内の掃討戦は継続中だぞ」

そんな本音を陳誠に吐露した将軍は誰もいなかった。しかし、少なくとも新聞の見出しに、「陳誠」という活字が躍ったことによって、総司令たる湯恩伯の存在感が薄まったことはたしかだった。

湯恩伯が幕僚たちを引き連れ、総勢十七名で台北の松山飛行場に降り立ったのは、その三日後の十月三十日午後のことである。

新聞はこれを「凱旋《がいせん》」と報じたが、陳誠の金門訪問記事より扱いは小さかった。その意味で、素早く金門訪問をおこなった陳誠の戦略は見事に功を奏したと言える。

金門島から凱旋したその十七名の中に、「林保源」こと、元日本陸軍北支那方面軍司令官、根本博・元中将がいることを、集まった新聞記者たちは誰ひとり知らなかった。

根本の存在は、国府軍にとっても極秘中の極秘だったのである。

しかし、その功績を最も評価し、わかっていた人物がいる。蔣介石その人、である。

根本の長女・のりは、父の思いを聞いている。

「蔣介石総統は両手で父の手を握って〝ありがとう〟と言ってくれたそうです。父はそのためだけに行ったのです。それで十分だった、と父は言っておりました。蔣介石総統本人からお礼の言葉をいただいたこと。父が望んでいたのは、それだけだったのです」

両手で根本の手を握って心からのお礼の言葉を発した蔣介石。そこに金門島の激戦の意味が凝縮されている。

金門島は以後、六十年を経た現在も台湾領であり、台湾海峡もまた中華人民共和国の〝内海《うちうみ》〟になっていない。中華人民共和国と中華民国という二つの国が対峙《たいじ》するアジアの国境は、かくして画定された。

終戦時、内蒙古在住四万人の邦人と北支那派遣軍三十五万将兵の命を繫《つな》いでくれたことに対する恩義——この恩義を忘れることがなかった根本の身を捨てた行動は、こうして報いられたのである。

第八章　貶められる名誉

根本が金門戦争を戦っていた頃、日本では根本の行動が次第に明らかになっていた。最初に報じたのは、シカゴ・トリビューン紙の東京駐在特約記者、ウォルター・シモンズである。情報が入り乱れ、間違いも少なくないものの、「根本博」の名が報じられたのはこれが最初となった。

シモンズ記者の特約記事として一九四九年九月十一日付の読売新聞に報じられた内容は、

〈国府軍、日本人飛行士を募集〉

という見出しの下に、主に空軍関係のものとなっている。

中国国民党が対中共戦線に日本人飛行士を送るため四百万米《ドル》の資金を用意して日

本国内で五百人の日本人飛行士を募集している、という内容で、もしこれが事実なら大規模な「日本兵募集計画」が存在したことになる。

実際には、日本人飛行士が台湾に渡った事実はなかったが、この中でシモンズ記者は、突然、「根本博」の名前を挙げてこう記している。

〈この日本人某の線とは別に元華北軍司令官根本博中将も六名の幹部将校を連れて六月廿四日六十トンの小船にのって九州を出発七月上旬に台湾に到着したと伝えられている。根本中将は蔣介石の青年時代の友人で李慶元《リー・チンユエン》なる〝中国人〟の線から勧誘された模様だが李慶元なる人物の本名は一説には元ビルマ派遣軍参謀辻政信大佐だと伝えられているが、これは全く真偽不明である〉

〝蔣介石の青年時代の友人〟や〝元ビルマ派遣軍参謀辻政信大佐〟が出てくるなど、記事の信憑性《しんぴょうせい》にはかなり疑問符がつく。しかし、追い詰められた国府軍が日本に空軍募兵をしているという噂をキャッチしたシモンズ記者が、取材の過程で「根本中将が渡台した」という新事実に突き当たったことは間違いない。

注目すべきは、シモンズ記者がこの点に関して、GHQのコメントを引っ張り出している点だ。

総司令部民間諜報局長ウィロビー少将の談話として、

「二、三の日本人が国民政府軍に参加するため台湾へ潜入したという報道には若干の真実性があると信ずる。しかし、そう多くの数に上っているとは思わない」

というものが掲載されたのだ。「二、三の日本人が渡台している」という可能性を示唆したウィロビー談話の衝撃は小さくなかった。これが一気にジャーナリズムに「火をつける」ことになるのである。

これをきっかけに戦後、軍人への反感が強かった新聞、雑誌が一斉に「根本渡台問題」を報じ始めたのだ。この頃、根本は、蔣介石の要請で、ちょうど重慶まで足を延ばしていた時期にあたる。本人が極秘行動をとっている中、根本の与《あずか》り知らない内に日本では大報道が始まっていた。

吉川源三中佐ら三名の日本人が金門島から日本に帰国してきたのは九月下旬で、まさにそんなさ中のことだった。

体調を悪化させて福岡の病院に入院した照屋林蔚を除く吉川源三、中尾一行の両名は、東京へ辿り着くと、たちまち捜査機関の聴取とマスコミの取材に晒《さら》されることになった。

ここで吉川が断片的に語ったことが、あることは誇張され、またあることは推測によって増幅され、さまざまな形で世間に流布していくことになる。

雑誌メディアの中で、特に熱心だったのが『真相』である。人民社から出版されていた同誌は、戦後の混乱したジャーナリズムの中で、反右翼、反軍部という路線を徹底させ、独自の誌面構成で一定の読者を得ることに成功していた。

〈台湾へ上陸した日本人義勇軍〉（昭和二十四年十一月一日号）

〈海烈号事件の背後を洗う〉（昭和二十五年一月一日号）

〈第二次中国義勇軍計画の全貌〉（昭和二十五年二月十五日号）

〈落魄《らくはく》の旧軍閥台湾義勇軍募兵の陰謀〉（昭和二十五年十月十五日号）

……等々の記事で、同誌は立てつづけに根本渡台問題を報じている。いずれも、旧軍人への憎悪が色濃く反映された記事である。

同時期に「海烈号事件」と称される旧軍人が絡んだ密輸事件が発覚したことも、その悪感情に拍車をかけた。「海烈号事件」によって、旧軍に対する国民の目は一層、厳しくなったのである。

昭和二十四年夏、香港から日本に来た中国国営船、「海烈号」から米国製ペニシリン、ストレプトマイシン及びサッカリンなど、二十万ドル相当の密輸品陸揚げが発覚した。この密輸に、海軍兵学校卒業（五十四期）の元海軍中尉、三上卓らがかかわっていたことから、中国国民党と日本の旧軍関係者のかかわりが取沙汰《とりざた》され、国会でも大きく取り上げられる事態となった。

根本の渡台は、折悪く、この事件の発覚と時期を同じくしたため、両者を同じ流れで捉《とら》えるマスコミが少なくなかった。

「海烈号事件の背後を洗う」と称して、根本らを取り上げた『真相』(昭和二十五年一月一日号)では、「暗躍する謎の密使」と題して李銈源を取り上げ、根本の渡台問題がクローズアップされている。旧軍人や中国国民党がどう捉えられていたか、当時の雰囲気がよく現れている記事である。

〈一九四九年の春ごろ、「中共の密使」が日本に来たといううわさが政界、財界の一部につたわった。あたかも人民政府が北京に樹立されて徐州が陥落した頃で、新しい中國との貿易の手がかりに財界人が非常な関心を抱きはじめていたので、このニュースはたちまち東京から京阪神にもひろまっていった〉

そんな興味をそそる表現で記事は始まっている。そしてこう続く。

〈しかも、この中共代表「李」なる人物は、しきりに政府高官から財界人間に出没する形跡があり、その正体は容易につかまれなかったが、その出現によって國民党側の工作は、攪乱《かくらん》されるどころか、かえって強化される結果となっていた。彼はまだ三十才にもならない青年で、日本語も日本人とほとんど区別できないほどに巧みであり、

いずれは日本留学生であろうと会った誰もが信じていた〉
記事はこのあと、李に踊らされる政財界の人々に言及する内容につながっていく。当時の台湾募兵問題や旧軍人への反発の強さを感じさせる記事である。

国会での追及

根本渡台問題は、次第に大きくなっていた。

もちろん根本自身はそのことをまったく知らない。根本が金門島で作戦指導を終え、大勝利をもたらした頃には、ついに国会でも取り上げられる事態となっていた。

政府に質問をぶつけたのは、日本共産党の参議院議員、細川嘉六《かろく》だ。細川はゾルゲ事件で検挙されたことがある元ジャーナリストで、二年前の第一回参議院選挙の全国区で見事当選し、日本共産党の国会議員団団長ともなった論客である。

細川は、〝友党〟の中国共産党と戦うために、日本の旧軍人が渡台したことを大問題と捉えていた。元ジャーナリストだけあって、国共内戦や旧軍人の動向についても関心が深く、真っ先にこの問題を取り上げてきたのだ。

細川は、時の首相、吉田茂に対して、具体的に「根本博」の名前を挙げ、国民党軍への参加事実について問いただした。
吉田は調査の上、同年十一月二十五日付で以下の答弁書を国会に提出した。当時の情勢が垣間見える貴重な資料である。

〈答弁書第一九号

内閣参甲第一四六号

昭和二十四年十一月二十五日

内閣総理大臣　吉田　茂

参議院議長　佐藤尚武殿

参議院議員細川嘉六君提出義勇軍に関する質問に対し、別紙答弁書を送付する。

参議院議員細川嘉六君提出義勇軍に関する質問に対する答弁書

中国国民党軍へ日本の元軍人が参加しているとの噂については、かねてから各種の情報を耳にしており、最近新聞紙上や雑誌記事としても取扱われているのを見たので深い関心を持ち、特別審査局をして追放者の動静監査として調査を進めさせてはいるが、現在までのところ日本人義勇軍が日本国内において編成されているというような事実は発見されない。

もっとも、この問題に関連して

本籍　福島県岩瀬郡仁井田村××××

住居　東京都南多摩郡鶴川村××××

元正規陸軍将校（中将）

根本　博

当五十九年

が中国国民政府の募兵運動に関係しているとの風評が伝えられたので、同人の居住地について調査させたところ、同人は現在不在であって、本年五月初旬留守宅の家人には行先を告げずに旅行したままとなっていることが判明している。

更に

本籍　鳥取県東伯郡浅津村××××

住居　東京都世田谷区××××

元正規陸軍将校（中佐）

吉川源三

当四十四年

も根本博と同行台湾に渡航したとの情報があり、調査を進めさせたところ、同人は九月下旬頃国外から帰還していることが判明したので、更に同人について調査せしめたところ、同人の陳述は次の通りである。

「吉川源三は昭和二十年三月から第六軍参謀として中国杭州に駐在していたことがあるが、復員後杭州出身の李銈源という青年が東京に来て、昭和二十四年一月知人宅で面会し、その後同人からしばしば中国に渡航方を勧誘されたので、吉川はこれに応ずる意志を表明し、五月初旬李銈源の斡旋《あっせん》により根本博と会見して同人と共に中国渡航の決意を固め、五月八日頃根本、李とともに東京を出発し福岡市に赴いた。

かくして六月二十六日宮崎県延岡市の沿岸から台湾籍の三十屯位の汽船に便乗し台湾に向け渡航した。

同行者は根本博、吉川源三、岡本秀徹《ママ》、照屋林蔚《ママ》、中尾一男、吉村某、浅田某の七名であった。

一行は七月十日基隆に到着、その後八月十五日まで台北郊外北投温泉旅館に滞在して中国側の指示を俟ったのであったが、湯恩伯の要望により一行中根本等六名は福建省に赴き、吉川は福州において湯恩伯軍に身を置き廈門作戦に参加した。しかしながら、同地の対中国共産軍との戦況は国民政府軍に不利であって、福建の命数も予測に難くない状況に置かれたため帰国の意を伝え、湯の許可を得て吉川、照屋、中尾の三名は九月二十一日中国船に便乗して日本に帰国したというのである。」

その他調査せしめた結果によれば、日本国内において日本人義勇軍が組織された事実は発見されない。

これを要するに、李銈源を中心とする日本人募兵運動は、李銈源等の策動によって一部の日本人がこれに応じて渡航するに至ったに過ぎないもののようであって、伝えられるように大規模な募兵運動が行われたものとは認められない。

本件運動に関与したものの処置については、覚書該当者の政治活動として鋭意調査を続けしめている。

なお、吉川、照屋及び中尾等の国外渡航に関する適法な旅行証明書携帯の有無等についても別に調査せしめている〉

中国共産党と国民党の戦い——すでに中華人民共和国の成立は、ほぼ二か月近く前の十月一日、毛沢東によって宣言されていた。

毛沢東の勝利と蔣介石の敗北は、厳然たる事実として目の前にあった。しかし、日本の旧軍人が、あろうことかその負けた側の蔣介石を助けに行った、というのだから、日本共産党にとっては許すべからざる出来事だったに違いない。

根本の留守宅にも当然、調査がやってきた。

長女・のりは、その時のことをこう回想する。

「夏ぐらいでしたか、町田警察もGHQも来ましたよ。〝ハロー、ママさーん!〟と、突然、GHQがジープで来たことがあります。母が連れて行かれて、私と妹、弟の三人が残されました。母は一晩帰って来ませんでしたが、さすがにその時は、びっくりしました。母は、〝日本の軍人は家庭で話はしないから知りません〟と言ったそうです。町田警察も〝手紙ありませんか? 連絡ないですか〟とよく聞きに来ていましたね。そのたびに〝ありません。どこに行っているのかわかりません〟と答えたものです」

戦後の混乱がつづく中、一家の主を失った根本家は、生活に困窮しながら必死に生きていた。

「父が留守の間、いろいろ噂されましたよ。〝根本家には台湾から札束がくるそうだ〟と言われたこともあります。でも、台湾から金銭的なものが家に来たことは一切ありません。父のことが話題になって、お蔭《かげ》で、自団の方は秘密裡《ひみつり》に自分たちのことをいろいろとできたそうです。白団は陸大出の人たちを含め、長期間、多くの人が行っていたそうですが、（金銭的なことは）うちとは違いましたね。うちは、父がいないことに家族が慣れています。軍人の家族ですから、いつ何が起こっても覚悟はできていました。父と一緒に渡台した吉村さんのご家族の方が大変だったと思います」

白団とは、前述の通り、「古寧頭の戦い」が終わった後、国府軍を支援するため日本からやって来た旧日本人将校たちによる軍事顧問団である。彼らは根本の渡台によって、その存在が「気づかれない」という恩恵に浴したのである。

吉村是二の長男・勝行は、一家の主がいなかった当時の困窮ぶりをこう語る。

「先に日本へ帰国した人たちが、私たちの生活費を預かって帰ってきた、ということをずっと後になって知りましたが、私たちのもとへは全く届いていません。私は、高等学校すらまともに卒業できず、食うや食わずで肺病になったり、散々でした。高校を中退して自衛隊に入りましたが、弟だけは、なんとか大学に行かせました。あの頃はみんな貧乏な時代でしたが、それにしても生活は苦しかったですね。白団の方々は、ちゃんと〝契約〟して行ったようですので、もちろん留守家族に十分な仕送りをしてもらったそうですが、我々には一銭もなかったのです。根本さんは身を捨てて、家族を捨てて、恩返しに行ったわけですから、組織化された白団とは、その思いにも濃淡の差があったのではないでしょうか」

根本家と吉村家は、一家の柱が「消えた」まま、こうして三年間を過ごすことになる。

繰り返されたバッシング報道

朝日新聞が〈日本人義勇軍説の眞相〉と題するスクープ記事を掲載したのは、昭和二十五年二月十三日のことだ。副題に
〈台湾から帰國した吉川元中佐と語る〉

と銘打ち、顔写真と共に吉川源三の独占インタビューを報じたのだ。

吉川は、前述した通り、古寧頭戦役の前、九月下旬に金門島を離れ、日本に帰国している。記事は、ある部分では真実を語り、ある部分は煙《けむ》に巻こうとしているようすが窺《うかが》える、実に微妙なものだ。

〈昨年六月下旬、宮崎県の某小港から十数トンの漁船に便乗、台湾に向け出港した。乗員は中国人一名の他日本側は根本中将以下九名であった。コンパスその他航海用具が不完全な小船のためたびたび針路をはずれて故障を起し、非常なる難航の末基隆に

上陸した。根本中将の渡台の眞意はすこしでも国家のお役に立てばということに尽き、自分は敗戦後の閉鎖された日本を出て広く国際情勢をみたかったからである。したがって決して傳《つた》えられるような大規模な募兵などではない。基隆からは福建省に渡りそこから航空機で重慶に行き蔣介石氏と会見をした〉

重慶での蔣介石との会見は述べているが、台北の草山行館で初めて会見したことを吉川はなぜか語っていない。また、軍事顧問としての役割を吉川はこう完全否定している。

〈国府軍の最高軍事顧問として作戦の枢機に参画したということはまったくない。中国人は昔から仁義にあつい習性があり、すくなくとも表面では遠方より来た友を冷遇するようなことはなかったが、事実上はなんら枢機に参与し、活動の余地を与えられるということはなかった。そういう向うのハラの中はだんだんこちらにも判って来たので自分他二名はもはや留る要なしとして帰ってきた。根本氏らはまだ残っているが、彼は元来歩兵科の出身であり、台湾が直面する航空作戦にはなんら指導する才能を持っていない。したがって作戦には参加していない。また根本氏が蔣介石氏と陸士が同期であるというのは間違いである（以下略）〉

朝日新聞が報じたこの吉川インタビューのインパクトは予想以上に大きかった。一時は収まりかかった台湾募兵問題の報道に再び火がついたのだ。

約一か月後（昭和二十五年三月十七日付）に出た『日本夕刊』という夕刊紙の報道は、世間の度肝を抜くものだった。

〈募兵問題〉と題したこの日の記事には、密航する時に使った「捷信號」の船上にいる吉川源三、李銈源、中尾一行の姿と、どこかの日本家屋でくつろぐ浴衣《ゆかた》姿の根本博、吉村是二両氏の写真まで掲載されていた。

〈時代を背景の大賭博　關係者二名は謎の死〉

そんな煽情《せんじよう》的な見出しで、記事では「明石元長の死」までがこう報じられている。

〈彼も不運と言えばその代表者の一人、明石元中將《ママ》の息子、青年時代から志士氣どりのところがあり、李銈源氏とは最も親交があった。福岡市宿泊時代は明石氏の金策が一番重要な役目を果し、彼は四十万乃至五十万を自ら借金で工面し二十四年六月二十六日根本元中將一行をサイゴンに送り込んだ直後、宮崎縣下で七月上旬に急死した。病名不明であり怪死であるところから、当時つとに謎の死として彼の数奇を極めた運命が話題を騒がしたものである〉

元長が急死した場所が「宮崎縣下」になっていたり、根本が送り込まれたのが「サイゴン」になっていたり、かなり誤りは多いものの、写真まで掲載しているのだから、一行の中で先に帰った誰かが、「情報と写真」を提供していることはほぼ間違いなかった。

この記事では、照屋林蔚が帰国してから病死したこともフォローされており、また、吉川に対してもこんな記述がなされている。

〈この問題に誤解を生ませたのも吉川氏であり、現に居住している家も五十万や六十万で買取れる家ではなく、台湾から持帰ったといういわゆる軍資金の行方についても方々から疑問をもたれている吉川氏の言動にも元軍人らしい明っぱなしのところはなく奇怪な謎を含んでいる〉

そして、記事はこう締め括《くく》られている。

〈要するに李銈源氏中心に踊った奇怪な日本人募兵事件は、敗戦後の話題として世界的な電波に踊ったが、虚構な目標——そこに集る奇怪な人物——それによる時代放れ《ママ》した妄想がつぎつぎと織なされ、ますます虚構を大にしたもので根を洗って見ると意外に時代を背景にした大賭博の観が深い〉

奇怪、時代放れ、妄想、虚構、大賭博……そこには、これ以上ないほどの痛烈な文言が並んでいる。

根本はその後も台湾募兵問題の中で、足を引っ張られつづけている。

大小の島々が散在している舟山列島を共産軍から守るため、普段は漁業に従事しながら共産軍の監視をおこない、いざという時に敵に立ち向かうという案が出され、日本から三十隻余の機帆漁船を調達することになった。

だが、いざ出航の前夜、料亭で派手な壮行会を開いた団員が地廻《じまわ》りのやくざと諍《いさか》いとなり、元海軍中尉がやくざの一人を刺すという事件が起こった。この時もまた、出されたのは「根本将軍」の名前だった。

さすがに根本は、この時のことを、のちに回想録(「人物往来」昭和三十九年十月号)でこう記している。

〈日本で逮捕された者の中には船員手帳を持たないものが多く、徹底的に取り調べを受け、元海軍の将校連が「あまりオレ達のことを調べると身のためにならんぞ。オレ達の後には大物がいるんだ」とタンカを切り、私の名前を出したらしい。私が帰国すると、〝台湾募兵運動の立て役者〟などの名前をちょうだいしていることがわかったが、私はただ蒋介石の下で軍事顧問的な役割を果たしたにすぎない〉

根本の困惑ぶりが窺える文章である。

こうして根本は、「台湾からの募兵に躍った陸軍中将」という捉《とら》え方をされつづけた。

そして、世間の厳しい目に晒《さら》された根本や吉村の留守家族には、何の保障もなく、ただ、歳月が過ぎていくのである。

第九章　釣竿を担いだ帰国

一九五二（昭和二十七）年六月二十五日朝十時過ぎ。羽田空港に中華民国のCAT（民航空運公司）機が姿を現わした。

戦後、米軍の管理下に置かれていた羽田空港。その地上施設の大部分がやっと日本に返還され、「東京国際空港」と名称変更される直前のことだった。

CAT機のタラップから、〝その男〟が姿を現わした時、到着を待ちかまえていた報道陣が、タラップの下に殺到した。

カメラマンが一斉にシャッターを押す。記者たちは、思い思いの質問を〝その男〟に発していた。

「募兵計画は本当にあったんですか！」

「ご気分はいかがですか」

「台湾では何があったんですか？」

ごま塩の頭にのせた灰色のパナマ帽、白い麻の上着、結び目がやや開き気味のよれよれのネクタイ……その初老の男は、肩に釣竿《つりざお》をかついでいる。

シャッター音と記者たちの質問が慌ただしく交錯する中、男はゆっくり肩の釣竿を左手に持ちかえると、確かめるように日本の大地を踏みしめた。

男は、まだタラップを降り切らないところから質問を浴びせる記者たちに不快感も見せない。柔和な笑顔を浮かべてゲートの方に向かおうとした時、たちまち報道陣に取り囲まれた。

台湾名・林保源こと、元北支那方面軍司令官・根本博（六一）その人である。いつも傍らに影のように寄り添っている吉村是二の姿は見えない。根本に先立って吉村はすでに台湾から大阪に帰っていた。

この日は、九州の延岡から台湾を目指して根本が出ていってから、丸三年目にあたる。穏やかでにこにこした根本の表情は、台湾で大きな戦果を挙げた人間であることを想像もさせない。釣竿を肩にかついで降りて来たのは、三年前に鶴川の自宅を出た時と同じ格好であることを強調したいからだろう。

「長い期間になってしまったが、あくまで私は釣りをしてきたんだ」

根本はそう言いたかったに違いない。なんとも人を食った、いやユーモアに満ちた行動である。

報道陣には、根本がいったい台湾で何をやってきたのか、皆目わかっていない。正直、「質問」にもならないのである。

記者たちの頭にあったのは、国共内戦の最終盤、蔣介石の国府軍が戦局挽回《ばんかい》をはかるために、日本の旧軍人たちを呼び集める募兵問題が発生し、「根本がそれに応じて渡台したらしい」という不確かな情報に過ぎなかった。

国会でも根本渡台問題は取り上げられ、新聞や雑誌が大々的に報じたことから、国民の関心事ともなっていた。その根本が台湾から帰国するという情報が、中華民国サイドから流れ、記者たちが羽田空港に駆けつけたのだ。

根本はもみくちゃにされながらロビーに移動し、そこで即席の記者会見がおこなわれることになった。

矢継ぎ早に飛ぶ質問

空港のロビーで待ち合いの椅子に腰を下ろした根本を、記者たちが取り囲んだ。

「根本さん、台湾で何をしてこられたんですか」

最も基本的で、最も記者たちが聞きたい質問が真っ先に飛びだした。

「いやぁ、漂流者のような格好で台湾に渡ったのだが、顔見知りの友だちから非常な優遇を受けてねえ。ロクなこともしないのに、待遇ばかりよくて、却《かえ》って気の毒なことをしたと思っているんだよ」

質問の核心部分には答えず、報道陣の目を眩《くら》ますような言いぶりだった。だが、記者からは、

「なぜ台湾へ行ったんですか？」

と、再びほとんど同じ質問が飛んだ。聞きたいことは、記者たちみな同じだ。根本は、その記者の方を向き直って、こう語り始めた。

「なぜ台湾に渡ったかというと、やっぱりカイロ会談だな。第二次大戦中のカイロ会談で日本の国体が危なかった時、蔣介石総統が何かと擁護してくれてポツダム宣言では〝日本国民の希望にまかせる〟ということになったんだよ。つまり、日本の天皇制は蔣総統のおかげで助かったというわけだ。そのご恩返しを何とかしてやらなければならないと考えていたんだよ」

根本は記者たちを半分、はぐらかしながら、それでもある程度は、本質を答えていた。大佐だった陸軍省時代、マスコミ対応を全面的に引き受けた新聞班長という立場にもあった根本である。そのあたりは、やはり心得ている。

「そういう時に、蔣さんが窮地に追い込まれて、大総統をやめてしまった。恩だけを受けて、向こうが困った時に、こっちは〝知らない〟というわけにはいかんだろう。これは捨てておけない、ご恩返しをするのはこの時以外にない、と決心して、命がけで台湾に渡ったわけだ」

いよいよ核心に入って来た。台湾で具体的な〝何か〟があったんですか、と新たな質問が飛ぶ。

「何をやろうとか、具体的な計画があったわけではないよ。どうしても蔣総統がいけなかったら、私は、一緒に屍《しかばね》を並べて、感謝の気持ちを日本人として伝えたかっただけだ」

根本は、ここで「一緒に死ぬために行ったのだ」と、これまた本音を語っている。野太い声で誠実に答える根本の態度に記者たちも次第に緊張感を解いていく。

「それで、成果はあったんですか？」

と、別の記者が訊《き》いてきた。根本は少し考えると、口を開いた。

「(渡台後に起こった) 朝鮮動乱以来、アメリカが〝台湾は確保する〟と言ってくれたからね。これを言明してくれたおかげで、一応安全になったよ。一方、内政的には蒋総統が直接、台湾に乗り込んできて政治、軍事、党の問題など改革を断行して各方面とも着々成果をあげている。だから、心配ないと思うんだ」

根本はそう答えた。朝鮮戦争が勃発《ぼっぱつ》したことにより、台湾問題の情勢が急変したのは事実である。アメリカの第七艦隊が、朝鮮半島と台湾本島の監視と擁護のために急派され、そのために中国も、北朝鮮も、手だしができなくなったのは確かだった。

「だから」

と、語を継ぐと、根本はこう言った。

「この際、暇でももらって、ゆっくり勉強したり、修養でもしてみたいと思って帰ってきたんだ」

根本はそう言うと、記者たちをぐるりと見渡した。

台湾の問題について、若い人たちが理解できているかどうか、少々心配だったのである。そして、こうつけ加えた。

「三年前の六月二十四日の夕方 (筆者注・実際には「六月二十六日」) に、私は、宮崎の延岡から、二十六トンの小船で出かけていった。今日は、それからちょうど三年目にあたるわけだよ」

　肝心なことは依然、何もわからない。やや苛立《いらだ》った記者から、

「軍事的なことではどんな協力をしたんですか？」

　という質問が出た。

「蔣総統をはじめ、向こうの要人とは、しょっちゅう顔を合わせていたから、軍事上のことについても相談を受ければ喜んで意見も申し上げたよ。でも、噂のような募兵計画などに参加したり、前線に出て部隊の指揮をとったりしたことはないよ」

　根本は、記者たちをはぐらかせながら、そう言った。「部隊の指揮」をとってはいない、という言い方がいかにも根本らしい。実際に根本は軍事顧問としてさまざまな作戦を提案して実行にうつさせたものの、前線で「部隊の指揮」をおこなったわけではない。「すべて」を語りはしないが、決して「大嘘」をついたりもしないのである。そこが根本らしかった。

　そして根本は、自らに言い聞かせるように、こう笑った。

「日本兵が、だいぶ残留しているが、どんなことをしているかあまりバラさん方がよいだろう」

　煙に巻くとはこのことである。核心の質問に対して、「あまりバラさん方がよいだ

ろう」と、人を食ったような答えを根本はしてのけた。これ以上会見をつづけると、言いたくないことをしゃべらなければならなくなる。根本はそう思ったのだ。

このあたりで勘弁してくれんかね、と根本が席を立ちかけると、

「根本さんは、また台湾に渡るんですか？」

という質問が出た。根本は即座にこう答えた。

「いや、私はもうこの歳だから、再び、台湾に渡るというようなことは考えていないよ」

そう言うと、根本はもう一度、記者たちを見渡した。大半がメモをとるのに必死だ。戦前、自分が陸軍省新聞班長だった時代と、記者たちの姿はちっとも変わっていないなあ、と根本は思った。

「じゃあ、諸君、どうもありがとう」

そう言うと、根本はゆっくりと立ち上がった。

悪意を含む報道

この時の各紙の報道が興味深い。

いずれも根本の帰国が写真つきで報じられているものの、どれも、根本を日本の〝旧軍閥の一員〟として捉《とら》えたものばかりだった。

たとえば、この日の読売新聞の夕刊では、〈話題の根本元中将帰る〉と題して、こう報じている。

〈ひところ話題をにぎわした国府軍の日本人義勇軍募兵問題、日本人飛行士募集計画などの黒幕とウワサされていた元華北軍司令官元中将根本博氏（六一）が脱出以来三年目の廿五日朝十時十分羽田着CAT機で突然帰国した。行く時には廿六トンの小舟で密航したのだが帰りは旅客機、大手を振ってのご帰還であった〉

かなり、皮肉に満ちた記事である。

〈「台湾ではエラク優遇されてネ、かえって気の毒なくらいだった」真黒に陽やけした顔をほころばせたが、そのよそおいは灰色に染った白パナマ、白麻上着、ヨレヨレのネクタイと優遇とはちょっと縁遠いような服装、しかし肩にはツリ竿、魚釣りと称して密航したのだからこんどもその帰りといわんばかりの人をくったいでたちで妻鈴《ママ》さん（五二）はじめ一見元部下風の男が「どうぞ」と待ちかまえた三台の自動車に乗りこむと「鶴川村（都下南多摩郡）の自宅へ帰るよ」と言い残したままフルスピードで駆け去った〉

「大手を振ってのご帰還」や「フルスピードで駆け去った」という表現には、書くものの敵意が窺《うかが》える。また、「錫夫人」のことが「鈴夫人」と書かれるなど、細かな間違いもある。

そして、記事のあとには、根本がおこなったロビーでの会見の模様が、

〈募兵計画はウソだよ
　蔣さんへの御恩返しのため渡台〉

という見出しで掲載されている。各紙の扱いも、似たりよったりである。さらに同日付の読売新聞は、根本の密出国問題について、

〈密出国容疑は検討中〉

という小見出しのもとにこう記述している。

〈根本元中将の帰国によって密出国した点はどうなるかとの問題が持ち上るわけだが法務府、入国管理庁当局ではつぎのような見解をとっている。「廿四年当時は出入国管理令も外国人登録令も施行されておらず、最高司令官の指令違反となり政令三二五号違反となるわけだが、いまさらこれを蒸しかえして取上げるかどうかは検討してみないとわからない」〉

一方、根本の帰国は、台湾でも報道された。

台湾の有力紙「聯合報《れんごうほう》」は、東京特派員の記事として六月二十七日付紙面にこれを掲載した。この記事には、

〈根本博、東京へ帰る　台湾の防衛改善に賛辞

以前の密出国は日本裁判所が不起訴〉

と、根本の密出国問題が「不起訴」に終わったことまでがフォローされている。同紙によれば、

〈本日、日本の最高裁判所《マ マ》より先の元日本軍中将・根本博の違法出国について公的訴訟を起こさないことが宣告された。この元日本軍将校は25日朝に、台北で民間飛行機に搭乗して北へ帰った。前回の世界大戦が終わった際に、根本博は日本の朝鮮軍司令部（筆者注・「北支那方面軍司令部」の間違い）にいた。

彼は1949年6月24日に26トンの小さな船に乗って日本から台湾へやってきた。本日は、それ以来の帰国となった。根本博はここ（空港内）に着いた際に、空港で本紙記者に「今回の台湾行きの唯一の目的は、蔣介石総統に感謝の意を表明したかったこと。蔣介石総統はカイロ会談で日本の天皇制を守ってくれたからだ」と言った。また、彼が日本から密出国した後、台湾で志願軍を組織するよう要請されたのではないかなど、さまざまな噂が流れていたが、それらについて「全て事実ではない」と断然、

否定した。根本博によると、彼が台湾にいた頃、中国政府（筆者注・「中華民国政府」のこと）は、よくもてなしをしてくれていた。朝鮮戦争が勃発《ぼっぱつ》して以来、台湾の防衛は大きく改善した。蔣介石総統が各方面で行った改革によって、台湾の一般的情勢は前より良くなった。従って、今はもう台湾を離れて日本に帰る時になったのだという〉

台湾の有力紙「聯合報」には、さすがに根本を揶揄《やゆ》するような記述はない。

この時、台北の松山空港から、根本がCAT機に乗り込む時のエピソードが、伝わっている。

政府や軍の要人たちが見送る中、根本は餞別《せんべつ》などをいっさい断わり、ただ機内で飲むブランデーだけをもらった。それは、

「封の開いているものを頼む」

と、わざわざ所望したもので、いかにも酒好きで気取らない、金銭に恬淡《てんたん》とした根本らしいエピソードだった。根本は、そのブランデーと釣竿《つりざお》を持って、飛行機に乗り込んでいった。

蔣介石から贈られた「花瓶」

根本が日本に帰国する際、蔣介石から根本に対して、心のこもった最高の品が贈られたことを知る人は少ない。

それは高さが四十センチほどの中国風の花瓶だ。金色の地に赤や水色、草色の花模様があしらわれ、前後左右の中央部分には、紫色の衣を羽織って湖に釣り糸を垂らす太公望や、鶴の姿などが描かれている。

上層部がやわらかく膨らみ、観るものを吸い込むような奥床しさと気品を感じさせる把手《とって》つきの花瓶である。花瓶の底には、朱色で「中華民國三十六年　中正」と銘《めい》が記されている。「中正」とは、蔣介石の名である。

一九四七年、イギリスのエリザベス王女は、フィリップ王子（現エディンバラ公フィリップ殿下）とのご成婚を果たした。イギリスと中華民国は、ともに第二次世界大戦の戦勝国である。蔣介石は、まだ大戦の余韻醒《さ》めやらぬこの時期の慶事に際して、景徳鎮《けいとくちん》でつくられた百七十五点に及ぶ正餐《せいさん》用食器と共に「一対の花瓶」をお祝いの品として贈っている。

この時、つくられた花瓶が三対あった。花瓶は「二個で一セット」だ。蒋介石は、この一セットをお祝いとしてイギリスに贈り、一セットを日本の皇室に贈った。そして、残った最後の一セットを自らの執務室に置き、この上なく大切にした。

蒋介石は、根本の帰国の際に、この一対の花瓶のうち「一つ」を根本に贈ったのである。そして、残りの「一つ」を手元に置いた。

これを渡す時、蒋介石は根本にこう語っている。

「これは、あなたと私がいつも一緒にいるということです。常にそばにいて、お互いがお互いを忘れないという意味で、この花瓶を贈ります」

それは、命をかけて台湾を救いに来てくれた根本中将に対する蒋介石の最高の「真心」と「礼」を表わしたものだった。

根本に贈られたその花瓶は、六十年近くを経た現在も、ある場所に大事に保管されている。

一方、蒋介石の手元に置かれ、総統府の執務室で蒋介石と共にあったもう一つの花瓶は、現在、台北の中心に屹立《きつりつ》する中正紀念堂の中に保管されている。

巨大な蒋介石像が鎮座する中正紀念堂。日本統治時代には、歩兵第一連隊の用地だったこの場所は、蒋介石の死後、三年半をかけて、一九八〇年、彼の業績を讃《たた》える場所に生まれかわった。

広大な敷地の東側に位置する紀念本堂は、高さ七十メートルにも及ぶ巨大建造物である。中国大陸がある西を向いて設計されており、メインフロアの蔣介石坐像《ざぞう》も西を見据えている。像の両脇で警護する儀仗隊《ぎじょうたい》の交代の儀式は観光客の注目を集め、今では台北の人気スポットのひとつとなっている。

メインフロアから下に降りると、一階には「領袖文物展示室」がある。

正面には蔣介石の師である建国の父・孫文と若き日の蔣介石の姿が描かれた大きな絵画が飾られ、その横には、蔣介石の乗ったキャデラックなど、ゆかりの品がそのまま展示されている。圧巻は、総統府の蔣介石の執務室を再現した部屋だ。

ここには実際に蔣介石執務室にあった机や椅子、絨毯《じゅうたん》、置物などをそのまま展示し、完全な形で再現されている。その中に、蔣介石が大切にした〝もう一つの花瓶〟が展示されているのだ。

「これは、大陸時代に江西省の景徳鎮でつくられたものです。ほかのものは一対になっていますが、これは一つしかありません」

説明員は、花瓶の由来をそう説明した。いくつかの壺《つぼ》や置物が、すべて〝一対〟で左右に分かれて飾られているのに、この花瓶だけが一個なのである。説明書きには、

〈民国三十六年　抗戦勝時焼成　贈送外賓及友邦之用〉（民国三十六年、抗戦に勝利した時につくられ、外賓や友人に贈られた）

と書かれている。その「友人」こそ、根本博であったことをもう今では知る人はいない。

今も見学者の目を楽しませてくれるその優雅な花瓶は、金門戦争がいかに国家存亡の瀬戸際にあったものかを無言で語りかけてくる貴重な品なのである。

蔣介石が根本のことをいかに大切に考えていたかについては、さまざまな史料が残されている。

台北縣新店《しんでん》市北宜路《ほくぎろ》に立つ「国史館《こくしかん》」は、台湾の国史を編纂《へんさん》・研究する国家機関だが、ここに多数の根本関連資料が残されている。

その中に、一九五一年から五二年にかけて、根本の帰国をめぐって国民党の要人の間で交わされた話の内容が「蔣中正總統文物」の中にある。

根本が当初帰国しようとしたのは前年九月のことだが、この時に、軍の大立者でもあり、外交部長や行政院院長も歴任した政治家でもある張群《ちょうぐん》（字《あざな》は、岳軍）が蔣介石宛《あて》に送った手紙が残っている。

〈張岳軍先生來函摘要〉（張岳軍先生からの手紙の要約）

と題された史料には、こんなことが書かれている。

〈根本博は純血な軍人であり、総統を敬愛し、自由な中国を愛し護ろうというその熱意は、まことに得難きものがあります。これには、適切な温情と慰労を与えるべきではないでしょうか。あなた様のもとに招いてお会いいただくとともに、旅費あるいは生活費を賜りますよう、どうかよろしくお願い申し上げます〉

要人たちが、根本を気遣うさまが窺《うかが》える手紙だ。さらに、根本の帰国一か月前の一九五二年五月二十三日には、蔣介石からこんな命令が出た公文書が残っている。

〈發日友根本美金壹千圓命蔡孟堅在日本撥付可也　蔣中正〉（日本の友である根本博に米ドル千圓を日本で支払うよう、蔡孟堅に命じることを許可する。蔣中正）

この年、日本は国際通貨基金（ＩＭＦ）に加入し、一ドル＝三百六十円時代に入っている。千ドルとは、三十六万円である。当時は、大卒男子の初任給がやっと「一万円台」に乗ったばかりだ。これが決して小額の「餞別」ではなかったことがわかる。

長女・のりが言う。

「父は、生涯、蔣介石総統から贈られた花瓶のことを誇りにし、名誉としておりました。また、餞別の千ドルは、総統から直接、〝これでご家族にお土産を買って帰りなさい〟と言われて、いただいたそうです。私は、父にグリーンの翡翠《ひすい》のブローチをお土産としてもらいました。大事に使わせていただきました」
餞別は、日本ではなく、台湾で蔣介石から根本に手渡されたのである。これらの細かな気配りは、根本に対する蔣介石をはじめ国民党の要人たちの感謝の念がいかに大きかったかを物語っている。

また根本の帰国に際して、金門で共に戦った司令官、湯恩伯将軍からは、こんな「送別の辞」が贈られている。

義薄曇天
民国卅八年正我国大局揑抗之秋
根本先生以中日唇歯相向更感我
総統　蔣公之剛正恢宏毅然来赴与恩伯朝夕相聚
出入金廈舟山各島危難生死置三度外此程
崇高之義侠精神実可与天地間久長当敬
根本先生帰国之行特書数字明留記念並誌
景仰　根本先生雅存

湯恩伯

（天にも届く高き情義　民国三十八年抗戦の中　わが国の情勢が混乱を極めていたその時　根本先生は日中の親しい関係を思い　更に総統蔣介石公の強くまっすぐな気持ちと　気宇壮大な心持に心を動かされ　決然としてわが国に渡られ　私、恩伯と朝夕共にあり　金門・廈門、舟山諸島に出入りした　危難の時に生死を省みず　わが国に来られたその崇高な義俠の精神は　この天地の間で長く久しく　敬われるべきものである　根本先生の帰国にあたり　ここに一言を記し、記念とする　敬慕する根本先生へ　湯恩伯）

そこには、生死を共にした人間への思いが凝縮されていた。ジャーナリズムが報じる根本像と、生死をかけて行動を共にした当事者が表現する根本像は、かくも違っていたのである。

蔣介石と湯恩伯が別れの際に根本に贈った花瓶と「送別の辞」――それは、根本が命を捨てて金門戦争に参加したことに対する二人の思いが見事に表わされたものだった。

昭和二十七年六月二十五日、日本に帰国。羽田空港に降り立った根本博元中将。
手には、釣り竿を持っている。(読売新聞社提供)

第十章　武人の死

湯恩伯将軍はその後、台湾省主席、陳誠とのライバル争いに敗れた。長年の激務がたたり、胃潰瘍《いかいよう》と十二指腸憩室《けいしつ》を患った湯恩伯が治療のために来日したのは、一九五四(昭和二十九)年のことだ。

根本ら多くの知己が東京で湯を迎えたが、手術の甲斐《かい》もなく同年六月二十九日、慶應大学病院で死去した。古寧頭戦役の栄光からわずか五年、まだ五十四歳の若さだった。

「父は、湯恩伯さんが入院されて、毎日、病院に見舞いに通いました。ある日、〝今日は、湯さんの病室の窓にカラスが来とった。気分が悪い〟と言って父が帰ってきたことがありました。その日の夜十一時くらいに、〝湯恩伯氏が慶應病院で亡くなりました〟というニュースがラジオで流れたのです」

その時のことを長女・のりがそう振り返る。

「私が〝お父さん、ニュースで湯恩伯さんが亡くなったと言っています〟と伝えると、床に入っていた父は、がばっと起き上がって身支度をしました。父は軍人ですから、身支度が早いんです。着ていたものをきちんとたたんで、すぐ出て行きました。その日、湯恩伯さんと元気に話したばかりだったので、父も急変に驚いたと思います。幸い、最終電車に間に合って、そのまま翌日も帰ってきませんでした」

根本と湯恩伯は心から信頼しあっていたという。

「湯恩伯さんには、まだ幼いお嬢さんがいらっしゃいました。父はそのお嬢さんのことを不憫《ふびん》でならないと言って、涙をこぼしました。なにか自分にできることはないだろうか、と、そのお嬢さんにドレスというか、ワンピースを三越かどこかでつくって差し上げたことを思い出します。父にとって、湯恩伯さんの死は、本当に残念なことでございました」

台湾の行政の中心・台北市中正区に立つ国家図書館。蔵書数およそ三百八十万冊を誇る台湾最大の図書館に一冊の貴重な本が保管されている。

湯恩伯将軍が亡くなった際、その遺徳を偲《しの》んで交友のあった内外の知人が追悼記を

ものだ。

寄せた。それが『日本の友 湯恩伯将軍』という題名のもとに、一冊にまとめられた非売品で、一般の書店で売られたものではない。

その中に、根本博が、長文の追悼記を湯恩伯のために寄せている。台湾側から是非にと懇請され、それに応じて根本本人が書いたものだ。「予の記憶に残る湯恩伯将軍」（根本博）がそれである。手記の締めくくりに、根本は湯の人柄と金門戦争を振り返って、こう記している。

〈湯将軍の善謀敢闘の生涯の縮図の如く出来上り中共軍の常勝の夢を破り国府軍の沈《ちん》淪《りん》した士気を作興し、台湾の地位を泰山の安きに置いた功績は偉大なものである。金門の勝利は普通一般の勝利では無い。襲来匪《ひ》軍《ぐん》を一兵も退還せしめない完全なる殲滅戦である。匪軍の損耗は三萬人を下らないものといはれた。

然し将軍は長く現職に留まることは李代行総統の感情を益々悪化し、やがて蔣大総統と李代行総統との関係にまで波及することを考慮し、廈門島の失陥を理由として辞任を乞ひ其れが允許《いんきょ》せられて十月末日台北に帰還した。

私も亦《また》将軍と共に台北に帰った。金廈二ヶ月餘に亘る戦場の活躍は恩伯将軍の面目躍如たるものあり、恩伯未だ老いずの感を深くし、私は彼に対し名将の折り紙をつけることに躊躇《ちゅうちょ》しない者の一人である。
彼は常に作戦の急所を握って居り、戦勢の転機を観破することが敏速で、必ずしも自我を固執せず、価値ある助言や献策には我執《がしゅう》を捨てて良く之を容れた。
自信力の乏しい将帥は固より採るに足らないが自信力の強い将帥にはとかく我執が強くて献策や助言を容れない人が多いが、将軍は自信力も強く、猶ほ且つ献策や助言は喜んで之を聴き納得がゆけば我執をすてて之を採用する点は、確かに名将である。又其《そ》の部下を愛することも亦格別である〉
死地に赴いた日本の将軍と、それを迎えた国府軍の将軍。二人の将軍が戦火の下で結んだ友情と信頼の深さが窺《うかが》える文章である。

激動の生涯

根本が世を去ったのは、湯恩伯の死から十二年後の一九六六（昭和四十一）年五月二十四日のことだ。七十四歳だった。

台湾から帰国後、根本は好きなお酒を呑《の》み、時折かつての部下や同僚のもとを訪ねる悠々自適の生活を送った。

それは激動の人生をおくってきた根本にとって、ようやく訪れた平穏な日々だった。

長女ののりは、父の最期をこう語る。

「昭和四十一年の五月五日、軍四郎の息子の俊太郎の初節句の時、私は嫁ぎ先の青森から夜行で実家に帰って来たんです。朝十時ごろ鶴川の実家に着くと、庭に面した客間で、父が座卓で好きなトランプ占いをやっていました。床の間を背にして、薄めの丹前を着ていたように思います。私に気づくと、父は、〝ああ、のりか〟と言いました。その時、父が肩で息をしていたので、これは普通ではない、と思ったんです。それで医者に診てもらうことにしました」

昼に初節句があったが、根本は一口呑んだだけで、そのまま杯を伏せたという。

「祝日でしたが、近所の人の伝手《つて》で、病院で診てもらうと、〝この状態で何もしなければ三日ぐらい（しかもたない）でしょう〟と言われました。えっ、と思いました。それほど父の心臓は弱っていました。すぐに入院して治療し、幸いに二週間後の五月二十一日には退院できたんです。二十二、二十三、二十四日は、見舞客が来ておしゃべりもしていました。二十四日に見舞客が帰った時、父は、ちょっと休むと言って、身体を横にしました。牛乳でも飲もうか、と父が言うので、母がお茶碗を下げるついでに牛乳を取りにいくと、急に父の〝おーっ〟という声がして、母は取って返したそうです」

根本はそこに倒れていた。のりは、心筋梗塞《しんきんこうそく》ではなかったかと推測する。

「父は意識を失っていましたが、母が抱きあげると、〝根本博は、ばらばらになってしまった〟と言ったそうです。おそらく身体を分解されるような強い発作が来たのだと思います。急いで、近所の医者に母は電話をしたそうです。すぐ医者本人が受話器を取ってくれて、母はひと言〝お父さんがたいへん！〟と言いました。駆けつけたお医者さんは強心剤を打ってくれましたが、父はそのまま息を引き取りました。二週間の入院生活で全くアルコールを断ってしまったので、血管が持たないというか、水気がなくなって涸《か》れちゃったんでしょう。何十年もお酒を飲み続けた人が、プツンと断つのは絶対駄目だと思うんですけどね……」

こうして根本は、激動の生涯を閉じた。生前、妻の錫には、

「死ぬとは安らかな永い眠りにつくようなものだ。心配するな」

と、伝えていたという。それは、

「戦争に負けたのだから、本当は三条河原で首を刎《は》ねられれば、それでいいのだ」

と言っていた根本にとって、望外の幸せな死に方だったかもしれない。

かつての部下たちは、根本を慕い、さまざまな集まりを持って、晩年の根本と交流している。酒好きの根本は、「生死」を共にしたかつての部下たちと語らうのを、なによりの喜びとしていた。

その中の一人、根本が旭川第七師団第二十七連隊で中隊長をしていた時代の部下、大上真宏（当時、北海道福祉事業協会理事）は、根本の死に対するこんな感慨を寄せている。

〈中隊長と呼んだときから〉

そう題された追悼文には、終戦時、中国で受けた恩義に対して、根本がいかに深く感じ入っていたかがこう表現されている。

〈根本先生が如何に人間性に優れた将軍であったか、終戦時の敵将、蔣介石総統の先生に対する礼遇と厚意で明かである。先生も亦た其の事を徳としておられたようだ。

蔣総統は終戦後本国に引揚げる幾万の将兵への厚遇を始め、日本国民が忘れてならないことは、天皇制を支えて下さったことである!!と、常に語っておられた。亦た其の恩義に報ゆる為に国禁を犯して台湾に密航したのだと申されていた。

従って蔣総統への建言も当時流布されたような、本土反抗に対する指南ではなく、先生の世界平和への願望から、今後の世界平和の為め台湾と自由陣営の果すべき道を説いたのだと聴いた。（中略）二十七聯隊を除隊後の私共は確かに苦労もした。戦争と言う大試練に遭遇し、親しかった戦友の多くを失い、生き残った者は僅《わず》かだが、斯して先生を迎えて往時を偲ぶことができて嬉しい。

私共も一人一人が語る、大正十二年除隊以来の一くさりを、ウンウンと盃を手に午前三時までという長い長い時間を、楽しそうに或《あるい》は感慨深げに聴いて下さった。

あれから、もう十五年になる。其の間に先生は四、五回来道されている。

いつも私共は先生を中心にして旧交を温め得たものだが!!

今や先生の謦咳《けいがい》に接する術《す》べもない。惜しまれてならない、寂しいことである。それは私共の恩師に対する思慕だけではない。先生が高邁《こうまい》な理想を有ち《ママ》ながら、大海のような心の宏大さを有ち《ママ》ながら、遂に逝かれたことである。ただ残された根本評が、大酒呑みであったことが大半を占めるのでは、故人も私共も甚だ遺憾である。先生の御逝去が痛惜《つうせき》にたえない此の頃である〉

根本が中隊長、そして連隊長時代、隊内の鉄拳《てっけん》制裁はいっさい禁止され、若い兵士たちに根本はこの上なく慕われている。酒をこよなく愛した根本は、こうして多くの人に惜しまれながら世を去った。

第十一章　かき消された歴史

二〇〇九年春、台湾の国防部では、あるプロジェクトが進行していた。

「古寧頭戦役六十周年記念式典」の計画である。

前年の八月二十三日、金門島ではあるイベントがおこなわれていた。

「八二三戦役五十周年記念式典」――一九五八年八月二十三日午後六時、中国から金門島に向かって砲撃が開始され、以後、およそ四十日間に四十七万発もの砲弾がぶち込まれ、国府軍からも反撃の砲撃がおこなわれた。

砲戦がスタートした日から数えて五十年目の二〇〇八年八月二十三日、金門島では当時の兵士たちの参加を仰いで記念式典が挙行された。

成功裡《せいこうり》に終わったこの式典の後、国防部には、非難と要望が殺到した。

「〝八二三砲戦〟だけなぜ記念式典をおこなうのか」

抗議は、そのひと言に尽きていた。「八二三砲戦」よりも、もっと大切なものを忘れてはいないか、金門島で共産軍を撃滅し、台湾と台湾海峡を守ったのは、そもそも「古寧頭戦役」ではないか、というのである。

一番大切なものを記念せずに「何をやっているのか」という批判に対して、国防部と金門縣では、二〇〇九年十月二十五日が古寧頭戦役からちょうど「六十年目」にあたることに眼をつけ、ならば、「古寧頭戦役六十周年記念式典」を挙行すればいいではないか、と動き出したのだ。

もっとも、当初、馬英九《まえいきゅう》総統が大陸（中国）との関係を強めており、国府軍が共産軍を撃滅した戦争の式典開催には「難色を示すのではないか」という懸念の声もあった。

だが、意外にも総統府の反発はなく、国防部と金門縣合同のプロジェクトは順調に進み始めた。

六十年の歳月によって、当然ながら国防部の現役軍人には、実際に当時の戦役に参加した人間はいない。

式典を挙行するなら、古寧頭戦役に参加した高齢の元兵士たちをどう金門島に運ぶか、規模はどのくらいのものにするのか、どんな形式でおこなうのか……等々、二〇〇九年の春節（旧正月）が終わってから、話し合いが本格的にスタートした。

「ところで、この戦役には日本人が参加していたという話がありますね」

あるスタッフからそんな話題が飛び出したのは、間もなくのことである。

「日本人？」

「そんな話があるのか？」

幹部たちの間で、ひとしきりそんな声が上がったが、誰もフォローする者はいなかった。反応はそれ以上、まったくなかったのである。

根本博、あるいは林保源という名前以前に、日本人が戦争に参加していたこと自体が忘れられていたのである。六十年という歳月が「すべて」を消し去っていた。

それ以来、記念集会を話し合うミーティングにおいて国防部内で「日本人」のことが話題になることはなかった。

写真もない総司令官

半年後の二〇〇九年夏、私は金門島の古寧頭戦史館にいた。

古寧頭戦史館は、金門島の北西部、「北山」のバス停からゆっくり歩けば十分ほどのアカシアの林の中にある。「古寧頭戦役」の大勝利を記念して、一九八四年に建てられたものだ。

城壁をイメージしたような、ずっしりとした石造りのグレーの建物である。正面手前には、銃剣をつけた歩兵銃を左手で握りしめ、右手を前方に高く突き上げて、突撃するさまを表わした勇ましい兵士像がある。

像の台座には、金文字で大きく「忠」という字が彫り込まれている。ゲートルを巻いたその兵士の足もとを見ると、履いているのは草鞋《わらじ》だ。兵士が大きく口を開け、叫んでいるさまといい、見るものにリアリティと迫力を感じさせる像である。

その像の左右の後方には、戦車がそれぞれ一台ずつ鎮座し、戦史館の入口を守っている。「金門の熊」こと、M5A1型の軽戦車だ。

古寧頭の戦いの死命を制したのは、この「金門の熊」であったことは間違いない。戦車に乗り込んだ元兵士の陳松年が証言したように、この戦車の火力によって、立て籠《こ》もった共産軍兵士と共に、「地上から消えた集落」もあったほどだ。それだけの圧倒的な威力を発揮したのが、このM5A1なのだ。

多くの共産軍兵士を屠《ほふ》った実際の戦車が展示されているところが、国共対立の最前線・金門島らしい。この島が、甘えや妥協がいっさい許されない「殺すか、殺されるか」という地でありつづけたことを、この展示物は物語っている。

眩《まぶ》しく、刺すような陽光を避けて一歩館内に入ると、そこには、さらに多くの展示品が誇らしげに飾られていた。

戦史館の入場は無料。一人でも多くの人に展示物を見て欲しいという為政者の意気込みが感じられる。

正面には、ステッキをついて金門島から大陸の方角を指さした蔣介石の大きな絵画が掲げられ、館内はそれを中心に、金門での戦争のようすを描いた巨大絵画にぐるりと取り囲まれている。

写真やパネル、実際に両軍が使用した武器……等々が、館内には静かに置かれていた。ワンフロアしかなく、広さもそれほどではない。歩くだけなら数分でまわれるぐらいのものである。

私は、入口を入って右側に掲げられている軍人たちの写真に注目した。パネルにされた縦およそ七十センチ、横およそ五十センチほどの軍人たちの写真は、いずれも誇らしげで、国を守った「英雄」そのものである。

だが、私は、その軍人たちの写真の前で立ち尽くしてしまった。そこには、この古寧頭戦役を指揮した最高司令官の湯恩伯の写真がどこにもないのだ。

なぜ湯恩伯の写真がないのか。

写真の横にある当時の指令配置図には、一番上に「湯恩伯司令官」の名前がたしかにある。しかし、写真が掲げられているのは、胡璉、李良榮、高魁元《こうかいげん》……ら、湯の部下たちだけなのだ。

総司令官の湯恩伯が完全に消されている——私は、初めてそのことを知った。案内してくれている金門島在住のガイドにそのことを訊《き》くと、

「たしかにそうですねえ。湯恩伯が消されているのは、おかしいですね」

と、彼も初めて写真がないことに気づいたようだった。しばらく考えた後、彼は、これは国民党の伝統的なやり方ですと、こう言った。

「ひとつの戦争に対して、大きな功績を一人だけ認める、というものでしょう。金門島の戦いは、胡璉将軍に最大の功績があったとして、一人に集中させたのです。のちに胡璉は金門の司令官にもなっていますから、その方が、都合がいいのです。上は、もちろん蔣介石ですから、湯恩伯は必要がないのでしょう」

さらに見ると、配下の青年軍を率いて古寧頭戦役で大きな武勲を挙げた孫立人《そんりつじん》将軍の写真もなかった。孫立人は、ビルマ戦線で日本軍を苦しめ、アメリカが〝ポスト蔣

介石"に考えたほどの将軍だったが、そのために蔣介石の逆鱗《げきりん》に触れ、共産党スパイ事件をでっち上げられて一九五五年から軟禁生活を余儀なくされた将軍である。

孫立人の写真が掲げられていないのは、ある意味、わかりやすい。だが、湯恩伯司令官は、謀叛《むほん》を疑われたわけでもなく、そもそもこの戦いを指揮した総司令官である。その総司令官が、軟禁生活を強いられた孫立人と同じような扱いを受けていることになる。

湯恩伯の功績さえ消されているなら、その軍事顧問だった「林保源」こと根本博の存在が忘れ去られているのは、むしろ当然だった。

根本博は、歴史から見事に「消されていた」のである。

都合の悪い「歴史」とは

私は、国防部で軍の歴史を担当した幹部たちを訪ね歩いた。国防部には「史政局」(注=現在は、史政編訳室)というセクションがあった。国府軍の歴史を正式に編む部署である。トップは、少将クラスが就く国防部の中の重要セクションだ。

国防部の元史政局長、傅應川《ふおうせん》(六八)は、私の質問にこう答えた。

「湯恩伯は建前としてはリーダーだが、実際には、李良榮の方がリーダーだったのでしょう。湯恩伯は、金門島に行ってなかったのではないでしょうか。根本将軍のことはまったく聞いたことがありません。もし根本将軍が本当に金門島の戦争に参加しているなら、その功績が消されるということはないでしょう。事実ならば、認められるはずですよ」

また、国防部史政局の幹部だった汪國禎《おうこくてい》（六九）も、著書を何冊も持つ国府軍の歴史の専門家だ。現在、中華戦略学会特約研究員でもある汪は、傅應川・元史政局長よりもさらに明確に、こう言い切った。

「根本さんという人物がどんな働きをした人なのかわからない。それほど大きな役割を果たした人なら、国防部の〝正史〟になぜ出て来ないのですか。もし事実と思うなら、どうぞ探してみなさい。白団のトップだった白鴻亮こと富田直亮少将のことなら、いくらでも話せますが、その根本博という人物については聞いたことがありません」

同じく今はアメリカのロサンゼルスに住んでいる元国防部史政局長の鄧祖謀《とうそぼう》（八〇）もこう語った。

「あの古寧頭戦役を実際に指揮したのは、李良榮です。湯恩伯は、金門島にいなかったそうですよ。湯恩伯の貢献があまりなかったことは、軍の中では有名です。だから、根本さんが古寧頭戦役で何をしたのかは知りませんが、おそらく貢献が少なかったんじゃないでしょうか。蔣介石から見れば、湯恩伯はやるべきことをやっていないのです。根本さんが何をやったか、というのも疑問ですね」

彼らの口から出てくるのは、「根本のことは知らない」「戦功があるなら正史に残っているはずだ」という言葉ばかりだった。

国防部OBの中には、湯恩伯が「金門島にいなかった」と、根本ばかりか湯恩伯の行為そのものを否定する者さえいた。無論、根本と吉村が〝命をかけて〟金門島までやってきたという事実など、誰も知らない。そのことをしつこく訊くと、

「何が聞きたいのか。日本人の手を借りなくとも国軍には共産軍を殲滅《せんめつ》する力があった。それが胡璉将軍の下で発揮されただけだ」

という〝正史〟を教えられるばかりだったのだ。

恩義に報いるために命をかけてやって来た根本の思いは、こうして台湾の複雑な政治情勢と気の遠くなるような年月の経過によって、すべてが消し去られていたのである。根本の存在は、正式な史実の中ではまったく、そう、一行も出てこないほど完璧《かんぺき》な消し方をされていた。

当時から「林保源」という中国名が与えられたように、根本の存在はそれ自体が秘

密だった。

だが、取材を進める内に古寧頭戦役からわずか三年後、香港と台湾で発行されていた『新聞天地』という雑誌が詳細な根本の「手記」を発表したことがわかってきた。

『新聞天地』は一九四五年一月、卜少夫《ぼくしょうふ》というジャーナリストによって、重慶で創刊された総ページ数四十ページ前後の週刊雑誌である。国民党に近く、政治、経済、歴史、事件……など、多岐にわたるテーマを扱って人気を博した。

その一九五二年八月九日号に、「我為自由中國獻身（自由中国のために私は身を捧《ささ》げた）」と題し、「前日本陸軍中将　根本博」の手記が発表されたのだ。

中身は一ページが四段、全四ページにもわたる長文のもので、根本の経歴に簡単に触れたあと、総リードには、こう記されている。

〈民国三十八年六月に、日本から台湾へ密入国し、報恩の心を尽し自ら反共戦争に参戦しようと申し入れた。自由中国に三年間滞在し、今年六月下旬に台湾を離れて日本に帰っていった。台湾滞在の期間中、巷では様々な噂や伝説が流布されていた。本文は根本自身により台湾へ赴く動機や実際戦闘の経過などが詳述されている。本文を読んでこの伝説的な人物の経歴について少しはわかるであろう〉

根本は台湾でも当時から〈伝説的な人物〉という捉《とら》え方をされていたのだ。それは、香港と台湾における根本博の最初で最後の独占手記にほかならなかった。

記事は、李銈源が根本の前に現われた時から始まり、密航の苦労談や、蔣介石との謁見、廈門・金門戦争の経緯などが、詳しく綴《つづ》られている。

〈無事、湯恩伯と台湾へ帰還〉

という小見出しがつく項には、根本はこんなことを記述している。

〈この二昼夜にわたった金門の戦役は、国軍の完全勝利となった。攻撃してきた約三万人の共産軍は、約八千人が捕虜になり、ほかは悉《ことごと》く殲滅されてしまった。彼らの使用した百八十二隻の船も焼き棄てられた。この戦役は、近年の国軍にとって唯一の勝利記録となった。言い換えれば、この戦役は国軍復興の警鐘を鳴らしたもので、敗戦が続く軍隊に光を当てたものだった。湯総司令官は台湾へと栄光なる帰還となり、私にとっても任務は完了したため、湯総司令官と台湾へ帰ってきた〉

軍事顧問としての自分の立場を明確化したこの手記は、客観性が強く、史料的価値も高いものだった。まして、この手記が発表された当時、登場する人物は、蔣介石や湯恩伯を含め、ほぼ全員が存命である。それは、ほとんどの当事者が「目にすることができる手記」だった。根本は多分に自分のことを謙遜《けんそん》しながら、この手記を書いている。

それでも、手記を熟読すれば、湯恩伯と根本博の果たした役割の大きさは十分理解できるものになっている。

しかし、国防部で軍の正史を扱った人々は、この手記さえ、まったく無視していた。それが意図的かどうかはともかく、国防部はすべてを完全に消し去っていたのだ。あの戦争への日本人の関与とは、それほど国防部にとって、都合が悪かったのである。

それは、蔣介石と共に台湾へやって来た人たち、いわゆる「外省人」たちと、もともと台湾に住み、日本の統治時代を過ごした「本省人」たちとの対立・反目を無視しては理解できないだろう。

多くの犠牲者を出した二二八事件を含め、台湾では、外省人が本省人を弾圧した事件は少なくない。大陸を追われた外省人たちが為政者として権力を振るうためには、日本統治時代の名残りは一掃する必要があった。

二二八事件は、外省人による本省人弾圧の最大の事件である。国民党、すなわち外省人が台湾を統治する根拠とは、共産軍を撃滅し、台湾を中国共産党から「守った」ことにほかならない。その最大の金門戦争の勝利が、もし「日本人の手を借りたもの」だったとしたら、どうだろうか。

それが広がることは、外省人にとって歓迎すべからざることであったのは疑いない。

根本博という日本人の純粋な行動を歴史の上から消し去ったのは、台湾が持つその複雑な歴史ゆえだったのかもしれない。

こうして、六十年前の根本の実際の行動を知る人物や、根本ゆかりの人間を探し出す作業は暗礁に乗り上げた。

第十二章　浮かび上がる真実

明石元長と共に、根本を台湾へ送り込んだ主役の一人、「李鉄源」の消息を探る作業も、困難を極めた。それは、根本を担ぎ出した張本人であり、根本本人の業績を知るには、最もふさわしい人物だった。

すでに「亡くなっている」という不確かな情報があるだけで、実際には、彼がその後、いかなる人生を送ったのか、それを知る手掛かりはまるでなかった。

吉村勝行のもとに「大阪万博」を観にふらりと訪れたり、時折、明石家に挨拶《あいさつ》にやって来たり、思い出したように消息が伝えられていた李鉄源が「どうも亡くなったらしい」と語られ始めるのは、九〇年代後半のことである。

間違いなくあの「古寧頭の戦い」を勝利に導いた、すなわち台湾を守った功労者である李鉎源は、謎に満ちた存在だった。「国民党特務の工作員」と当時の雑誌に書きたてられたものの、台湾に辿り着いた直後に逮捕されたり、その後、日本にやって来た時のようすからは、「特務」あるいは「工作員」などという強面《こわもて》イメージはまるでなかった。李鉎源を直接知る人たちは、彼を「気のいい台湾人」としか見ていないのである。

そのギャップが、私には不思議だった。

国民政府の〝密使〟として根本中将の前に現われ、実際に明石元長と協力しながら、それを実現させた男。それほどのことをやってのけた李鉎源とは、いったい何者だったのだろうか。この謎の台湾人は、その後、どんな生涯を送ったのだろうか。

李鉎源の消息を知る最大の〝関係者〟は意外なところにいた。

台湾ではなく日本、それも大阪である。

関係者を訪ね歩く内に、「李鉎源の娘が大阪に住んでいる」という情報が私のもとに舞い込んできたのは、二〇〇九年夏のことだった。

関西が夏の甲子園一色に染まっていた八月半ば、私は、ようやくその女性に会うことができた。

彼女は、日本人男性と結婚し、今は三浦姓となっていた。五十一歳になる李鉎源の娘、李玉恵《りぎよくけい》は眼鼻立ちがはっきりした台湾美人である。

待ち合わせした桜ノ宮の大阪リバーサイドホテルのロビーに現れた玉恵は、いかにも台湾生まれらしい明るさと、ざっくばらんな関西人の雰囲気を併せ持った親しみやすい雰囲気の女性だ。

「父が、国民党の特務だったなんて、まったく違いますよ」

台湾訛《なま》りの独特の関西弁で、玉恵はそう私の質問を笑いながら否定すると、父・李銋源のことを語り出した。

「父は、最後まで国民党が大嫌いだった人です。母は戦争の後、台北縣議会で初めての女性議員になりました。でも、無所属で当選し、その後、国民党に対抗馬を立てられて落選したので、両親とも国民党は大嫌いなんですよ」

玉恵は、そんな意外な話をし始めた。〝国民党の使者〟だったどころか、父親は、〝反国民党〟だったというのだ。

「根本さんのことは知っています。父から直接聞いています。偉い日本の将軍を台湾へ連れてきた、と言っていました。台湾に渡るために根本さんという将軍が、自分の骨董品《こっとうひん》を売ったりして、渡航費用を作ろうと悩んでいた時に、うちのお父さんが根本さんの家を探し出して訪ねて行ったそうです。費用は準備出来ているから、是非来て下さいと持ちかけたのです。根本さんは戦争が終わった時に、自決を考えていましたが、蔣介石に感謝し、日本人として台湾に尽くすという応援の気持ちがあったそうです。父はそのことがわかって、訪ねて行ったそうです。でも、蔣介石はそのことを知らなかった、と言っていました」

玉惠は、さまざまなことを父親から直接、聞き及んでいた。彼女の口からは、興味深い話が次々と飛び出した。

「父は台北縣蘆洲郷《ろしゆう》(現・蘆洲市)で一九一八年六月に生まれました。八人兄弟の長男で、父の人生はおじいちゃんの影響を受けたものでした。おじいちゃんは、李爐己《りろき》といって、台湾総督府関係の仕事をやった人です。明石総督の秘書長で鎌田正威《まさたけ》さんという人がいて、その人にかわいがられたそうです。おじいちゃんは、もともとは学校の先生でしたが、『天津庸報《てんしんようほう》』という新聞社で新聞記者もやり、そこの社長もやりました。台湾総督府の関係でやったのだと思います。父は、十四歳の時から政治の世界に首を突っ込みました。満洲事変が起こったあと、動乱の中で、そういう世界に入っていった、と父から聞いています。戦争中はおじいちゃんのつき合いから政治情報員もやっていたようです」

玉惠にとって祖父にあたる李爐己という人物が、台湾総督府関係の仕事をおこない、それに従って李鉎源は、「その世界に入っていった」というのである。政治情報員とは、台湾軍、すなわち日本軍関係だったと思われる。だが、李鉎源が尊敬してやまなかった父親の李爐己は上海で暗殺されるという悲劇に遭遇している。

「おじいちゃんは一九四三年七月六日、上海の新亜ホテル三五〇号室で、何者かに毒殺されました。日本のためにいろいろやっていましたから、それで殺されたのだと思います。政治一筋の人生でしたが、父にとって、それは大変なショックでした。父はおじいちゃんに言われて日本に勉強に行きました。日本の大成中学校という学校に行き、また、日大専門部の政治科を卒業しています。それから、京都帝国大学の法学部政治学科にも通いました。おじいちゃんの方針で、父は日本の学校に通ったのです」

おそらく留学生枠だろうが、李鉎源は京都帝国大学にも通った学徒だったのである。

父の〝誇り〟とは

玉惠は一九五八年生まれ。六人兄弟の末っ子で、一番上の兄は一九四一年に天津で生まれている。

「父は最初の奥さんとは別れたのです。ちょうど根本さんたちを密航させた頃で、いろいろあったと聞きました。父は根本さんを密航させた時、逮捕されています。なんでも、おまえは独立国をつくろうとしている、というような言いがかりを国民党につけられたそうです。あとで、根本さんが蔣介石に口添えしてくれて、やっと釈放されたと聞きました」

台湾に辿り着いた時、国民党と関係がなければ、密航者として根本たちが逮捕されたのも当然だった。その後、李銓源はまた投獄され、根本に口添えされるまでそのまだったことになる。

「財産も国民党政府に没収され、何もなくなったと言っていました。でも、父には日本の情報がいろいろ入って来ているので、その後も台湾政府は日本の情報を父のところにもらいに来ていたようです。台湾の政府、日本の国の政府の情報を、父は媒介していたと思います。でも、国民党が大嫌いでしたから、父が国民党のためにいろいろ動くということはありませんでしたね」

では、李銓源が「根本さんなら台湾に行ってくれるかもしれない」と思い、そういう行動に出たのはなぜだろうか。

「それは、台湾を助けるためだったと思います。父は、台湾生まれの台湾人ですから」

玉恵は私の質問が終わるか終わらない内に、そう言い切った。

「父には、大嫌いな国民党の考えは入っていません。政府のことは一切入ってなかったのです。すべて自分の判断だったと、父は言っていました。それにはやはり台湾と日本の関係があると思います。毛沢東の共産主義に台湾が占領されていいのだろうか、という思いがあったと思います。その時、根本さんのことを父は知った。根本さんの知恵、人格、実力……そういうものを知って、父はこの人しかいないと思ったそうです」

それにしても、〝密航〟というのは、あまりにも大胆な計画である。

「父には、生まれつき持っているものがありました。大きなことに尽くすということを強く思っていた人なので、人を説得する力があったのです。父は金門戦争で一番偉かったのは根本さんなのに、それが隠されていると言っていました。父にとってあの出来事は人生の宝だったと思います。父の一番の歴史です」

李銔源は生涯、根本を台湾に連れてきたことを誇りにしていたという。同時に、政治から離れることもなかった。

「ずっと政治にかかわっていましたね。選挙に出馬してはいつも落選していました。台湾では、力は国民党が握っていたので、無党派の父が当選することはありませんんでした。私は父の選挙で、幼い時からステージにあがって、毎回スピーチして応援してあげました。市長選をはじめ、いろいろな選挙に何度も何度も出馬しました。演説は、根本中将を呼んで戦争に勝ったことなどを話していましたが、誰も聞いたことがない話なので、反響はありませんでした。根本さんのことを大功労者といっても、誰も知らなかったですね」

李鉄源がいくら力説しても、根本の存在自体が台湾では隠されていたのだから、聴衆の反応がないのは当然だった。李は、一生選挙に追われ、そして落選をつづけた。国民党でなかったために、生涯、議席を得ることはできなかったのである。

「家族は、もちろん、お父さんの出馬に反対ですよ。最後はお父さんに出馬させないために、住民票を本人が知らない内に台北から台中に移動させたこともありますよ。父はその時、めちゃくちゃ怒っていましたね。選挙の時になると、家に大勢の人がやって来て、ご飯を食べていきました。落選ばかりで、本当に割りに合わなかったですよ」

李鉄源が〝無党派〟をやめたのは、一九八六年のことだ。民進党ができた時、それまでの無党派から、李は初めて民進党の党員となることを選んだのである。

「それほど父は国民党のことが嫌いでした。母も台北県の県議会議員時代、国民党に入って下さいと言われたのに最後まで入りませんでした。やはり、台湾は台湾人のものという考えが本省人にはありますから……」

根本を担ぎ出したのも、純粋に「台湾を助けたい」という思いからだけだったのだろうか。それにしても、〝台湾が命〟の本省人、李銈源の一生は、どこか憎めないものがある。

李銈源が生涯を閉じたのは、一九九六年のことである。七十八歳だった。

「父には糖尿病があり、七十歳を過ぎて痩《や》せて来ました。父は、兄のいた台中で亡くなったのですが、二、三日前に床について、静かで、苦しむこともなく、急に亡くなりました。夕方、すーっと眠るように死にました。これは、台湾では〝寿終正寝《じゅしゅうせいしん》〟と言います。人生の終わりを幸せに眠るように迎えることです」

玉惠によれば、葬儀が終わり、骨上げの時、不思議なことがあったという。

「骨がグリーンに輝いているというか、花が咲いているような感じになっていたんです。火葬場の人によると、これは〝舎利花《しゃりばな》〟といって、生きている時に、人のためになる、すごいことをした人にだけ出るものだというんです。〝この人は、生きている時にすごいことをやった人だ。人のために尽くした人ではないか〟と火葬場の人に聞かれ、私は不思議でたまりませんでした。父は、お経をあげたこともなければ、信心深いわけでもありませんでした。思い当たることと言えば、根本さんのことしかありません。生前、父が誇りに思っていたことは、唯一、自分は根本将軍を台湾に連れてきて、台湾と台湾人を守った、ということだけでした。選挙の演説もそればかりでしたからね。私には、思い当たるものはそれしかなかったのです」

そう語ると、玉惠は私の顔を「言っている意味がわかりますか？」と、言いたげな表情でまじまじと見つめた。やや迷信じみた話になったので、恐縮したのかもしれない。

しかし、私には玉惠の話がよくわかった。「自分は台湾と台湾人を守った」――そのことを誰にも認められないまま、李銈源は人生を終えた。しかし、李銈源自身は自らの人生を満足のいくものだったと思いながら生涯を閉じたのではないか、と私には思えたのだ。

それは、台湾をこよなく愛した一人の台湾人の「波乱の生涯」だった。

数奇な運命を辿った「李父子」

李銈源が国民党を憎み、旧台湾総督府人脈に連なっていたことについては、さまざまな証言がある。

根本の通訳として常に傍らに寄り添っていた吉村是二の長男・勝行が、

「李鉎源は、殺された父親の汚名を雪《すす》ぐことに必死だったような気がしますね」

と言えば、共に根本送り出し工作の中心となった明石元長の長男・元紹も、

「(李鉎源の)父親が立派な人だったということは、父の元長も言っていました。李鉎源自身も父親を尊敬していました」

と言うように、自分の父親が、仮に国民政府側、すなわち蒋介石側に毒殺されたのなら、李鉎源が「彼らを助けるために奔走する」というのは、確かに不自然である。やはり、玉惠が証言するように、李鉎源は「国民党」を助けるのではなく、「台湾」を助けようとしたのではないか、と考える方が自然ではないだろうか。ならば、李鉎源が国民党特務であったという当時の報道は、誤りだったことになる。

台湾総督府とのかかわりについて、玉惠が名前を上げた「鎌田正威」という人物がヒントになって、李爐己、李鉎源父子のことを知る人物に出会うことができたのは、玉惠と会った約二か月後のことである。

台湾総督府の元外事課長である鎌田正威の三男、鎌田隆興《たかおき》(八五)だ。三重県内の中学で社会科の教師を長く務め、今は悠々自適の生活を送っている隆興は、小さい時

から李父子のことを知る貴重な証言者だ。

「李爐己さんのことも李銈源さんのこともよく知っていますよ。二人とも、台北の家にも、それから私たちが東京へ引っ越してきてからも、よく訪ねてきました」

隆興はそう語る。隆興の父、鎌田正威は、香川県坂出の出身で、丸亀中学から一高、そして東京帝大法学部政治学科に進み、卒業後、台湾総督府に入った官僚である。台湾総督だった明石元二郎の秘書官を務め、その後、要職を歴任したが、昭和十年八月、台北で悪性貧血によって急死している。まだ五十歳になったばかりだった。

「李爐己さんは、父が生きている時も、亡くなってからも、よくうちを訪ねて来ていました。息子の李銈源もよく遊びに来ていました。私の長兄は明元《あきもと》、次兄は大直《おおなお》と言いますが、李銈源は、歳が近い次兄と仲がよかった。李銈源の幼名は〝幼漢〟と言いました。ヨハンと呼んでいましたね。母親は学校の先生で、クリスチャンでした。アルファベットで〝JOHN〟、英語読みすればジョンの〝ヨハン〟と幼名をつけたのは、母親がクリスチャンだったからだと思います。私たちも彼のことをヨハンと呼んでいました」

隆興は、かつての李爐己、李銈源父子の生き生きとした姿を語った。台北市のメインストリートのひとつ、仁愛路《じんあいろ》にあった一戸建てに鎌田一家は住んでいた。敷地が二百坪ぐらいある日本家屋で、李鉎源はそこに小さい頃から遊びに来ていたというのである。

「父・正威は、台湾総督府でさまざまな仕事をしていました。中国では、新聞が威力を持っており、父は台湾総督府の援助をバックに、福建省の中心・福州で〝閩報館《びんほうかん》〟というものをつくって、そういう関係の仕事をしたこともあります。閩報館というのは、一種の台湾総督府の出先機関です。李爐己さんは、台湾総督府や台湾軍、つまり、日本の陸軍関係の仕事などをしていたと思います。これらの意向を受けて、大陸や台湾でさまざまな工作をしていたはずです」

軍の謀略関係の仕事もしていたのではないか、と隆興は推測する。父・正威の人脈を利用して、関係づけられる所があれば、どんどん食い込んでいく。李爐己は、そういう人物だった。天津で発行していた新聞をわざわざ鎌田家に郵送して来たり、正威が死んで、鎌田家が東京の池袋に引っ越してからも、李爐己は時々、訪ねてきたという。

「李爐己さんが、日支事変に対する意見、たとえば、支那大陸にいくら軍隊を出しても、点だけしかおさえていない、とか、作戦としても駄目だ、と中国の古い本から言葉を引っ張り出して来て、母に持論を語っていた記憶があります。彼は日本側の立場に立っていた人ですから、日本軍の中国進出については是としていたと思いますが……」

　李爐己が暗殺されたことを隆興が聞いたのは、昭和十八年頃のことだ。隆興は当時、李爐己が国民政府、すなわち、〝重慶側にやられた〟という噂を、耳にしたことを記憶している。

「李爐己さんが重慶側に暗殺された、と私は聞いたのです。母も私も、いつかはそうなる運命にあったのかなあ、と思いました。というのも、母は、李爐己さんのことを〝昔は、鱸鰻《ローマ》と言われていた人ですよ〟と言っていました。鱸鰻というのは、台湾語で、〝無頼漢〟とかそういう意味の言葉です。李爐己さんはインテリでもありますが、そういう独特の迫力があり、普通の人とは違う雰囲気を持っていた。もちろんヤクザではありませんが、軍の関係でいろんなことをやっていた人ですから……」

　李爐己を毒殺したのが誰であるかは不明だ。隆興は、彼と最後に会った時のことを覚えている。暗殺される前年、昭和十七年のことである。

　隆興がちょうど大学に入るために浪人している時、李爐己は、わざわざ自分の住んでいた東京・水道橋の二階建ての一軒家に隆興を呼んでご馳走《ちそう》した。

「ちょっと小高い丘の上の方にあった家でした。浪人中で落ち込んでいた私を励ましてくれたわけです。彼は日本人の女性と暮らしていましたよ。私に〝頑張れ。親父さんのやったことを思えば、君はいい学校に入らなければいかん〟と、随分、はっぱをかけられました。李爐己さんには、そういう人間味というか、優しい面がありました。パリッとしていて、和服に下駄という格好を好んでしていましたが、そういう李爐己さんの姿を思い出しますね」

李鉎源とのつき合いについて、隆興はこう語る。

「亡くなった次兄の方が関係は深いと思いますが、私も李鉎源と親しくしていました。李鉎源が住んでいた東中野の家にも行ったことがあります。彼は、一軒家を借りて、他の台湾人を住まわせていて、連中はそこから大学なんかに通ったりしていました。彼が二十三、四歳、私が十八歳ぐらいの頃でしょうか。昭和十六、七年頃の話ですよ。行ったのは一度きりですが、本を借りた覚えがあります。彼は、学生の兄貴分みたいな感じでした」

その後、同志社大学に進み、軍隊にも行った隆興は、戦後、李鉎源と再会している。

「再会したのは、李鉎源がもう四十近くなった頃ですよ。戦後、随分経って、彼が父親・李爐己の慰霊祭を築地本願寺かどこかでやったのです。父親が亡くなってそのままになっていたので、それを父親の友人が李鉎源に持ちかけて実現したのです」

慰霊祭には、台湾関係の人間が二百人ぐらい集まった。兄たちと共に参列した隆興は、李銈源が別人のように変わっていたことに驚いたという。以前は、ひょろひょろだった李銈源が、がっちりした、言うなれば、〝ごつい人間〟になっていたのだ。

「ああ、苦労したんだなあ、とその時、思いました。彼は、次兄の大直と言葉を交わしていましたが、私とは二言、三言しか話していません。その次兄から、李銈源は〝拷問にあい、左耳がよく聞こえないそうだ〟ということを聞いたことがあります。彼も苦難の道を歩んだんだと思います」

台湾総督明石元二郎の息子・元長、元二郎の秘書を務めていた鎌田正威、その鎌田にかわいがられ、台湾総督府のさまざまな活動をおこなった李爐己とその息子・李銈源――。

根本渡台を実行した人たちは、まさに〝知られざる過去〟を持つ人たちだったのである。

もう一人の台湾総督府人脈

ここにもう一人、台湾総督府人脈に連なる人物が登場する。

根本が密航した船「捷信號」を提供した李麒麟である。

李麒麟は、李銈源と同じ台北縣の蘆洲郷の生まれだ。李銈源と李麒麟は、共に明石元長が主宰していた「東亜修好会」のメンバーである。

その李麒麟もまた台湾総督府と極めて近い人物だった。戦後、「信義《しんぎ》貿易」という会社を立ち上げ、バナナやパイナップル、生姜《しょうが》、胡瓜《きゅうり》、梅など、さまざまなものを日台間で商った実業家だ。

李麒麟の息子・李忠霖《りちゅうりん》（六四）と私が会えたのは、ほんの偶然からである。

二〇〇九年九月、古寧頭の戦いと根本将軍の取材で訪台していた私のことが、台湾の有力紙『中国時報』に取り上げられた。

〈古寧頭戦役補遺　日作家來尋人〉

古寧頭戦役の埋もれた資料を補うべく日本の作家が来訪して人を探している——こんな大見出しで丸々一面を使った記事だった。

その記事を偶然読んだ李忠霖が、『中国時報』にまず連絡し、そこに頼み込んで私にコンタクトをとってきたのである。

台湾におけるメディアの威力の大きさを知ると共に、不思議な縁を感じざるを得なかった。

襟を立てた黒シャツに真っ黒な長髪をなびかせた若々しい出で立ちで現われた李忠霖は、とても六十歳代には見えない。

「中国時報の記事を読んでびっくりしました。私は、根本将軍のことも知っているし、家にも行ったことがある。中国時報に問い合わせて、金門島にまで電話しました。日本から取材に来ている人にお役に立てると思うので、と連絡先を探してもらったのです」

李忠霖は、私に会うまでの経緯をそう語った。彼の説明によれば、父・李麒麟が創立した「信義貿易」は兄が引き継ぎ、彼自身は、日本で玉川学園に通い、アメリカのコロンビア大学を出て、ロンドン大学でも学ぶなど学究に勤《いそ》しんだという。

「私自身は外交官になりたかったんですけど、親父に〝われわれは台湾人（筆者注＝「本省人」の意味）だから、たとえ外務省に入っても出世はできないぞ〟と言われました。そして、〝それよりも世界のどこへ行っても、自分で食っていけるような力をつけておけ〟と言われたのです」

考古学者として研究をおこなってきたと語る李忠霖は、どこか映画『インディ・ジョーンズ』のジョーンズ博士に雰囲気が似ている。

「親父が自分自身は貧乏で教育を受けられなかったので、私たち息子には、カネに糸目をつけずに、学ばせてくれたんですよ」

眼を細めながら、彼は説明してくれた。李忠霖が語る父・李麒麟も間違いなく台湾総督府人脈に連なっていた。

李麒麟は、淡水河《たんすいが》にかかる台北大橋を渡ってリヤカーで台北の街まで野菜を売りに来る少年だった。李の家は淡水の向こうの蘆洲にあった。先祖が水争いに負け、その昔、蘆洲に移ってきたのだという。

少年の頃からまじめだった李麒麟は、一生懸命働き、二十歳前後で早くも〝独立〟を果たしている。

「台湾総督府の隣に栄町というところがありました。台北の中心街の一角です。ここに、親父は吉松商店という雑貨屋を開きました。最初は醬油《しょうゆ》の商いから始めたようです。醬油を店の中に沢山あるように見せかけて、陳列したそうです。いろいろな注文が来て、だんだん店は繁盛していきました。親父は正直な人間です。まじめに働く男だったので、日本人に信用されて、かわいがってもらうようになったそうです」

李麒麟を贔屓《ひいき》にしてくれたのが、台湾総督府の人たちだった。店が総督府のすぐ近くだったため、客は総督府の人間が多く、そのため、李麒麟は自然に総督府の人たちと仲良くなっていった。

なかでも彼をかわいがったのが、塩見俊二という人物だった。塩見は、台湾総督府では財政金融課長や主計課長を務め、日本へ帰ってからは国税局の局長などを歴任した後、参議院議員となっている。

「親父が亡くなるまでつき合いは続きました。塩見さんが故郷の高知に『塩見文庫』という図書館をつくったときは、うちの親父も自分の蔵書を随分そこに送りましたよ。塩見さんは晩年、芦屋の方に住んでいたと思いますが、ずっとお付き合いをしてもらったと思います」

李麒麟もまた、台湾総督府とは、極めて近い台湾人だったのである。

台湾を守った父親

やがて、李麒麟は、日本人との深い関係を武器に「信義貿易」という貿易会社を立ち上げ、日本と台湾の間を行き来するようになるのである。

息子の李忠霖は、直接、根本のことも知っている。

「私は玉川学園に通いましたから、駅が町田の鶴川のすぐ隣でした。親父に連れられて将軍の家に何度も行ったことがあります。親父は、根本さんのことを〝将軍〟と呼び、根本さんは親父のことを〝李さん〟と呼んでいました。親父はあまり口数の多いほうではありませんでしたが、親父と将軍は信頼し合っている関係だな、ということだけはよくわかりました。生死を共にした間柄なんだなあ、と子供心に思ったものです。うちには、将軍から頂いた軍刀も一振りありましたよ」

日本人とまったく変わらない流暢《りゅうちょう》な日本語で、李忠霖の話はつづいた。鶴川の自宅を訪ねた彼を根本が散歩に連れていってくれた時の話はおもしろい。

「将軍のご自宅の裏には、すぐ山があります。散歩しながら、将軍は中学生だった私に、〝あの山にもし敵がいる場合はなあ、ここに陣地を置いて、こっちとこっちから攻めるのが一番いい〟とか、〝あそこに敵が布陣している場合は、ここここに部隊を置いて、こう攻めるんだ〟と、私に説明をしてくれるんです。戦争には何が必要で、何をどうすればいいか、部隊はどう配置すればいいかとか、そういうことを教えてくれた。〝ああこの人は根っからの軍人なんだなあ〟と、その時、思ったものです」

両家の深い関係は、その後もつづいた。根本の子息・軍四郎は、李忠霖の家庭教師となった。慶應大学に通っていた軍四郎は、中学生の李忠霖を早慶戦にも連れていくなど、よくかわいがった。

李家は、杉並区和田本町の二階建て洋館を住まいとしており、毎年、根本将軍が来てくれないと正月が明けなかったという。

「将軍は義理がたい人で、毎年正月二日にわが家に来てくれたのです。父も母もそれを楽しみにしていて、将軍用に毎年、一番上等な紹興酒とカラスミを用意して待っていました。お正月、将軍が来たら、楽しくお酒を呑《の》みますから、ほろ酔いになります。将軍がいつも同じことを繰り返していたのを思い出します。私に向かって、〝お前の親父は偉かったんだぞ〟と、よく言ってましたねえ。おそらく、台湾に密航した時のことを言っていたのではないかと思います」

李麒麟が亡くなったのは、根本がこの世を去った七年後の一九七三年のことだ。心臓発作だった。

酒好きで、高血圧や糖尿病、あるいは心臓病など持病を抱えていた李麒麟の〝戦死〟だった。立教大学を出ていた李忠霖の兄が東京の芝公園の日比谷通り沿いにあった父親の貿易会社を継いだという。

李忠霖によれば、李麒麟も李銈源と同じく、本省人としての意識は極めて強かったようだ。

「親父は、台湾独立運動には入ってはいませんでした。その意識はあったと思いますが、（運動には）加わってはいませんでしたね」

古寧頭の戦いのことは、父親からどう聞いているのだろうか。

「親父は、金門島の戦いは根本将軍のお蔭《かげ》で勝ったと言っていました。しかし、その功績はまったく消されている、とも言っていました。日本人に助けられた、ということが明らかになれば、メンツにかかわりますから、そりゃ絶対に認めませんよ。国防部や党が認めるはずありません」

そう言うと、李忠霖は、あなたにもわかるでしょ？　と愛嬌《あいきょう》のある笑みを浮かべた。

彼の父・李麒麟もまた、必死に「台湾を守った」一人だったのである。

昭和三十五年頃、台湾側の招きで渡台。蔣介石（右端）と再会する。
中央は、井口貞夫特命全権大使。

北支那方面軍司令官として、故宮で降伏文書に調印。
この模様がニュース映画として日本でも報じられた。

第十三章　日本人伝説

　亜熱帯の夏の暑さがようやく和らぎ始めた二〇〇九年九月半ば、私は台北市のメインストリートのひとつ、南京東路と林森北路《りんしんほくろ》の交差点にほど近い國王《こくおう》大飯店のレストランで、出版社に勤める一人の台湾人と向かい合っていた。思いがけず李麒麟の息子、李忠霖に会えた翌週のことである。

管仁健《かんじんけん》、四十六歳。度の強いチタン製フレームの眼鏡をかけ、半袖《はんそで》の白いワイシャツにダークグレーのネクタイを無造作に締めた管は、とても四十代には見えない。いかにも気さくな〝台湾青年〟である。

　管は、台湾では金門戦争の研究者として知られる。軍の資料や国民党の史料、あるいは戦争にかかわったさまざまな証言者から貴重な事実を引き出してきた専門家だ。

研究のきっかけは、自身が兵役で金門島に配属されたことだった。

管は、訥々《とつとつ》とした穏やかな語り口で話し始めた。

「私は一九八三年八月に入隊し、新兵訓練を受けて十二月に金門島に配属されました。まだ二十歳でした。この時、私は十か月間、金門に駐屯しました。当時の金門島には何もありません。街灯もなければ、公衆電話もない。家族とも一切、連絡がとれません。金門島は真っ暗な島でした。二キロ先には、敵がいるのですから当然です。家のカーテンもすべて二重で光が洩《も》れないようにしていました。道路の両端には溝があり、ケーブルなどは全部そこに埋め込まれていました」

兵士には土曜日も日曜日もなく、彼らは順番に休みを取っていた。しかし、金門島では、休暇と言ってもすることが何もない。

「それこそ、行くところがどこにもなかったですね。せいぜい現地の人と出会って、おしゃべりをするくらいしかすることがなかったのです。幸いに、私の父は外省人でしたが、母が本省人だったおかげで、台湾語ができました。そのために島の人たちと話をすることができたのです」

管は、休暇のたびに地元の人と話をすることが習慣になっていく。それは、彼がなにより歴史好きだったからだろう。

「私が、歴史を好きになったのは、子供の時の影響があると思います。私はクリスチャンで、台北の北投に家があったのですが、通っていた教会が、〝白団〟の人たちも来ていた同じ教会だったのです。白団の人たちは、北投からも近い石牌《せきはい》というところに住んでいました。その関係で、私は幼い時から日本人を身近に感じ、次第に歴史に興味を持つようになっていったのです」

金門での戦争のことを地元の人に教えてもらうようになった管はやがてある〝伝説〟を耳にするようになる。それは、最大の激戦となった古寧頭村で伝説になっていた〝日本人〟のことだった。

「自分たちがあの戦争で死ななかったのは、ある日本人のお蔭だ、という話を古寧頭村の古老が話してくれたのです。なんでも、日本人の将軍が国民党の軍にいて、その人が立て籠《こ》もった共産軍を村の外に出して、これを撃滅したというのです。その日本人のお蔭で私たちは助かった、と」

管は、金門での戦争に日本人がいたということをまったく知らなかった。なぜ日本人が村人を助けたのか、当初、意味がわからなかったのである。

「こちらの言葉で〝郷野《ごうや》伝奇《でんき》〟というものがあります。本当にそうかどうかもわからない、地元だけに伝説として残っているような話のことです。最初に〝あの日本人〟

という表現でこのことを教えてくれた古老は、当然ですがその日本人の名前を知りません。ただ、〝あの日本人〟と言うだけなのです。私は、あやふやな話かもしれないと思いながら、それを調べ始めました。子供の時から教会で日本の旧軍人の姿を見ていますから、やはり、そういう興味があったのだと思います」

しかし、管がいくら文献を調べても、国民党側の史料には、その日本人のことはまったく出ていなかった。

「考えてみれば、そもそも蔣介石が日本人の手を借りて金門島を守ったということがわかれば、それは蔣介石にとって、大きな恥となったでしょう。そのため、台湾側の史料の中に、日本人はいっさい登場してきません。しかし、古寧頭村で村の老人たちにさまざまな話を聞くうちに、その日本人が〝戦神《せんしん》〟（筆者注＝「戦さの神様」という意味）と呼ばれていたことも知りました。ある老人は、その日本人の〝首〟はお金になる、共産軍の懸賞金がかかっている、とも教えてくれました。その人が自分たちを助けてくれた、というのです」

管は、あきらめなかった。文献を読みあさり、関係者にあたって行く内に、「根本博」という存在に行き当たったのである。それは、台湾ではなく、日本側の資料だった。根本の台湾行きは、当時、日本でさまざまな報道がなされていた。それは、ほとんど無視されていた台湾側の報道とは、まったく異なるものだった。

「どうもこの戦争には日本の軍事顧問が参加していたらしい、それは根本博という陸軍中将だった、ということがおぼろげながらわかってきたのです。こちらの軍隊の記述には全く出て来ないので、台湾では知る人もありませんでしたが、古寧頭村の古老が語る〝あの日本人〟とは、根本将軍のことだと思いました」

やがて、管は、根本が軍事顧問として湯恩伯司令部の中で、さまざまな作戦を立案していたことを知る。

「あの戦いで大きかったのは、〝廈門は守れない〟ということを早い段階で判断し、事実上、廈門を捨て、それを実行に移したことです。さらには、戦争の最終段階で古寧頭村の村民の命を守ったことです。この二つは、根本博の〝献策〟によるものだった、と私は思っています。私は、国民党の将軍たちも決して愚かではないと思います。しかし、彼らは蔣介石の言いなりでした。蔣介石に逆らうことなど絶対にできません。つまり、彼らは根本さんのように客観的なことが言える立場にはなかったのです」

管は、根本が軍事顧問として、しかも国府軍の内部の人間ではなかったという〝立場〟こそが大きな力を発揮できた要因だと分析している。

「根本さんはプロフェッショナルな軍人であり、蔣介石の言いなりとはならずに、自分の考えを軍事顧問として述べることができました。その意味で国民党の将軍たちと立場がまったく違います。だからこそ〝廈門を事実上、捨てる〟ということができたのです。廈門に固執していたら、おそらく廈門はもちろん、金門島も敵の手に陥《お》ちていたでしょう。古寧頭戦役は、根本さんの力がいかんなく発揮できた戦争だったことは間違いありません」

敗走を重ねる国府軍は、蔣介石の意向通りに動くしかなかった。しかし、軍事顧問に根本が登場してきたことにより、作戦に「客観性が生まれたのではないか」、と管は見ている。

「古寧頭の村民の命が守られたというのも根本さんがいたからだった、と思います。敗北を重ねるだけの国民党の将軍たちは、誰もが手柄を争っていました。全員が一刻を争って手柄を立てようとしていたのです。陸軍も海軍もあの時、共産軍を殲滅《せんめつ》させることに必死で、誰も村民の命を守ることなど考えていなかったと思います。だから根本さんのような戦略をとろうという人はいなかった。根本将軍は、犠牲は軍人だけにとどめようとした。彼の素晴らしい点はそこです」

管の話は熱を帯びてきた。

「私は、日本には武士道の精神があると聞いています。戦争とは、あくまで武士同士のもので、できる限り、住民などを犠牲にしないというものです。中国も春秋時代にはそういう戦い方があったといいます。しかし、それはやがてなくなっていきました。古寧頭村で、村民の命を考えて共産軍を砂浜に出させる作戦を考え、実行させたのは根本さんが軍事顧問だったからだと思います。だからこそ、私が聞いた〝伝説〟が村に残ったのだと思います。私が金門島に行った二十五年以上前には、まだそのことを話してくれる古老が何人か生きていました。今では、もういないでしょうが、私には古寧頭村で聞いたこの話が一番、心に残りましたね」

「死に場所」を求めた軍人

管は、問答無用の激しい戦闘ぶりも聞いている。

管の駐屯していた近くに金剛寺という寺院があった。古寧頭戦役の折には、この寺のすぐ近くにあった民家にまで、共産軍が逃げてきたという。

一人の共産軍兵士がその民家に入り込み、国府軍がそれを追ってきた。民家の主人は国府軍の兵士たちに頼んだ。

「(共産軍兵士が)家から出て来るように説得しますから、撃たないでください」

しかし、兵士たちは主人の言うことに耳を貸さず、外から撃ち始めた。共産軍兵士は間もなく家の中でピストル自殺を遂げたという。追ってきた兵士たちは、共産軍兵士が死んだことを確認すると、主人に、

「死体を片付けなさい」

とだけ言って、去っていった。

管は、その時のようすを主人から直接、聞いている。

「戦争は、それほど有無を言わさぬやり方で行われたのです。だからこそ、はやる軍を抑えて村民の命を助けた根本将軍は立派だったと思います。金門戦争は、誰か一人の力で国民党の軍隊が勝ったという戦いではありません。中国には〝驕兵必敗《きょうへいひっぱい》〟という言葉があります。共産軍は廈門をとったように、金門島も簡単にとれると考えていました。勝利は間違いないと思い込み、驕《おご》っていたのです。あそこまで、激しい反撃が来るとは思わず、だから共産軍は銃しか持たずに海を渡って攻めてきた。陸つづきなら撤退もできるでしょうが、島ではとても無理です。彼らは乗って来た船を焼き払われ、帰る手段もなくなったのです。でも、船を焼き払うという作戦は、軍人ならば誰でも考えることで、これは〝根本将軍がいたから〟ということではないと、私は思います。ただ、根本さんは客観的に物を考え、それを言葉に出すことができる立場に

あったことは、間違いないと思います」

根本が島の中央部に共産軍が上陸することを予想していたことについても、管はこう分析する。

「金門島は、島の東部には高い山や丘があり、窪地《くぼち》もあります。しかし、西側は平らで砂浜が広がり、身を守るものがあまりないのです。金門島は、東西二十キロ、南北は十数キロあるのに、一番狭くなった中央部分は、南北わずか五キロしかありません。共産軍がこの中央部分に突入して島を東西に分断しようとしたのは当然で、これは予想し得たと思います。当夜の強い風と波のせいで、共産軍は目的地より西へ流されてしまいましたが……」

根本の不運については、湯恩伯将軍の下に根本がついたことにあった、と管は考えている。

「もともと湯恩伯は、陳誠と胡宗南《こそうなん》の二人とライバル関係にありました。陳誠は満洲の責任者であり、胡宗南は西北西南の責任者であり、湯恩伯は揚子江を中心とする地域の責任者で、揚子江周辺の五つの省を守っていました。そこは、蔣介石のいわば〝原点〟。湯が重んじられていたことはこのことでもわかりますが、三人とも共産軍と戦い、敗走しました。特に、湯恩伯は、上海防衛戦で事実上、共産軍と戦わずして撤退し、蔣介石を激怒させました。そのため、蔣介石は同じ敗軍の将であっても陳誠の方をより重く用いるようになったのです」

管によれば、「湯恩伯が権力争いに敗れたこと」が、根本にとって大きかったという。根本の能力と功績、さらには運、不運に至るまで、管は冷静に分析していた。そのことについて問うと、管は、根本を研究しているのではなく、「私は金門島が好きですから」と、笑いながらこう答えてくれた。

「私は、最初の駐屯を経験した後、金門島に多くの友人、知人ができました。今では金門島を〝第二の故郷〟と思っています。実は、今でも、毎年五、六回は金門島に行くんですよ。妻も一緒に行きます。あそこに行くと、なにか神様に近づくような気持ちになれるのです。あそこには、多くの人が今も眠っていますから……」

そう言うと管は、根本が何を求めて金門島までやってきたのか、こんな考えを披瀝《ひれき》してくれた。

「私は、根本将軍が大戦中に何十万の部下を持ち、それを指揮した人物であったことをずっとあとになって知りました。根本さんのかつての同僚たちは、戦争で死んだり、戦犯として処刑されたりしています。根本さんは、いわば、〝自分の戦場をなくした人〟だった、と知りました。根本さんは、軍人として金門に〝死に場所〟を求めてやって来た人なのかも知れない、と私は思っています」

当時の根本の心情まで慮《おもんぱか》る管の冷静さに、私は何か救われた気になった。そこに、一方的につくられる「正史」なるものを決して鵜《う》呑みにしない、台湾の研究者の気概のようなものが感じられたからである。

根本作戦の意義

江蘇省・南通《なんつう》出身の「徐白《じょはく》」という軍人の存在がキーパーソンであることを知ったのは、管の取材から一か月余りのちのことだった。

徐白は日本留学組で、日本の陸軍士官学校二十七期にあたる。一九三四（昭和九）年四月の入学だ。同期には、国府軍内で知日派として有名だった黄蓮如《こうれんによ》がいる。

黄蓮如と徐白――二人は、「白団」を担当した国府軍の幹部である。

旧日本人将校たちによる軍事顧問団・白団は、当初、圓山《えんざん》軍官訓練団と呼ばれた。その圓山軍官訓練団から実践学社《じっせんがくしゃ》と名前を変えていくこの白団を世話し、便宜をはかる役割を負った担当者が、黄蓮如と徐白だった。

「蔣介石には、日本の軍官に来てもらうという考えは以前からありました。圓山軍官訓練団、実践学社のことをアメリカは〝地下大学〟と称しました」

そう語るのは、徐白の長男、徐紀《じょき》（六八）である。古寧頭戦役や白団の秘話について、父親から多くのことを聞いている徐紀に私が会うことができたのは、二〇〇九年の深秋のことである。

「中国時報」をはじめ、さまざまな台湾のメディアが私の取材ぶりを取り上げてくれたことから、台湾で情報が集まり始めていた。まず徐紀の弟、徐統《じょとう》から連絡があり、次に兄である彼と会うことができたのである。

頭には白いものが目立つものの、肌艶《つや》のいい徐は、国立師範大学中文系講師を務めながら、現在も武道の「八極拳《はっきょくけん》」師範の地位にある人物だ。

「白団は存在自身が秘密だったのですが、アメリカが知るところとなり、彼らが〝地下大学〟と言い始めたのです。新北投の温泉路に第一宿舎と第二宿舎があり、ここに白団の人たちは住んでいました。彼らの世話をする私たち一家は、第三宿舎に住んでいました。蔣介石は、岡村寧次を南京大審において無罪とし、釈放しています。蔣介石は、日本の陸軍士官学校を出た軍人に比べ、黄埔軍官学校出身者が使いものにならないことは最初からよく知っています。だから、岡村寧次大将を助けて無罪にし、釈放したのは、後に白団に来てもらうためでした。岡村さんはこれによって〝戦犯〟を

陸軍士官学校卒の留学組、徐白は、日本人と変わらないほどの日本語をあやつる軍人だった。

それだけではない。

徐白は上海時代からの吉村是二を知る人物だったのである。

「父は、白団の世話もした軍人であり、また吉村さんとも深い縁があったのです」

と、徐紀はこんな意外な説明を始めた。

「吉村さんは上海にいた当時、なにかのトラブルに巻き込まれ、身を隠さなければならないことがありました。それで南通の徐家に助けを求めに来たのです。というのも、うちは祖父の徐振中《じょしんちゅう》が清朝末期、東京に留学していた軍人でした。中国に帰ってきてから、警察署長を務めるなど、祖父は故郷の南通で有名な存在になっていました。上海でトラブルに巻き込まれた吉村さんは、日本通であった祖父のことを聞きつけて、助けを求めに来たのです。吉村さんは祖父にかくまわれ、何か月も徐家で暮らしました。だから、わが家にとって吉村さんは、身内のような存在になりました」

徐家では、吉村は祖父母にとって〝息子〟のような存在になっていたという。

「吉村さんは祖父母に本当にかわいがってもらったようです。吉村さんがわが家を出て満洲に向かうことになった時、祖母は、吉村さんが風邪をひかないように温かい服などいろいろなものを用意して、送り出したんだそうです。わが子のようにかわいがってくれた思い出を吉村さんは本当に涙をぽろぽろ流しながら私たちに話してくれたことがあります。わが家と吉村さんとはそういう関係ですから、父と吉村さんは、さまざまなことを語り合っていました」

徐家にとっては、息子同然の男が、根本将軍と共に「台湾を助けてくれた」ことになる。

「根本将軍が何をやってくれたのか、私は父から詳しく聞いています。父は、〝古寧頭戦役を勝利に導いたのは根本さんだった〟と語っていました」

そう前置きすると、徐紀は軍事用語を用いながら、こう語った。

「軍事作戦の中に、運動戦術と呼ばれるものがあります。これは、敵を上陸させて、移動させ、うまく包囲して殲滅《せんめつ》するという方法です。これは、〝調動誘敵《ちょうどうゆうてき》〟という言葉で表わされるものです。〝調動〟とは、守る場所を移動することで、〝誘敵〟とは敵を誘い込むことを意味します。父は、根本将軍がこの作戦を用いて、敵を殲滅したと、私に説明してくれました。敵を上陸させて反撃しながら後退する、後退しながら、また反撃する、そしてまた後退する……。そうやって、いつの間にか相手を包囲し、殲滅するのです。根本将軍はあの金門島で、この作戦を考えたそうです」

当時、敗走を重ねていた国府軍の士気は低かったのだと、徐紀は指摘する。

「中国語に〝驚弓之鳥《きょうきゅうのとり》〟という言葉があります。これは、弓を見ただけで、びっくりして怖気《おじけ》づく鳥のことを表わしたものです。あの時の国府軍はまさにこれでした。でも、根本さんは〝調動誘敵〟作戦を使うことにより、見事に共産軍を殲滅したのです」

負けつづけていた国府軍が「あの戦いにだけ勝つ」ことができた最大の理由は、「根本の存在」にほかならない、と徐紀は考えている。

胡璉や李良榮ら将軍たちは、それぞれあの戦争での自分たちの手柄を誇った。六十年たった今でも、孫立人の部下で、〝うちこそ手柄がある〟と言い出している元兵士もいるという。

しかし、父・徐白は当時から、自分の功績を誇るばかりの将軍たちのことを笑っていた、と徐紀は語る。

「たしかに実際に戦闘をおこなったのは兵士たちですが、士気が低かった国民党の軍隊にあそこまで戦わせる作戦を提案した根本さんこそ最大の功労者だ、と父は言っていました。でも、軍は古寧頭戦役でどのくらい勇ましく自分たちが戦ったか、それを言い続けてきたので、今になって日本人のお蔭《かげ》ですとは決して言えません。白団でさえも秘密だったのですから、日本人に助けてもらったなどとは、言えるはずがなかったのです」

のちに軍を退役した徐白は、日本語の通訳や翻訳家として生き、亡くなるまで、日本とはずっと親密な関係を続けた。そんな中で、吉村とは最後まで秘密を共有し合った〝兄弟〟のような関係だったのである。

徐白は、日本の陸軍士官学校の「中華学生隊」の出身だ。ここの帽章は、〝青天白日〟である。清、民国、満洲、汪政府、これらは日本の陸士に留学生を送っていた。しかし、蔣介石は、この中華民国学生隊の出身者を重く使うことはなかった。

能力的には日本の陸士卒の方が上だと知っていても、蔣介石は黄埔軍官学校出の人間しか重く用いなかったという。

「だから、黄蓮如さんやうちの父は、すべて階級が上校（日本では「大佐」）でとどまっています。父は、最後は編訳課の課長でしたが、階級は上校のままでした。私は白団の旧日本人将校の世話をする父の姿をずっと見て来ましたが、日本に関する情報を父はたくさん持っていたと思いますね。多くの日本の友人を持っていた父も、吉村さんとだけは、最後まで特別な関係でした」

痕跡《こんせき》をいくら消そうとしても、根本と吉村の影は、六十年という年月が経過した現在も、台湾で消えてはいなかったのである。

大義についた人

国民党の元党史委員会主任委員、陳鵬仁《ちんほうじん》・中國文化大学史学研究所教授（七九）は、根本の行動と業績について冷静に分析する数少ない国民党関係者である。

「あの時の国民党は、川の水に押し流されるように敗走していました。一九四九年、共産党が揚子江を渡って南下できるかどうか、上海が最後の砦《とりで》だったのです。国民党は上海防衛戦に敗れたことにより、まさに大勢が決まった。日本語では〝寄らば大樹の陰〟と訳すかも知れませんが、台湾では〝西瓜靠大辺〟という言葉があります。スイカを切ると、（切られた片は）どちらかに寄りますよね。当時の状況は、共産党勝利という〝大勢〟が完全に決していました。しかし、根本さんはあの状況で、敢えて国民党を助けに来ている。それが驚きです。雪崩をうって国民党が敗走しているその時に、根本さんはやって来たのです」

陳教授は、その根本の行動をこう評価する。

「台湾には〝就大義〟という言葉があります。これは〝大義につく〟という意味です。根本さんの行動は、まさにこれだったと思います。根本さんの行動を考える時、武士道の精神を考えなければ、わからないと思うのです。昔の中国の儒教の精神にも、忠や義というものがありました。根本さんは人間として大義につき、男として忠を貫いたのではないかと思います。ダイヤモンドというのは、それが知られていない時には何の価値もありませんが、ダイヤモンドとわかった時に、初めてその価値を評価されます。私は根本さんの行動は、ダイヤモンドだと考えています。今の若い人から見たら馬鹿げているかもしれません。でも、人間の生き方、いや死に方かもしれませんが、その行動はダイヤモンドではなかったでしょうか。私は、それはイデオロギーとか、蔣介石に対する評価なども、関係のないものだと思っています」

それは、どういう意味なのか。

根本の行動は、そういうものを遥《はる》かに超えたものではなかったかと、陳教授は語るのだ。

「根本さんは、今日の台湾があるという意味では、たしかに恩人です。でも、それよりも根本さんは人間としての価値を求めて台湾に来たのではなかったでしょうか。それは、〝意義ある死に方〟だったのではないか。根本さんは、ただ私たちと一緒に

〝死のうとしてくれた〟のだと思います。そういう日本人が現実に存在したこと、そのことを今の台湾の若い人に是非知って欲しいと思います。日本の若い人もそうですが、こういう日本人がいたことを台湾人は忘れてはならないと思います」

根本の心の奥底は誰にもわからない。台湾と台湾海峡を守るために海を越えてやってきた日本人――確かなのは、あの時、根本とそれを支えた人々が守ろうとした「台湾」と「台湾海峡」が、六十年という歳月を経た二十一世紀の今も、そのまま存在しているという厳然たる事実だけである。

エピローグ

二〇〇九年十月二十五日、午前十時。

台湾・金門島の東部にある標高二百五十三メートルの太武山《たいぶ》の中をくり抜かれて作られた「擎天廳《げきてんちょう》」という講堂で、「古寧頭戦役六十周年記念式典」は開かれた。

およそ八百名が集《つど》うことができるその地下講堂に、私はいた。

隣の席に座っているのは、第七代台湾総督明石元二郎の孫・明石元紹と、六十年前の戦争に参加した吉村是二の長男・吉村勝行である。

元紹の父・明石元長は、根本を台湾に密航させるために資金集めや密航船の手配など、東奔西走して無理を重ね、無事に根本を送り出した後、急死した。元紹にとって、根本送り出し工作こそ「父の最後の大事業」にほかならなかった。

また勝行の父・吉村是二は、根本の通訳兼副官的存在として常にそばに寄り添い、金門島での血で血を洗う戦いを目の当たりにした人物である。彼もまた、父の仕事を確かめるためにはるばるここまでやって来たのだ。一か月以上前から式典への参加を申請し、やっと私たちは一週間前になって「出席」を認められたのである。

総統府と国防部の部内で、われわれ日本人の参加を認めるかどうか、かなり議論があったと私たちは漏れ聞いていた。日本人が金門島の戦いに参加したというのは本当か、共産軍を迎え討つ作戦を日本人が考え、それを国府軍が実行に移したというのは事実なのか。内部で猛烈な調査がおこなわれている、という情報が断片的に私たちのもとに伝わってきていた。

われわれの「出席を許可する」という最終決定が、わずか一週間前だったというのが、ぎりぎりまでおこなわれたその議論の激しさを推測させた。

父への思いを秘めた二人の息子が見つめる壇上には、台湾の馬英九総統がいた。濃紺のスーツに灰色のネクタイを締めた馬総統のうしろには、建国の父・孫文の巨大な顔写真、その上には「紀念古寧頭戰役六十週年大會」の横断幕が掲げられている。

太陽の光がまったく届かない会場を、無数の白い蛍光灯の光が照らし出し、ステージの緋色《ひいろ》の緞帳《どんちょう》をさらに重々しく見せている。案内役の軍人は、イベントが始まる前に誇らしげに私にこう説明してくれていた。

「光はすべて人工のものです。金門では、重要なものはすべて地下にあります。戦車も地下を走ります。ここから島内のどこにでも戦車も走ることができる地下通路が通じています」

講堂でさえ地下につくられているというのは、ある意味、当然かもしれない。蔣介石をはじめ、政府要人や軍の幹部が訓示をおこなう度に、大陸からの砲撃の心配をするわけにはいかない。スパイがどこにいるかもしれない妥協の許されない世界である。「八二三砲戦」の時には、四十日間で実に四十七万発もの砲弾が大陸から雨あられと降り注いだ島である。軍事施設はすべて「砲弾がいつ飛んでくるかわからない」ことを前提につくられているのだ。

極端なことをいえば、台湾の領袖《りょうしゅう》たる馬英九総統がここにいることがわかった場合、いつミサイルがぶち込まれてもおかしくはない状態なのである。

式典が始まる前、台北からやってきた日本の特派員たちは元紹を取り囲んで、

「なぜ式典に参加されるのですか」

「古寧頭の戦いとお父様はどのような関連があるのですか」

という質問を浴びせていた。

台湾総督の孫である明石元紹が「この式典になぜ関係があるのか」、記者たちには理解ができないのである。根本博が古寧頭戦役に参加していたことさえ公式な資料がない中、それを「密航」によって送り出した側の人間のことなど、理解の埒外《らちがい》であることは言うまでもなかった。

元紹の簡潔な説明で、特派員たちは、逆に当惑したような表情を浮かべながら報道席に戻っていった。

午前十時十分、濃いグリーンの軍服をまとった軍人が、馬総統が登壇したことを確認して前へ進み出た。私たち参加者の方を向くと、

「起立、気をつけ！」

と、叫んだ。一斉に参加者が立ち上がる。それを確認した軍人は、今度は百八十度、向きを変え、壇上にいる馬総統と正対した。

軍人らしくきびきびとした動作で、馬総統に対して敬礼すると言葉を発した。

「古寧頭戦役六十周年記念大会、会場指揮官、周皓瑜《しゅうこうゆ》少将、参加者、官、士、兵、及び来賓、合計七百七十五名です。以上！」

その瞬間、壇上の馬総統は、かすかに頷《うなず》いた。

アメリカの名門・ハーバード大学を卒業したこのスマートな領袖は、爽《さわ》やかな弁舌

とパフォーマンスを武器とするリーダーだ。こういう式典で示す存在感こそ、彼の真骨頂である。

古寧頭戦役を実際に戦った八十歳を超える老兵たちが会場を埋め、内外のメディア、国防部長や行政院秘書長などが、一言一句聞き逃すまいと馬総統の演説を待っている。

「六十年前の今日、一万を超える共産軍が夜陰に乗じ、金門を奇襲しました。国軍は果敢に反撃し、三日間にわたって激戦が展開されました。多くの共産軍兵士と国軍兵士が金門島西北の古寧頭に静かに眠っています。彼らは二度と家族の元に戻ることはなかったのです」

静まりかえった会場に、馬総統の中国語が響き始めた。

「古寧頭戦役での大勝は、二十世紀の軍閥による割拠、抗日戦争、国共内戦などで数千万人が死傷するという歴史の大舞台において、これまでは重視されていませんでした。しかし、今日二十一世紀から振り返ってみますと、この戦闘は現代中国の歴史の重要なポイントとなる一ページに書き改められ、また海峡両岸の運命を握るものとして、改められています」

馬は、古寧頭戦役の歴史的な意義をそう語った。そして、大陸がそれ以後の六十年に歩んだ道をこう分析した。

「中国大陸は外貌《がいぼう》と内面とが異なる二つの三十年を歩んでいます。前半の三十年は、外来のマルクス・レーニン主義を導入したショック療法の時期で、中国はきわめて短い期間に、数千年に及んだ封建、数百年の落伍《らくご》、さらに数十年の破壊の時代から脱しました。しかし、そのために国家社会は悲惨な代価を支払ったのです。数千万人の生命、幾世代もの人々の幸福、さらには民族の核心的価値までが深刻な衝撃を受けました」

現代中国の〝建国の苦しみ〟を馬総統は、そう表現した。そして、その後の「三十年」に言及する。

「続く三十年においては、中国は折衷、温和、漸進《ぜんしん》の方法による改革・開放へと方針を変更し、〝中国の特色を備えた社会主義〟をスローガンとし、マルクス・レーニン主義から徐々に乖離《かいり》し、伝統の持つ価値に目を向け、近代化を目指し、全世界を受け入れました。この結果、世界の注目を集めました。中国が辿《たど》ってきたこの道にも血と涙の跡が見られます。その道は台湾が歩んできた道より曲がりくねっており、険しいものでした」

馬総統は、共産中国が歩んだ「六十年」の厳しさを〝血と涙〟という言葉を用いて表わしたのだ。

「われわれは国軍の兵士に感謝します。彼らが台湾・澎湖《ほうこ》・金門・馬祖《まそ》に対し、六十年におよぶ安定発展の機会を与えてくれ、経済と政治の二重の奇跡を創造してくれたからです。彼らの奮戦は、軍人としての最高の武徳を表しています。彼らの強い決意と犠牲がなかったら、その後の台湾の〝成功の経験〟はなかったのです」

戦役に実際に参加した八十歳を超える老兵たちに、感動が〝さざ波〟のごとく広がっていった。

「古寧頭に立ち、当時の凄惨《せいさん》な戦闘に思いを馳《は》せた時、われわれはここに眠る兵士に感謝の言葉を述べるだけでなく、ここを〝殺戮《さつりく》の戦場〟から〝平和の広場〟へ変える誓いの言葉を発せずにはいられません。われわれが軍を組織し、戦いに備え、台湾・澎湖・金門・馬祖を守り抜く決意は絶対不変です。両岸和解の兆しが見られる今、われわれは最大の誠意を尽くし、協議を通じて双方の対立を停止し、殺戮を過去のものとし、平和をこれからの永遠のものとします」

馬総統はそう力強く言うと、さらに語調を強めた。

「国軍の兵士の犠牲は、決して無駄ではありません」

改めてそう訴えかけると、馬総統は演説をこう締め括った。

「六十年にわたり、古寧頭戦役での大勝は、歴史上の英雄の活躍を伝える詩のように心に染みわたり、広く伝えられ、私たちの心に深く刻み込まれています。彼らが国を守り、人民を庇《かば》い、歴史を変えたのです。われわれは英霊に向かい、ここに敬礼いたします！」

馬総統は、そう言うや、孫文の写真の方を振り返った。そして、深々と頭を下げた。

その瞬間、会場は万雷の拍手に包まれた。会場を見渡して微笑んだ馬総統は、ステージの袖《そで》から姿を消していった。

セレモニーは終わった。

それは、何人もスピーチがつづく日本のイベントとはまるで違うものだった。ただ総統一人が演説し、それが終わると式典自体がお開きになるのである。そのシンプルさが新鮮だった。

老兵たちが満足そうに立ち上がり、順番に列となって会場を出て行く。老兵同士、何事か語り合っていた。お互い肩を叩《たた》きあっている者もいる。表情は皆、晴れ晴れとしている。

中・台の接近をはかる馬総統にしては、意外な演説だった。毅然《きぜん》として台湾の立場を語った馬総統のスピーチに接して、老兵たちは、はるか「金門島までやってきた甲斐《かい》があった」という気持ちになったに違いない。

その後、式典は場所を移して「追悼式」に変わった。バスに乗せられた我々は、亡き兵士たちが眠る太武山公墓に向かった。

太武山公墓には、四角い墓石が地面に埋め込まれ、整然と並んでいる。無数の墓は、これまでの国共内戦の犠牲者の多さを物語っている。墓石には、一つ一つに亡くなった兵士の姓名と生没年、そして何の戦いで命を落としたか、ということが彫り込まれている。

それぞれの墓石の前に、老兵たちが一人ずつ立っていった。

その時、軍の世話役が私たちのところにやって来た。

「最前列のお墓にお立ちください。急いで下さい!」

その軍人は、私たちにそう言った。かなり慌てたようすだ。明石、吉村両氏と私は、さっそく指定された最前列の墓石の前に立った。

その時だった。

「あなた方の強い決意と犠牲がなかったら、その後の台湾の成功はありませんでした。われわれは皆様に感謝いたします」

合同の慰霊堂の前に立ち、そんな追悼の言葉を述べた馬総統が、くるりと振り返ると、私たちの方に歩いて来るのである。英霊に祈りを捧《ささ》げたばかりの馬総統が、突然、まっすぐ明石、吉村両氏の方に向かって来る。

周囲が慌てる中、馬総統は、あっという間に最前列の墓石の前に立っている明石の前までやって来た。

微笑をたたえた馬総統は、明石に手を差し出した。やや驚いた表情の明石は、その手をしっかりと握った。

「台湾へようこそ」

その時、馬総統は、明石の眼をしっかりと見て、日本語でそう語りかけたのである。

「えっ？」

と、周囲は馬総統の突然の行動に慌てている。

「ありがとうございます」

明石はそう答えた。馬総統は、明石の声を確認すると、次に隣の吉村の方に歩を進めた。

「台湾へ……ようこそ」

馬総統は吉村に対しても、包み込むようにそう言った。優しげな表情だった。

「謝々《シエシエ》……」

吉村は、日本語で語りかける馬総統にそう中国語で言葉を返した。驚きと感激で、吉村は〝謝々〟の次に、より丁寧に表現するための〝您《ニン》〟をつけることを忘れてしまった。

馬総統の行動は、明石と吉村の存在を知った上でのものであることは明らかだった。

「ここにいて下さい」と、立つ場所を指定された理由をその時、初めて私たちは知った。

馬総統は、その隣に立っている私にも、話しかけてきた。

「台湾へようこそ」

と。差し出された手の感触は、意外に柔らかいものだった。優しげに微笑んだ馬の表情は、明らかに私たちに感謝の気持ちを伝えようとしていた。

私は、ただ、ありがとうございます、と応えた。

なぜこの人たちに馬総統は話しかけているのかと、まわりの老兵たちが不思議そうに見ている。馬総統の表情には、明石、吉村両氏への、いや二人の「父親」への感謝の気持ちが表現されていた。

壮絶な生と死のドラマが展開された六十年前の戦争――それは、中国人だけのドラマではなかった。そこには、公式の記録にはない日本人の物語も存在したのである。

中国と台湾。政治体制も指導者も、その思想も、まるで正反対の両国の対立の中で、金門島で戦った「日本人」の存在は忘れ去られ、歴史の上からかき消された。しかし、歴史の重さは、一片の「公式記録」だけで表わされるものでないことを、私たちは知っている。

馬総統は、あるいは、そのことを私たちに伝えようとしたのだろうか。ふとそんな気がした。

明石元紹は、馬総統が去ったあと、私にこう語ってくれた。

「私は、台湾のために何かをやり遂げた、という意味では、祖父の元二郎より、父の元長の方が大きかったのではないか、と思っています。そのことに今日は確信を持つことができました。若い頃、私は、父がただ犬死したのではないか、と思っていました。でも、母・和子は、自分の亭主が成し遂げた〝何か〟を信じてその後の生涯を生きました。この歳になって、やっと父のやったことの本当の意味が私はわかりました。ただ、残念なのは、これを信じていた母が三年前、九十五歳で世を去り、この思いを伝えることができないことです」

その隣で、吉村勝行はただ、

「ありがとう、本当にありがとう……」

と、何度も繰り返していた。

十月下旬だというのに、日本の真夏といってもおかしくないほどの強烈な日差しが、奇《く》しくも同じ七十五歳という二人の背中に、さんさんと降りそそいでいた。

二〇〇九年十月二十五日、古寧頭戦役六十周年記念式典には、
馬英九総統（最前列）も台北から駆けつけた。

共産軍が上陸した嚨口の海岸の現在。

おわりに

この作品を書きながら、人間の生き方、言いかえれば、死に方という大きな問題を考えました。

六十余年前に起こった敗戦は、日本にとって未曾有《みぞう》の出来事でした。ただ、私たちは「ポツダム宣言受諾」「無条件降伏」という言葉でこの敗戦を理解しています。

しかし、天皇陛下による終戦の詔勅、すなわち「無条件降伏」とは、何を表わすものでしょうか。

これは、軍にとっては、大元帥たる天皇陛下からの「武装解除命令」を意味します。陛下からの絶対命令である武装解除——すなわち自らの武器を敵に引き渡せという命令に接した時、外地にあった司令官たちはそれぞれどんな行動をとったのでしょうか。

私は、以前からそのことに深い関心を持っていました。

なぜなら、常勝を誇っていた日本軍には、戦争に負けた時の〝マニュアル〟が存在しなかったからです。たとえば、陸軍では、陸軍幼年学校、陸軍士官学校、陸軍大学校という軍人としての英才教育を受けた人間が、軍の指導者となっていきますが、その彼らですら、「戦争に負けた場合どうするか」ということは教えられていません。

負けることを想定していないというのは、ある意味、日本の驕《おご》りでもあったでしょう。六十余年前、これまで経験したこともない、その未曾有の事態に直面した時、それぞれの司令官は「自らの判断で」行動に出ざるを得ませんでした。

それは、マニュアルがない以上、各々《おのおの》の指揮官たちの哲学や信念、あるいはそれまで生きて来た経験や心情に基づく行動であったと思います。そんな時、人間とはどういう行動をとるものなのか。私は、そこに大きな関心を抱いていたのです。

関東軍の山田乙三司令官が選択した「武装解除受入れ」によって、満洲にいた日本人居留民がどのような悲劇に遭遇したかは、周知の通りです。

虐殺、レイプ、掠奪《りゃくだつ》……多くの悲劇が生まれ、それは残留孤児の問題をはじめ、現在も深い傷となって残っています。しかし、その隣にあった駐蒙軍の司令官であった根本さんは、最後までソ連軍への武装解除を拒否し、「邦人を守り抜く」方針を貫きました。

「武装解除」という絶対命令と、「邦人保護」という軍隊の絶対使命の狭間《はざま》で悩み抜く根本さんの姿は、実に人間的なものでした。

結局、彼が選択したのは、武装解除に対する「命令拒否」という方針でした。それは、彼の根底を貫いていた〝ヒューマニズム〟が指し示した「究極の選択」ではなかったでしょうか。

世界が帝国主義に支配されていたあの時代、優秀な人材が、「軍人の道」を選びました。

福島の田舎の村から出て、陸軍幼年学校、陸士、陸大というエリートコースを歩んだ根本さんは、欧米列強と対峙《たいじ》する弱肉強食の世界に、身を投じていったのです。

この時に、ふたつのタイプが生まれたと私は思っています。ひとつは、エリートになったことで驕りが生じ、過信してしまった人たちと、もうひとつは、人間のあり方というものを失わずに現実を見据えて成長していった人たちです。

私は、根本さんは後者であったと思います。

五族協和という言葉が、根本さんの書き残した文章の中には、頻繁に登場します。

陸軍でも有名な〝支那通〟だった根本さんは、中国と中国人が大好きで、五族協和の理想を本当に実現しようとしていた数少ない真の意味での〝支那派〟でした。

　その姿勢に共鳴した人たちが、根本さんの下に集い、そのため、根本さんはさらに〝支那通〟となっていきました。

　しかし、五族協和という理想の中にいた根本さんは、それが謳《うた》い文句に過ぎないものになっている現実に直面し、悩み、自分だけでも、なんとかそれを実現しようと奮闘しています。戦後生まれの私にとって、だんだん明らかになっていく根本将軍の姿は、新鮮そのものでした。それは、それまで抱いていた「軍人」に対するイメージと、まるで異なるものだったからです。

　威張り散らし、権威を笠《かさ》にきる軍人が少なくない中、根本さんはそれとはまるで正反対の人物でした。そして、根本さんが敵将の中国人とすら心を通わせ合うような人物だったために、多くの在留邦人の命が救われました。

　しかも、根本さんは、その時の恩義を忘れない人でもありました。

「終戦時百万の将兵を無事帰国させてくださった蔣介石総統に、私は日本人の一人として万分の一の御恩返しをしたい」

　それは、無事復員してきた根本さんの口癖でもありました。蔣介石の歴史的な評価は、周知の通り、賛否両論があります。台湾で本省人を弾圧する独裁者としての側面について、好敵手だった中国共産党の毛沢東と共に、非難は決して小さくありません。

しかし、根本さんはただ、蔣介石の「終戦時の恩義」にひたすら報いようとしました。そして、実際にそのために根本さんがとった行動は、壮烈なものでした。わずか二十六トンの小さな漁船に乗って密航してまで恩義に報いようとした行動は、今の日本人には理解しがたいものかもしれません。

でも、私には、根本さんの根底を貫いていたヒューマニズムの思想を思えば、それさえも「あたりまえのこと」だと思えました。

内蒙の四万人の在留邦人の命を自らの命と引きかえに守り抜こうと決意した時、根本さんは、「生と死」というものを超えた人になったと思うからです。

取材の過程で知り合った「日本張家口の会」の北川昌会長（七八）が私にこんなことを語ってくれました。

「私が、根本さんが台湾に渡っていったことを知ったのは、ほんの五、六年前のことです。蒙疆政府にいた人たちでつくっている〝らくだ会〟という集まりがあり、そこの人に教えてもらったのです。それを聞いた時、驚きとともに、ああ、根本さんという人は、戦後、ゆっくり過ごすこともできたのに、その後も戦いつづけていたんだなぁ、という感慨を抱きました。道義的な恩を返すために、身を挺《てい》して海を渡っていったのは、たぶん、根本さんにとっては、軍人として〝死ぬ〟ことが本懐だったのだと思います。そういう意味では、根本さんは、最後の侍だったのではないかと、私は思っています」

第二章でも紹介させてもらったように「日本張家口の会」は、張家口からの引き揚げ者たちでつくっている会です。自分たちを救ってくれた軍司令官が、その後も「戦いつづけていた」ことは、彼らにとっても、驚きだったのです。やはり、そこにも根本さんの生き方、言いかえれば根本さんが選ぼうとした「死に方」に対する感慨がありました。

命を賭《か》けて恩義に報いようとした男と、それを支えた男たちのドラマには、多くのエピソードがあり、正直、一冊の本に収められるものではありませんでした。

この根本さんの「渡台」には、旧台湾総督府の人脈が大きくかかわっていることも私は取材の過程で知りました。彼らの根底にあったのは、台湾への熱い思いにほかなりません。その熱い思いを共有する人たちが、根本さんの「渡台」を支えたことを私は数々の証言から知ることができました。本書は、根本さんが遺《のこ》してくれた詳細な手記をもとにしています。しかし、ノンフィクション作品である以上、謎は謎として、そのまま置いてあります。証言を紹介しても、やはりそれは証言に過ぎず、類推は類推として、ただそう表現をするしかありません。あとは、読者の皆さんの判断に委ねたいと思います。

エピローグで紹介した「古寧頭戦役六十周年記念式典」の折、金門空港において、明石元紹さんと吉村勝行さんは、国防部常務次長の黄奕炳《こうえきへい》陸軍中将から、こんな感謝の言葉を受けています。

「一九四九年、わが国が一番苦しかった時に、日本の友人である根本様と吉村様二人にしていただいたことを永遠に忘れることはできません。わが国には〝雪中に炭を送る〟という言葉があります。一番困った時に、お二人は、それをやってくれたのです。中華民国国防部を代表して心より御礼を申し上げ、敬意を表します」

この時、取り囲んでいた台湾の記者たちは、国防部が正式に根本将軍の功績を認めたことに、少なからず驚きを感じたようでした。金門戦争への日本人の関与を認めることは、それほどタブーだったのだと思います。

熱い男たちが六十年前に繰り広げたドラマを、現代の人々がどう捉《とら》えてくれるのか、私には興味があります。半分恐ろしくもあり、また、半分期待もしています。

是非、多くの人にこの作品を読んでもらい、あの時代の男たちの生きざまを知って欲しいと願っております。

この作品は多数の協力者によって成り立っています。ご多忙の中、貴重な時間を割いて、多くの方が協力してくれました。以下に、その方々の名前を挙げさせていただき、お礼に代えさせていただきます。さまざまな理由で、ここに名前を挙げられない方もいることを付記させていただきます。

明石元紹　富田のり　吉村勝行　吉村耕治　三浦玉恵　李忠霖　根本俊太郎　根本三郎　根本孝雄　王浩仁　王民雄　大森実　夏珍　郭哲銘　門脇朝秀　鎌田隆興　管仁健　北川昌　許光輝　洪小夏　黄文雄　蔡篤俊　朱文清　徐紀　徐統　大東信祐　大野敏明　張水保　欧雯妍　陳鵬仁　陳松年　楊金章　照屋林英　照屋林秀　傅應川　唐一寧　陶士珍　鄧祖謀　岸川公彦　岩谷將　富樫勝行　平塚清隆　高木凜　鄭任智　鄭淑云　阿尾博政　豊嶋克之輔　田立仁　成ヶ澤宏之進　安部英樹　早田健文　川島真　山田浪子　山田正光　汪國禎　楊鴻儒　李炷烽　孔令晟　劉振瓔　渡邉義三郎　薛化元（順不同・敬称略）

本書の取材、執筆にあたり集英社の手島裕明第五編集部部長代理、集英社インターナショナルの高田功企画編集部編集長の両氏には大変お世話になりました。特に高田氏には、遥《はる》か金門島や廈門への取材など、さまざまな場所に同行してもらった上、執筆に悩んだ時にいつも相談をさせてもらいました。深く御礼を申し上げる次第です。
なお、本文中は原則として敬称を略させていただき、また、当時、使用されていた用語を尊重してそのまま記述したことを付記します。

二〇一〇年春

門田隆将

根本博 略歴

明治二十四年 六月 福島県岩瀬郡仁井田村（現・須賀川市仁井田）に生まれる
　三十七年 九月 仙台陸軍地方幼年学校入学 十三歳
　四十年 九月 陸軍中央幼年学校入学 十六歳
　四十二年 五月 陸軍中央幼年学校卒業 十七歳
　　十二月 陸軍士官学校入校 十八歳
　四十四年 五月 陸軍士官学校卒業 十九歳
　　六月 見習士官旭川歩兵第二十七連隊付 二十歳
大正 六年 五月 北支那守備、天津にて服務 二十五歳
　八年十二月 陸軍大学校入校 二十八歳
　十一年十一月 陸軍大学校卒業 三十一歳
　十二年 五月 旭川歩兵第二十七連隊第一中隊長 三十一歳
　　十二月 参謀本部勤務（支那課支那班） 三十二歳
　十五年 五月 南京駐在 三十四歳
　　八月 少佐 三十五歳
昭和 二年 三月 南京事件にて負傷 三十五歳

	九月	陸軍省軍務局課員（軍事課支那班長）	三十六歳
四年	三月	ドイツ出張、参謀本部部員	三十七歳
五年	八月	参謀本部支那課支那班長（中佐）	三十九歳
七年	八月	参謀本部付（上海駐在武官）	四十一歳
九年	八月	陸軍省新聞班長（大佐）	四十三歳
十一年	二月	戒厳司令部第四課長	四十四歳
	三月	旭川歩兵第二十七連隊長	四十四歳
十三年	五月	北支那方面軍特務部長	四十六歳
	七月	少将	四十七歳
十四年	三月	興亜院調査官同華北連絡部次長	四十七歳
	十二月	第二十一軍参謀長	四十八歳
十五年	二月	南支那方面軍参謀長	四十八歳
十六年	三月	第二十四師団長（中将）（満洲・東安）	四十九歳
十九年	二月	第三軍司令官（牡丹江）	五十二歳
十九年	十一月	駐蒙軍司令官（張家口）	五十三歳
二十年	八月	北支那方面軍司令官（兼務）	五十四歳
二十一年	八月	復員	五十五歳
二十四年	六月	台湾へ密航、金門戦争（古寧頭戦役）に参加	五十八歳

二十七年　六月　台湾より帰国　六十一歳
四十一年　五月　逝去　七十四歳

《参考文献》

「根本博遺稿　前・後篇」(根本博)「岳父根本博を語る」(富田民雄)「師と友」(一九七一年五月号、一九七二年五月号〜九月号)「日本週報」(一九六二年二月二十日号)「人物往来」(一九六四年十月号)「生命の實相　第九巻」(谷口雅春)「文藝春秋」(一九五二年夏の増刊涼風読本)「昭和二十年の支那派遣軍〈2〉」(朝雲新聞社)「現代史資料38」(みすず書房、一九七二年版)「台湾の政軍関係」松田康博(「アジア経済」二〇〇二年二月号)「松永留雄少将回想録」(厚生省引揚援護局)「陸軍の真価　根本博」(厚生省引揚援護局史料室)「戦略将軍根本博」(小松茂朗・光人社)「日本の友　湯恩伯将軍」(湯恩伯記念会)「湯恩伯先生紀念集」(湯故上将恩伯逝世十周年紀念籌備委員會編)「真相」(一九四九年十一月一日号〜一九五〇年十月十五日号)「内蒙古からの脱出」(日本張家口の会)「古寧碧血甲子安魂」(金門縣文化局)「金門之熊」(田立仁)「雲遥かなり　あゝわが響兵団」(響兵団戦友会有志・高野与一)「祖国はるか②、③」(門脇朝秀編)「昭和20年8月20日」(稲垣武・PHP研究所)「引揚げと援護三十年の歩み」(厚生省援護局編)「鎌田正威先生追想録」(臺灣維新社)「劉汝明回憶録」(伝記文学雑誌社)「蔣中正的一九四九」(劉維開・時英)「新聞天地」(一九五二年八月九日号)「歩兵第二十七聯隊外史」(オサラッペ会)「統率の実際⑵」(原書房)

文庫版あとがき

二〇一〇年四月に本書が出版されてから、この原稿を書くまでの三年半の歳月は、日本と中国、そして台湾にとって、激動の日々であったと思う。

第十九回山本七平賞をいただいた本書がきっかけになって、私はより戦争の時代を描く作品に没頭することになった。

本書出版後、二〇一三年秋までに、すでに私は四冊の戦争ノンフィクションを上梓《じょうし》した。その中で、いつも気になっていたのが、日本と台湾の関係である。

それは、本書の主役である根本博・元陸軍中将が守ろうとした台湾と台湾海峡がどうなるのか、という意味である。「海洋国家」として、東シナ海や南シナ海で、日本だけでなくフィリピンやベトナムとの間に摩擦と衝突を繰り返す中国の覇権主義が、この時期、より明確に、より激しくなってきたからでもある。

経済の低迷から大陸（中国）との経済的交流を推し進める台湾政府は、次第に中国経済に呑《の》み込まれ、身動きがとれなくなりつつあるのは、周知の通りである。

そんな中で尖閣周辺の漁場をめぐって、日本と台湾が対立する場面もしばしば見られ、私は、今後どうなることかと推移を見守っていた。

しかし、本書出版のほぼ一年後の二〇一一年三月十一日、東日本大震災の発生によって、私の懸念は吹き飛んだ。大変な犠牲者を出したこの災害をどの国よりも哀しみをもって受け止めてくれたのは、台湾だった。

どこよりも早く救助隊を派遣してくれただけでなく、日本への義援金は、台湾の人々の間でうねりのような勢いとなった。馬英九《まえいきゅう》総統自らテレビ番組に出演して日本への援助を呼びかけ、津波の映像と瓦礫《がれき》と化した東北の惨状を、涙を流しながら見る台湾の人々があとを絶たなかった。義援金の窓口には、小さな子供たちが自分の貯金箱を持って来て、「これを日本の人たちのために使ってください」と差し出す風景が台湾のあちこちで見られるようになった。

そして、人口わずか二千三百万人に過ぎない台湾が、当時のレートで世界一にあたる「二百億円」を超える義援金を送ってくれたのである。

それは、同じ〝隣国〟でも、どんな場合でも日本への非難と憎悪を隠さない中国や韓国とはまったく異なる対応だった。

私は、そのニュースを見ながら「雪中送炭（xuě zhōng sòng tàn）」という言葉を思い出していた。雪中に炭を送る——すなわち、困っている人たちを助ける、という中国の言葉である。本書の「おわりに」に書かせてもらったように、あの金門戦争に参加した根本将軍の功績を六十年後に初めて中華民国政府が正式に認め、それを国防部常務次長の黄奕炳陸軍中将がこの言葉を用いて感謝の気持ちを表わした。

私は、根本将軍のみならず、日本人全体への感謝の言葉として、これを聞かせてもらった。現実に台湾と台湾海峡は、金門戦争の後の「六十年」という長い歳月を敢然と「生き抜いた」からである。

日本人として恩義を返すために、そして台湾を助けるために、根本将軍が東シナ海を渡ったことは、それほど意味のあることだったと私は思う。

そして、その感謝の言葉からわずか一年半後に起こった東日本大震災に、今度は台湾の人たちが、日本のために「雪中に炭を送ってくれた」のである。それは、台湾の人々の真心を表わすものだったと思う。

二〇一二年十二月に発足した安倍晋三《あべしんぞう》政権は、震災二周年にあたる二〇一三年三月十一日、前年の民主党・野田佳彦《のだよしひこ》政権の時とは打って変わって、台湾を事実上、「国」として処遇し、政府主催追悼式典で「指名献花」で名前を読み上げ、台湾による献花が日本中に映し出された。

中国は、これに反発して、追悼式典を欠席した。だが、菅義偉《すがよしひで》・官房長官は、中国に対して、「政府として、極めて遺憾で残念だ。台湾からの支援に日本政府が感謝の気持ちを伝えることを否定的にとらえたものだ」と述べ、その対応を批判した。それは、日本がいかに台湾の人たちの援助に感謝し、台湾との関係を重視しているかを内外に示した瞬間だった。

その三日前の三月八日、野球の国際試合では、珍しいシーンが東京ドームであったことが私には忘れられない。

第三回を迎えたWBC（ワールド・ベースボール・クラシック）二次ラウンドでアメリカでの決勝ラウンド出場をかけて日本と台湾が激突し、四時間三十七分に及ぶ〝死闘〟が繰り広げられた。試合自体は、延長戦の末に四対三で日本が辛うじて台湾を破ったが、試合以上に印象深かったのは、観客席の方だった。

それは、この試合にあたって「震災の時の感謝を台湾の人たちに伝えよう」という呼びかけがインターネットでおこなわれ、観客が思い思いに手書きのメッセージを持ち寄ったことだ。そして、台湾チームにとっては〝敵地〟であるはずの東京ドームのスタンドには、「3・11　謝謝！　台湾」「感謝TAIWAN」「日本人永遠不会忘台湾人的良心（日本人は永遠に台湾人の良心を忘れません）」という応援メッセージが観客の手によって掲げられたのである。

台湾の選手たちが、これらのメッセージに気がつかないはずがなかった。そして、台湾チームへの歓声は試合が終わってもやまず、一度はベンチに引き揚げた台湾チームが再びマウンドに集まって輪をつくり、観客に向かって深々とお辞儀をするという奇跡のようなシーンがこの時、生まれた。

これまでのWBCでは、試合に勝った側が自国のミニ国旗をマウンドに立てたり、あるいは、セーフティバントをめぐって乱闘事件も起こるなど、数々のトラブルを生んできた過去がある。国を代表するプロ野球の選手たちによる意地とプライドをかけた激突はそれほど凄《すさ》まじい。

だが、日本と台湾戦では、選手、観客が一体となってお互いを讃《たた》え、そして感謝の気持ちを伝え合うという爽《さわ》やかな光景が生まれたのである。なんとも言えない〝清々《すがすが》しさ〟が東京ドームだけでなく日本列島を駆け抜けた時、私はお互いを尊重し合う日本と台湾の将来に思いを馳《は》せた。そして、六十余年前に、命を捨てて東シナ海を渡り、台湾を守ろうとした根本将軍の姿を思い浮かべた。

一カ月後の二〇一三年四月、十七年もかかって合意に至らなかった日本と台湾の漁業協定が結ばれた。これによって、台湾の漁民には、魚釣島などの尖閣諸島周辺の日本の領海以外の北緯二十七度以南の水域での漁が認められた。

日本と台湾が手を携えて歩んでいくためには、これは不可欠なものだったと言えるだろう。沖縄の漁民にとっては、大きな譲歩を余儀なくされたこの安倍政権の決断は、それでも「日台が手を携える」という大目的のために、合意されたのである。

間髪を容《い》れず、この協定に対して「不快感」を表明した中国も、時すでに遅し、であった。私は何気ない、見過ごされがちなこのニュースにも、日本と台湾の関係の重要性を感じざるを得なかった。それは、台湾が安全保障という意味を含め、日本にとって、「いかに大きな存在であるか」ということでもある。

日本が台湾と常に意思の疎通を図り、共に手を携えて東アジアの安定に寄与すべき必要性をこのニュースで感じとった人も少なくないだろう。

根本将軍が身を投じた金門戦争から六十余年を経て、ふたたび東シナ海が、世界が注視する〝激動の海〟と化そうとする気配を感じるのは、私だけではあるまい。

だからこそ、私は、日本と台湾とのつながりを知る上で、根本博という人物と、彼を支えた日本と台湾の人々を忘れてはならないと思う。文庫化にあたって、あらためて本書を読み返してみて、私はそんなことを感じている。

ノンフィクションとして本書の詳細な描写を可能にしてくれたのは、なんといっても根本家が保管していた根本将軍自らの筆になる「手記」であった。歴史を埋もれさせることなく、六十年という歳月を経て浮かび上がった歴史の真実に、私自身が心を動かされつづけた取材の日々を思い出す。あらためて根本家をはじめ、取材にご協力いただいた方々に感謝の言葉を述べさせてもらいたく思う。

文庫化にあたり、尊敬する歴史研究家の秦郁彦《はたいくひこ》氏に貴重な解説文を頂戴《ちょうだい》できたのは、大きな喜びであった。この場を借りて厚く御礼申し上げる次第である。

また、文庫化にあたって角川書店の吉良浩一・文庫編集長、同第一編集局第四編集部の菊地悟氏には、言葉に表わせないほどお世話になった。心より感謝の気持ちを伝えさせていただきたい。

日本と台湾がいつまでも手を携え、東シナ海に平和な日々がつづくことを、日本人の一人として心から願う。

二〇一三年秋

門田隆将

解説

秦郁彦(現代史家)

二〇一〇年に集英社から刊行され、山本七平賞を受けた本書の文庫化に当たり、解説を依頼された私は、主人公である根本博中将との旧縁を思い起こした。

六十年も前の話になるが、東大の学生だった私は、昭和初年の軍閥抗争史を調べようと思いたって、旧陸軍の幹部たちを訪ね歩いたことがある。

都下鶴川に隠棲《いんせい》していた根本を紹介してくれたのは、A級戦犯として巣鴨プリズンで服役中だった陸軍士官学校同期生の橋本欣五郎元大佐だったと記憶する。橋本は陸軍が主導する国家改造をめざして昭和五年(一九三〇)秋に結成された桜会の首領格、発起人のなかに根本の名があった。

当時の古びたメモ・ノートを引っぱりだしてみると、ヒアリングしたのは昭和二十八年十月一日午後となっている。話題は桜会が企てた未発クーデターの三月事件、十月事件、桜会とは別組織で東条英機、永田鉄山、石原莞爾《かんじ》ら陸軍のエリート幕僚が集まった一夕会と彼らが主導した満州事変の内幕などだが、どちらの方でも根本が主導力を発揮した場面はなかったらしいと感じた。「収獲乏し」という私の感想も書き添えてある。

ところが二・二六事件（昭和十一年）の際、決起した青年将校たちが川島陸相に突きつけた要求のなかに、「軍の中央部にある軍閥の中心人物（根本、武藤、片倉の三人）を除くべし」という項目があった。「根本大佐（陸軍省新聞班長）は新聞宣伝に依り政治策動をなす」という罪状が挙げられていた。

そこを聞いてみると「前夜、作家の三上於菟吉《おときち》と遅くまで飲んでいて、目が覚めたら九時だった。いつもの時間に出勤していたら片倉少佐のように射たれたかもしれない」との返事で、いささか拍子抜けした。

陸軍省記者クラブに所属していた石橋恒喜（東京日日新聞）は、そのころの根本について、「図体が大きいので東洋流の豪傑かと買いかぶられたが、つきあってみると細心な慎重居士で、我々は〝お人よしのネモちゃん〟と呼んで親しんだ。なぜ反乱軍の標的にされたのかわからない」と著書で回想している。

どうやら組織の潤滑油的役割を演じていたのだろうが、二・二六後の粛軍体制では要注意人物のレッテルを貼られてしまったらしい。陸軍大学校卒業以来、参謀本部支《し》那《な》班勤務を振り出しに南京《ナンキン》駐在、軍務局支那班、参本支那班長、新聞班長と、陸軍の本流を歩んできたのに、二度と中央勤務の機会はめぐってこなかった。

平時だと名誉進級の少将くらいで終ったかもしれないが、十二年から始まった日中戦争、大東亜戦争の時代を迎え、根本には対中政策実施の現場責任者や部隊指揮官への道が開けた。

その後の彼の経歴を追ってみよう。北支那方面軍特務部長、興亜院華北連絡部次長、南支那方面軍参謀長、第二十四師団長、第三軍司令官（在満州）と累進している。だが新聞の紙面を賑《にぎ》わす華やかな戦功や名声とは無縁だった。

大石内蔵之助《くらのすけ》流の「昼行燈《あんどん》」かと思わせていた根本がその本領を発揮したのは、最後の軍歴を終えようとしていた終戦直後の駐蒙軍《ちゆうもうぐん》司令官時代、そして昭和二十四年から三年間、浪人の身で台湾に赴《おもむ》き、蔣介石《しようかいせき》総統の軍事顧問として金門島防衛戦を成功させた事跡であろう。

正史からはみ出した二つの秘史部分に焦点をあて、丹念に調べあげ、復元したのが、著者の門田隆将である。一九九〇年、台湾へ出向いた著者に、国防省史政局の担当官さえ「根本将軍、聞いたことがないね」と首を傾げるほどかすんでいた根本の足跡をたどるのは、なみのノンフィクション作家ならお手上げのところを、門田はあきらめなかった。復元するために著者が払った苦心のほどは、本書を通読する過程で読者へ伝わってくるにちがいない。

日本の旧軍人による台湾支援活動には、もうひとつの流れがあった。支那派遣軍総司令官だった岡村寧次《やすじ》大将が、蔣介石の要請に応じ、富田直亮《なおすけ》少将を団長とする白団《はくだん》（富田の中国名白鴻亮《はくこうりょう》にちなむ）を組織して送りこむ。元陸海軍の参謀・教官クラス延べ八十数人が二十年にわたり、台湾で国府軍の再編成、再訓練のため教官役をつとめたが、直接の戦闘指導には関わっていない。

その第一陣は、根本の渡台に数か月おくれる一九四九年十一月に出発している。本来なら富田の代わりに根本がその役についても不思議はなかったが、そうならなかった理由は判然としない。大命に基づき岡村総司令官が「即時停戦交渉に入り、武装解除に応じる」方針を指令したのは終戦から四日後の八月十九日だが、根本駐蒙軍司令官は服従せず、実行を迫る岡村との間に数回のやりとりを重ねている。その確執が尾を引いた可能性も捨て切れない。事態を複雑にしたのは、派遣軍と駐蒙軍の中間にある北支那方面軍の下村定《さだむ》大将が東久邇宮《ひがしくにのみや》内閣の陸相への就任が内定し、十九日付で根本が下村の後任を兼ねたことである。

他にも不服従の例は見られた。山西省の澄田第一軍司令官が山西軍閥の閻錫山《えんしゃくざん》に協力して、対中共作戦に参加し、多数の戦死者を出している。

終戦と同時に、国共両政権の間に降伏した日本軍の兵器を入手するための争奪戦が始まっていた。駐蒙軍は国府系の傅作義《ふさくぎ》将軍に降伏し、武器を渡す準備をしていたのだが、その前にモンゴルから南下したソ連軍が張家口《ちょうかこう》に迫った。

岡村総司令官の命にさからった根本の判断は、何を根拠としていたのか。著者は「司令官がソ軍の不信暴虐を判断せる結果」という松永参謀長の手記を引用している。

そのころ張家口周辺には約四万人の日本人居留民がいた。彼らを列車で後方の北京《ペキン》まで避難させるには数日かかるので、それが終わるまでは手許《てもと》の兵力を張家口北方の陣地に配してソ連軍を食いとめ、できれば武装解除を傅作義軍にやらせたいというのが狙いだった。

結果的に根本の判断と処置は的中した。居留民ばかりか、駐蒙軍も二十二日までに万里の長城線の南方へ整然と撤退したからである。満州国のように、総崩れになった関東軍の兵士たちがシベリアへ連行され、放置された多数の居留民が落命し、残留孤児の悲劇を生んだ失敗とは対照的と評してよい。

中国本土では「暴にもって暴で報いるなかれ」と布告した蔣介石の配慮で、各百万を数えた軍人と居留民が、ほぼ無傷で日本内地へ引揚げることができた。蔣は根本との会談で「これからは対等の立場で日支提携を」と語り、根本も「私でお役に立つことがあればいつでも馳せ参じます」と約す場面があったようだ。二十一年八月に最後の兵士たちとともに帰国した根本の胸に、蔣介石と国府政権に対する感謝の念が深く刻みこまれる。

ところが国共内戦は激化し、中共軍は国府軍を次々に撃破し、二十四年十月には北京に中華人民共和国を樹立する。敗れた蔣介石は残された最後の拠点である台湾へ逃げこむ。軍事援助をつづけてきたアメリカも、蔣政権を見放した。

鶴川に隠棲していた根本は、このような国府軍の悲運を憂慮しながら見守っていたが、早い段階から渡台の決心を固め、準備にかかっていたらしい。しかし公職を追放され軍人恩給も停止された六十歳近い老将軍には、渡航費の調達さえめどがつかなかった。そこへ傅作義将軍の密使だという触れこみで接触してきた台湾人の李銈源《りしょうげん》に誘われ、他に吉村是二《これじ》（通訳）ら数人の同志が加わって南九州の延岡から出発したのは、二十四年六月二十六日である。

一行七人が乗り組んだのは五ノットしか出ない二十六トンのボロ船、米占領軍や警察の目をかいくぐっての密出国だった。それでも途中で浸水したり、座礁したりの目に遭いながら千五百kmの荒海を乗り切り、十四日目に台湾北端の基隆《キールン》にたどりつく。

当初は怪しげな密入国の一団と誤解され、一行は二週間も監禁されるが、やがて根本の素姓が知れ、四年ぶりに蔣介石と再会する。そして早くも八月中旬にはアモイ防衛の任に当たる旧知の湯恩伯《とうおんぱく》将軍の顧問役として前線へ向かう。

そのころ国府軍は上海、重慶も放棄して、中国本土における最後の重要拠点はアモイ（島）だけとなっていた。果してこの拠点を守りきれるのか。視察した根本は、本土から距岸六㎞と近く多数の住民をかかえ、食糧自給が困難なアモイ防衛は不可能で、近くの金門島で来攻する中共軍を迎撃するほうが得策だと判断した。

金門島は東西二十㎞、南北十六㎞の小島だが、住民が少なく自活も可能だと見きわめる。明末に鄭成功《ていせいこう》が本拠とした故事もあった。湯将軍としてはアモイ放棄の決断はつけにくかったが、来訪した蔣介石は根本の判断を受け入れる。

一方、連勝の波に乗っていた中共軍には、金門島攻略は簡単に成功するはずだという思いこみと油断があった。数百隻のジャンクに分乗した三万の中共軍が、金門島の西部海岸に押し寄せてきたのは十月二十四日である。

手の内を読んでいた根本の戦術は、⑴上陸させてから叩く、⑵増援部隊の追加投入と補給を阻止するため、ジャンクの焼却作戦に当たる特殊部隊を海岸に潜伏させる、⑶機を見て島の東部に配置した二十一両の軽戦車隊を投入する、というもので、作戦は計画どおりに進行した。

周辺の制海権だけは確保していたので、少兵力とはいえ台湾から士気の高い新鋭部隊が到着し、陣地構築も概成した時点で攻防戦は始まった。そして三日目に、島の西北端にある古寧頭《こねいとう》村に敵主力を海岸まで追いつめた国府軍は、沖合の小艦艇群から猛射を浴びせた。退却しようにも、百八十二隻のジャンクはすでに焼き払われていた。

根本が村民を巻きこまないよう手を打っておいたうえでの包囲撃滅戦は、達成された。中共軍の死者二万、捕虜六千に対し、国府軍の戦死者は千二百余人にすぎない。見事なまでの戦術的勝利だったばかりか、その後の中台関係のあり方を確立した戦略的勝利でもあった。

出端《では》をくじかれた中共軍はしばらく進攻再開の意欲を失い、二十五年六月、朝鮮戦争が起きて米海軍が台湾海峡を封鎖したので、海上侵攻の道は閉ざされる。その間に金門島は全島の地下要塞化を完成したので、砲撃戦を交わしあうにらみ合いがつづく。

今や砲火は止《や》み、金門島は観光客にも開放されているが、台湾の支配権は保持されている。二〇〇九年には、この島で古寧頭戦役六十周年記念式典が開催され、吉村勝行（是二の子息）、明石元紹《もとつぐ》（元二郎台湾総督の孫）が招かれ、著者も参列した。

馬英九総統の式辞は、根本たちの貢献には触れなかったが、門田は「公式の記録にはない日本人の物語も存在した」と感慨をこめて記す。釣竿《つりざお》とわずかな身の廻《まわ》り品だけで台湾へ渡った根本は三年後に、出かけるときと同じいでたちで飄然《ひょうぜん》と羽田空港へ降り立った。空港での記者会見で心境を問われた彼は「終戦時百万の将兵を無事帰国させてくださった蔣総統に日本人の一人として万分の一の御恩返しをした」かっただけで、助言はしたが「前線に出て部隊の指揮をとったりしたことはないよ」とはぐらかした。金門島戦についてはいっさい触れていない。

旧部下たちとの交流を慰めとしつつ平穏な晩年の日々を送った根本が、七十四歳の天寿を全うして世を去ったのは一九六六年であった。

さて根本博という特異な人物の生涯をたどってきたのだが、彼の心事を探る手がかりは意外に乏しく、評言の多くは推測の域を出ない。終戦までの軍歴を眺めると、前半は国家改造派に関わった政治幕僚、後半は一流の師団、軍の司令官を歴任しているが、激戦場へ出動する機会はなかった。

軍人としては珍しいほど武運に恵まれなかった根本が修羅場にぶつかったのは、皮肉にも終戦直後の張家口と、徒手空拳の台湾行きだった。

前者では一時的な抗命も辞さず、ソ連軍と中共軍の進出を阻止し、軍民の全員を窮地から救いだすという見事な手際を見せてくれた。だが後者には「理解しかねる」と首を傾げる人士が少なくない。

著者は「大義につく武士道の精神」「意義ある死に方を求めて」とする台湾人研究者の評言を紹介しているが、根本の人柄はその種の気負いを感じさせない自然体の持主だけに、もうひとつピンと来ない。金門島戦から五年後に死んだ湯恩伯将軍をしのんだ追悼録への寄稿文で、根本は功をすべて湯に譲り「襲来匪軍を一兵も退還せしめない完全なる殲滅戦」を達成した名将と賞賛《しょうさん》した。

武人にとって見果てぬ夢は、ハンニバルの勝利で神話化したカンネー包囲戦（BC二一六年）の再現とされている。規模は小さく、極東の片隅とはいえ湯将軍に仮託した根本のさりげない満足感が伝わってくる。

金門島に立った根本は、イデオロギーや報恩の念を超越した「作戦の鬼才」へ変身していたのかもしれない。

本書は、二〇一〇年四月に集英社より
刊行された単行本を文庫化したものです。

この命《いのち》、義《ぎ》に捧《ささ》ぐ

台湾《たいわん》を救《すく》った陸軍中将《りくぐんちゅうじょう》根本博《ねもとひろし》の奇跡《きせき》

門田隆将《かどたりゅうしょう》

平成25年 10月25日　初版発行
令和7年 9月30日　18版発行

発行者●山下直久

発行●株式会社KADOKAWA
〒102-8177　東京都千代田区富士見2-13-3
電話　0570-002-301（ナビダイヤル）

角川文庫 18190

印刷所●株式会社KADOKAWA
製本所●株式会社KADOKAWA

表紙画●和田三造

●お問い合わせ
https://www.kadokawa.co.jp/（「お問い合わせ」へお進みください）
※内容によっては、お答えできない場合があります。
※サポートは日本国内のみとさせていただきます。
※Japanese text only

ISBN978-4-04-101035-8　C0195

◆◆◆

角川文庫発刊に際して

角川源義

第二次世界大戦の敗北は、軍事力の敗北であった以上に、私たちの若い文化力の敗退であった。私たちの文化が戦争に対して如何に無力であり、単なるあだ花に過ぎなかったかを、私たちは身を以て体験し痛感した。西洋近代文化の摂取にとって、明治以後八十年の歳月は決して短かすぎたとは言えない。にもかかわらず、近代文化の伝統を確立し、自由な批判と柔軟な良識に富む文化層として自らを形成することに私たちは失敗して来た。そしてこれは、各層への文化の普及滲透を任務とする出版人の責任でもあった。

一九四五年以来、私たちは再び振出しに戻り、第一歩から踏み出すことを余儀なくされた。これは大きな不幸ではあるが、反面、これまでの混沌・未熟・歪曲の中にあった我が国の文化に秩序と確たる基礎を齎らすためには絶好の機会でもある。角川書店は、このような祖国の文化的危機にあたり、微力をも顧みず再建の礎石たるべき抱負と決意とをもって出発したが、ここに創立以来の念願を果すべく角川文庫を発刊する。これまで刊行されたあらゆる全集叢書文庫類の長所と短所とを検討し、古今東西の不朽の典籍を、良心的編集のもとに、廉価に、そして書架にふさわしい美本として、多くのひとびとに提供しようとする。しかし私たちは徒らに百科全書的な知識のジレッタントを作ることを目的とせず、あくまで祖国の文化に秩序と再建への道を示し、この文庫を角川書店の栄ある事業として、今後永久に継続発展せしめ、学芸と教養との殿堂として大成せんことを期したい。多くの読書子の愛情ある忠言と支持とによって、この希望と抱負とを完遂せしめられんことを願う。

一九四九年五月三日

角川文庫ベストセラー

中卒の組立工、NYの億万長者になる。　大根田勝美

中卒の組立工として社会に出た著者は、猛烈な努力で米国駐在員に抜擢され、営業マンとして大成功。その後、10社以上の会社を起業、億万長者となる。嘘のような真実の物語。巻末解説は水村美苗氏。

昭和二十年夏、僕は兵士だった　梯　久美子

俳人・金子兜太、考古学者・大塚初重、俳優・三國連太郎、漫画家・水木しげる、建築家・池田武邦。戦場で青春を送り、あの戦争を生き抜いてきた5人の著名人の苦悩と慟哭の記憶。

昭和二十年夏、女たちの戦争　梯　久美子

近藤富枝、吉沢久子、赤木春恵、緒方貞子、吉武輝子。太平洋戦争中に青春時代を送った5人の女性たち。それは悲惨な中にも輝く青春の日々だった。あの戦争の証言を聞くシリーズ第2弾。

昭和二十年夏、子供たちが見た戦争　梯　久美子

あの戦争で子供たちは何を見て、生き抜いていったのか。角野栄子、児玉清、舘野泉、辻村寿三郎、梁石日、福原義春、中村メイコ、山田洋次、倉本聰、五木寛之が語る戦時中の思い出、そしてその後の人生軌跡。

検疫官
ウイルスを水際で食い止める女医の物語　小林照幸

日本人で初めてエボラ出血熱を間近に治療した医師、岩崎惠美子。新型インフルエンザ対策でも名をあげた感染症対策の第一人者だ。50歳過ぎから熱帯医学を志した岩崎の闘いを追う、本格医学ノンフィクション!!

角川文庫ベストセラー

政治家やめます。　ある国会議員の十年間　小林照幸

「向いてないのでやめます」。国政史上、前代未聞の理由で政界を去った元自民党代議士・久野統一郎。竹下派、小渕派を経たエリート二世議員の苦悩の日々、戦後政治の〝失われた10年〟を大宅賞作家が描く!!

総理大臣という名の職業　神一行

小渕首相はなぜ倒れたか。国政の最高権力者として君臨しながらも、凄まじいプレッシャーに日々耐えねばならない職業、総理大臣。うかがい知ることのない日常と素顔に鋭く迫る！

警視庁捜査一課特殊班　毛利文彦

誘拐や立て籠もりなど極めて卑劣な犯罪に対峙する特殊班は、その任務が重大なあまり、姿が表面に出ることはない。彼らが手がけた事件を再現し、捜査テクニックから歴史、今後の課題まで、その全貌に迫る！

警視庁捜査一課殺人班　毛利文彦

警視庁の花形、捜査一課に「刑事の中の刑事」と呼ばれるデカ達がいる。殺人犯捜査係だ。数々の事件を克明に再現し、殺しのデカ達が犯人を割り、捕らえ、落とす捜査の実態と、知られざる素顔を明らかにする！

日米開戦　勝算なし　太平洋戦争　日本の敗因1　編／NHK取材班

軍事物資の大半を海外に頼る日本にとって、戦争遂行の生命線であったはずの「太平洋シーレーン」確保。根本から崩れ去っていった戦争計画と、「合理的全体計画」を持てない、日本の決定的弱点をさらす！

角川文庫ベストセラー

角川文庫ベストセラー

宋姉妹
中国を支配した華麗なる一族
伊藤純
伊藤真

二〇世紀が始まろうとする中国。財閥に生まれた三人の姉妹は、その後、財閥・孔祥熙、革命家・孫文、政治家・蒋介石のもとへそれぞれ嫁いだ。おのれの信じる道を生きた三人の運命を描く歴史ノンフィクション。

人間はどこから来たのか、どこへ行くのか
高間大介
（NHK取材班）

現在、科学の最先端の現場で急激な展開をみせるテーマ「人間とは何か」。DNA解析、サル学、心理学、言語学……それぞれのジャンルで相次ぐ新発見の数々。目から鱗、思わず膝を打つ新たな「人間学」。

女と男
～最新科学が解き明かす「性」の謎～
NHKスペシャル取材班

人間の基本中の基本である、「女と男」――。それは未知なる不思議に満ちた世界だった。女と男はどのように違い、なぜ惹かれあうのか？　女と男の不思議を紐解くサイエンスノンフィクション。

金メダル遺伝子を探せ
善家賢

世界トップアスリートのDNAを集めた英国研究者の調査等で「金メダル遺伝子」とも呼ぶべき遺伝子の存在が明らかになった。最先端の科学技術はスポーツ界に何をもたらすか？

Kadokawa Art Selection
フェルメール―謎めいた生涯と全作品
小林頼子

生涯で三十数作の作品を遺した、謎の画家・フェルメール。その全作品をカラーで紹介！　研究によって明かされた秘密や作品の魅力を第一人者が解説する、初心者もファンも垂涎の手軽な入門書！

角川文庫ベストセラー

Kadokawa Art Selection
ピカソ―巨匠の作品と生涯　岡村多佳夫

変幻自在に作風を変え次々と大作を描いた巨匠ピカソ。その生涯をたどり作品をオールカラーで紹介するハンディサイズのガイドブック。なぜこれが名画なの？　初心者の素朴な疑問にもこたえる決定版。

Kadokawa Art Selection
ルノワール―光と色彩の画家　賀川恭子

幸福の画家と呼ばれる巨匠の人生に深く迫り、隠された若き日の葛藤から作風の変化に伴う危機の時代まで詳しく解説。絵画史に残された大きな足跡をたどるエキサイティングなオールカラーガイドブック！

Kadokawa Art Selection
若冲―広がり続ける宇宙　狩野博幸

空前絶後の細密テクニック、神気に迫る超絶技巧、謎の多い人生。その若冲の魅力に迫り、再発見に沸いた「象と鯨図屏風」の詳細と、これまでの人物研究をくつがえす新資料による新解釈を披露。オールカラー。

Kadokawa Art Selection
黒澤明―絵画に見るクロサワの心　黒澤明

黒澤明監督が生涯に遺した「影武者」「乱」など映画6作品の画コンテとスケッチ約2000点から200点強をセレクトしたミニ画集。映画の迫力さながらの名画の数々。映画への純粋な思いがあふれ出す。

Kadokawa Art Selection
ゴッホ―日本の夢に懸けた芸術家　圀府寺司

写実主義に親しみ、印象派に刺激を受け、アルルの地で完成していく芸術と自身の魅力を、ゴッホ研究の第一人者が解説。さまざまな伝説がひとり歩きするが、ゴッホは何を考えていたのか。名画も多数登場！